JN237466

山下太郎 著

Basic
Language Learning
Series

しっかり学ぶ
初級ラテン語

文法と練習問題

ベレ出版

はじめに

日本人にとってのラテン語

　ラテン語は日本人にとって親しみの持てる言語です。発音がローマ字読みで簡単だとか、ビデオ（video）やオーディオ（audio）といったラテン語は日本人になじみがある、という取っつきのよさだけでそういうのではありません。

　欧州の伝統的ラテン語教育のスタイルは、文法を学び、構文を分析し、辞書を引きながら丹念に原典を読み解くというもので、この一連の作業は、（よしあしは別として）日本における英語の文法訳読方式を思わせるでしょう。

　実際、日本の英語教育は欧州のラテン語教育を手本としてきたかのように見受けられます。生きた英語をラテン語のように学ぶのはけしからん、という意見も耳にしますが、他方で日本人が英語学習を通じ、無意識のうちにラテン語の基本的学習態度を尊重してきた、という歴史的事実にはもっと注目してよいと思います。

　ラテン語は欧米社会における漢文です。ヨーロッパの古典精神を伝える担い手として、ラテン語が今なお果たす役割はいくら強調してもしすぎることはないでしょう。他方ではイタリア語、フランス語、スペイン語といった様々なロマンス語を生み出した「母親」としての魅力的な顔もあります。私たちがラテン語を学ぶ意義は計り知れません。

　前置きが長くなりましたが、私から申し上げたいことはただ一つ。みなさんにとってラテン語を学ぶ下地は十分できているということです。英語学習で培ったノウハウをぜひラテン語学習に生かして下さい。この本で学べば、ラテン語はきっと「わかる！」、「面白い！」言語だと納得していただけること請け合いです。

本書の特徴と学び方

　本書ははじめてラテン語を学ぶ人を想定していますが、上で述べたように英文法の最低限の知識を前提にしていることをあらかじめご了解下さい。関係代名詞の説明がわかりづらいと感じる人は、得てして英語の which と

whoseの違いがあやふやであったりします。英文法の基礎知識（中学英語プラスアルファ）は各自で押さえるようにして下さい。

　その上で、本書が想定するラテン語の学習法を述べます。それは、教科書を広げ、（1）変化表を暗記し、（2）例文の文法的説明を理解し、（3）日本語訳から元の例文が再現できるまで練習を繰り返すことです。

　（1）の暗記を怠ることは、英語でいえば5文型の区別をあやふやにしたまま学習を進めることと同じです。ラテン語は名詞の格変化によって「てにをは」が決まるため、語順は想像を越えて自由です。変化表の記憶があいまいだと何が主語で、何が目的語か皆目見当がつきません。形容詞と名詞が離れて置かれることも珍しくなく、両者のつながりを見極めるにはそれぞれの「性・数・格」の一致を手がかりにするほかありません。「変化表」を暗記することの大事さは本書のページをめくるごとに実感していただけるでしょう。授業だと、学習者がきちんと暗記できているかどうかのテストを行うことができますが、かりにテストをしても本人にやる気がなければそれっきりです。逆に、独学のスタイルであっても、暗記できているかどうかの確認は自分一人でできます。覚えたことを白い紙に書き出し、その結果を自分で採点すればよいわけです。

　（1）に自信がついた段階で（2）の例文読解に進みます。例文のすぐそばに訳例を載せていますが、構文を分析しながらなぜこのラテン語がこのような日本語になるのか、じっくり分析します。本書は紙幅の許す限り丁寧な説明を心がけました。語彙もすぐそばに載せましたが、これは分析そのものに集中していただくための措置です。

　（2）に納得がいけば、（3）のステップに進みます。ここでいう「日本語→ラテン語」の作業は記憶の定着を図る最良の学習法です。日本語訳は例文のラテン語を「思い出す」ヒントと思って下さい（直訳とは限りません）。大事なことは、元のラテン語を完全に暗記することです。例文が目に入らぬよう紙で隠し、日本語だけを見て元のラテン語が正しく書けるよう練習します。

　同じことを練習問題についても行います。例文と違う点は、すぐそばに日本語訳がないだけで、やることは同じです。語彙とヒントを参考に日本語訳を考えます。巻末には訳例を載せていますので、それで答え合わせをし、最終的にはこの日本語訳だけを見て元のラテン語を紙に復元できるま

で練習します。

　例文の数は500ほどあります。練習問題はちょうど200。一日一つずつものにしていけば2年で終わりますし、時間とやる気があって一日あたり10も20もこなせる人は、2ヵ月あればこの本を卒業できるでしょう。もちろん、これは勉強のすべてが理想的に進んだ場合の話であり、実際には思わぬところでつまずいたり、当初のやる気が徐々に薄らいだりするものです。内容に関してどうしてもよくわからない時は、印をつけて先に進んで下さい。内容理解とともにスピードも重視しながらともかく本書を最後まで読み終えてから、印のついた例文、練習問題だけに絞ってやり直すとよいでしょう。

　それでもわからない場合、質問をメールでお寄せ下さい。お返事の一部はウェブ上にQ&Aの形で掲載し、学習者の便宜を図りたいと思います（https://aeneis.jp/）。ウェブサイトには本書に準拠した変化形の確認クイズやオンラインの辞書もご用意しました。つまり、この本一冊があれば、ラテン語を一人で学び、一人でものにするお膳立てが万事整っているといえるでしょう。あとは実行あるのみです。Nunc aut numquam.（今やるか、一生やらないか）。ラテン語との出会い、この本との出会いが、あなたの人生を変えるきっかけになることを心から願っています。

著　者

しっかり学ぶ初級ラテン語

はじめに 3

第1章 │ 発音とアクセント ……………………………………………… 9
　　1 発　音　9
　　2 アクセント　14

第2章 │ 名詞と形容詞1 ………………………………………………… 17
　　1 第1変化名詞　17
　　2 第2変化名詞　27
　　3 第1・第2変化形容詞　36

第3章 │ 動詞1 …………………………………………………………… 50
　　1 直説法・能動態・現在　50
　　2 不規則動詞 sum の直説法・能動態・現在　61
　　3 命令法・能動態　65

第4章 │ 名詞と形容詞2 ………………………………………………… 70
　　1 第3変化名詞　70
　　2 第4変化名詞　79
　　3 第5変化名詞　83
　　4 第3変化形容詞　87

第5章 動詞2 ……93

1 直説法・能動態・未完了過去　93
2 直説法・能動態・未来　99
3 不規則動詞　105

第6章 代名詞1 ……115

1 人称代名詞、指示代名詞（**1**）、再帰代名詞　115
2 指示代名詞（**2**）、強意代名詞、疑問代名詞　125
3 代名詞的形容詞　136
4 不定代名詞　143

第7章 動詞3 ……148

1 直説法・能動態・完了　148
2 直説法・能動態・未来完了　158
3 直説法・能動態・過去完了　163

第8章 分詞・動名詞・動形容詞 ……168

1 分詞（現在分詞・完了分詞・目的分詞・未来分詞）　168
2 動名詞　178
3 動形容詞　182

第9章 動詞4 ……189

1 直説法・受動態（**1**）現在、未完了過去、未来　189
2 直説法・受動態（**2**）完了、未来完了、過去完了　198
3 形式受動態動詞　201
4 不定法　210

第10章　代名詞2・その他　214

1　関係代名詞　214
2　副　詞　223
3　前置詞　230
4　比　較　239
5　数　詞　247

第11章　動詞5　254

1　接続法の活用と単文での用法　254
2　接続法の複文での用法（1）名詞節、形容詞節での用法　269
3　接続法の複文での用法（2）副詞節での用法　285

第12章　様々な構文　297

1　非人称構文　297
2　絶対的奪格　305
3　疑問文　310

付　録　格のまとめ　320

練習問題の解答　341
出典一覧　349
索　引　352
あとがき　357

第1章　発音とアクセント

1　発　音

文字と発音

　1文字につき1発音が原則です。古典期のラテン語のアルファベットは次に示すとおり23文字しかなく、英語にくらべるとJ, U, Wの3つがありませんでした。

　Iは母音i, īの音と半母音jの音を表しますが、後者の発音を表すため、中世に入りJの文字が導入されました。同様にVは母音u, ūの音と半母音wの音を表しましたが、母音を表すためにUの文字が取り入れられました（Vが半母音の発音を担う）。ja, ju, joは「ヤ・ユ・ヨ」、va, vi, vu, ve, voは「ウァ・ウィ・ウ・ウェ・ウォ」と読みます。

大文字	小文字	名　称		音　価
A	a	ā	アー	a, ā
B	b	bē	ベー	b
C	c	kē	ケー	k
D	d	dē	デー	d
E	e	ē	エー	e, ē
F	f	ef	エフ	f
G	g	gē	ゲー	g
H	h	hā	ハー	h
I (J)	i (j)	ī	イー	i, ī, j
K	k	kā	カー	k
L	l	el	エル	l
M	m	em	エム	m
N	n	en	エヌ	n
O	o	ō	オー	o, ō

P	p	pē	ペー	p
Q	q	kū	クー	kw
R	r	er	エル	r
S	s	es	エス	s
T	t	tē	テー	t
V (U)	v (u)	ū	ウー	u, ū, w
X	x	iks	イクス	ks
Y	y	ȳ	ユー	y, ȳ
Z	z	zēta	ゼータ	z

ローマ字読み

　ラテン語は「ローマ字読み」が基本です。発音は規則的で、英語より圧倒的に親しみやすいです。逆に、英語で見慣れたつづりがラテン語には多いだけに、それを英語風に発音しないように注意します。

　例えばラテン語では、キャンパス（campus）は「カンプス」（平地、野原）、データ（data）は「ダタ」（与えられたもの）、オーディオ（audiō）はアウディオー（私は聞く）と読みます。日本ではローマ字読みを小学校で学びますが、あの読み方でよいのです。l と r の違いなどカナ表記で区別できない部分もありますが、基本的にはカナ表記どおりに声に出せば問題ありません。

母音の種類

　日本語の母音は「あ、い、う、え、お」の5つです。ラテン語も a, i, u, e, o の5つが基本母音です。発音も同じと見て差し支えありません。ただしラテン語では y も母音に数えます。zephyrus（西風）、symbolus（印）、typus（典型）などの語に使われています。これらは英語の zephyr（西風）、symbol（象徴）、type（型）の元になったラテン語ですが、ルーツはギリシャ語にさかのぼります。

　単母音 a, i, u, e, o, y はそれぞれ長母音と短母音を表すことができます。例えば、a は「ア」と「アー」、e は「エ」と「エー」の長短両方の読み方ができます。文法書や辞書では長短の区別をつけるため、長母音の場合には ā, ī, ū, ē, ō, ȳ のように長母音の記号（マクロン）をつけるならわしです。

母音の長短

　例えば、Roma は「ローマ」であり「ロマ」ではありません。日頃から見聞きしている単語なので Roma のように長母音の記号がなくても間違わないでしょう。では、pater（父）と mater（母）の発音はどうなるでしょうか？　つまり、pater の発音は「パテル」それとも「パーテル」？ mater は「マテル」それとも「マーテル」？　正解は、「パテル」と「マーテル」です。長母音の印をつけると māter となります。このような区別は、意識して覚えないと何度も間違います。

　長母音の印は教科書や辞書以外で目にすることはなく、ラテン語の原文にはついていません。英語ならネイティブの発音を耳で聞いて自然に覚えるという方法が有効ですが、ラテン語の場合その方法は取れません。ではどうするか？　というと、母音の長短を知るためにも辞書を引きましょう。それが一番わかりやすく手堅い方法です。

FAQ

Q. **長母音と短母音の区別はなぜ必要なのですか？**

A. 2つの理由を紹介します。まず、母音の長短の把握を間違うと意味が異なる場合があるからです。例えば、liber（本）と līber（自由な）はつづりは同じですが、意味が異なります。malus（悪い）と mālus（リンゴの木）も同様です。もう1つは、単語のアクセントの位置を正しく見極めるために母音の長短の区別が必要になるからです。このことについては「2　アクセント」で詳しく説明します。

二重母音

　ラテン語の二重母音は au, ae, ui, ei, eu, oe の6つがあります。

au	「アウ」	aurum (アウルム)	黄金
ae	「アエ」	aeternus (アエテルヌス)	永遠の
ui	「ウイ」	hui (フイ)	ああ！（間投詞）
ei	「エイ」	deinde (デインデ)	続いて、それから
eu	「エウ」	eurus (エウルス)	東風、南東風
oe	「オエ」	poena (ポエナ)	罰

　二重母音は1つの長母音とみなせますが、アクセントのルールを学ぶ際

にこのことは大事な意味を持ちます。

子音の発音

　いくつか注意点があります。まず、b は基本的に「バ行」の子音［b］ですが、-bs と -bt となった場合［ps］［pt］と発音します。urbs（都市）は「ウルプス」、obtineō（保つ）は「オプティネオー」と読みます。

　c の文字は「カ行」の子音［k］の発音をします。Caesar は「カエサル」、Seneca は「セネカ」と発音します。

　g の文字は必ず［g］の発音になります。ego（私は）は「エゴ」で、magnus（大きい）は「マグヌス」です。

　q は常に qu の形で使われ、［kw］の音を表します。「どこに」を意味する quō は「クウォー」と読みます。

　s は無声音を表します。rosa（バラ）は「ロサ」と発音し、z の音にはなりません。つまり「ロザ」とはなりません。Sicilia は「スィキリア」と発音しますが、カタカナに転写する際には「シキリア」とするのが一般的です。

　x は常に［ks］の音で、［gz］と濁りません。maximus（最大の）は「マクシムス」と発音します。

　j は半母音［j］、v は半母音［w］の音を表します。jānua は「ヤーヌア」（門）、jūs は「ユース」（法）、jocus は「ヨクス」（冗談）、varius は「ウァリウス」（多様な）、via「ウィア」（道）、vulgus「ウルグス」（大衆）、vērus「ウェールス」（真実の）、volō「ウォロー」（飛ぶ）といった具合です。

　母音にはさまれた j は注意が必要です。ラテン語では慣例上、母音にはさまれた j の前の母音に長母音をつけますが、発音は［短母音＋ i ＋ j ＋母音］になります。mājor（より大きい）は「マイヨル」、cūjus（関係代名詞 quī の属格）は「クイユス」です。

練習問題 1　次のラテン語の読み方を答えなさい。
1．deus（神）　2．dea（女神）　3．dominus（主人）　4．domina（女主人）　5．aura（そよ風）　6．verbum（言葉）　7．honor（名誉）　8．monēmus（我々は注意する）　9．docent（彼らは教える）　10．mē（私を）

> ヒント

　繰り返しますが、ラテン語の発音はローマ字読みが基本です。英語風に発音した人はいませんでしたか？　3. dominus を「ドミナス」、5. aura を「オーラ」、7. honor を「オナー」、10. mē を「ミー」といったふうに。ラテン語を学ぶ時は文字どおり Do as the Romans do.（ローマ人のするようにせよ）をモットーにしていきましょう。

> FAQ

Q. **deus の eu は二重母音ですか？**
A. 見かけはそうですが二重母音ではありません。音節に区切ると de-us となり2音節です（二重母音なら deus のまま1音節）。この音節の区切り方はラテン語の名詞について学ぶとよくわかります。例えば deus が単数・属格になると de-ī、単数・与格は de-ō、単数・対格は de-um、単数・奪格は de-ō と格変化します。つづりをよく見て下さい。de-us の e は変化する中で u と切り離され、別の母音 ī や ō や u と結びつきます。二重母音であれば母音同士が離ればなれになりません。

Q. **deus と dea の語尾と dominus と domina の語尾が同じ組み合わせになるのは、何か意味があるのですか？**
A. はい。男女の違いが語尾の -us と -a の違いとして現れています。ラテン語の名詞には「性」の区別があります。de-us や domin-us のように us で終わる単語は男性名詞（第2変化名詞）、de-a や domin-a のように a で終わる単語は女性名詞になります（第1変化名詞）。ただし、このような区別は第1変化や第2変化と呼ばれる名詞の場合に当てはまる話で、それ以外の形、例えば練習問題の7番 honor（名誉）は第3変化の男性名詞であり語尾は us ではありません。一方、同じ第2変化名詞でも6番の verbum（言葉）のように um で終わる中性名詞もあります。
　頭がこんがらがってきたと思われるでしょうか。心配ご無用。このこんがらがった状態に秩序を与えてくれるのが文法なのです。次の章では名詞のいくつかのパターンについて学びます。どうぞお楽しみに。

2 アクセント

　英語学習で初心者を悩ませるのがアクセントの問題です。英単語のアクセントに明確なルールはなく、辞書を引き1語1語声に出して覚えるしかありません。それにくらべ、ラテン語の場合アクセントのルールは明確です。原則は、音節（syllable）に分けて判断するということです。音節の数とは、単語に含まれている母音（a, i, u, e, o）ならびに二重母音（au, ae, ui, ei, eu, oe）の数のことです。以下、場合分けして説明しましょう。

1音節の単語

　mōs（習慣）やmē（私を）は、その音節にアクセントがあります。
（モース）　　（メー）

2音節の単語

　語の最後から数えて2つ目の音節にアクセントがあります。Cae-sarのように2音節の場合、ae の部分にアクセントがあります。Caesarは母音の数だけ数えると3つありますが、ae は二重母音なので1つの母音とみなします。vī-ta（人生）も2音節の語なので、ī の箇所にアクセントがあります。
（ウィータ）

　なぜわざわざ後ろから数えるのか？　と思われるでしょうが、それは3音節以上の単語を考慮するからです（後述）。ちなみに、文法書によっては「後ろから数えて1番目の音節」を ultima、「後ろから数えて2番目の音節」を paenultima、「後ろから数えて3番目の音節」を antepaenultima と表記するものもあります。
（ウルティマ）（パエヌルティマ）（アンテパエヌルティマ）

3音節以上の単語

　語の最後から数えて2つ目の音節が「長い」場合、その音節にアクセントがあります。それが「短い」場合、後ろから数えて3つ目の音節にアクセントがあります。それより前の音節（4つ目以上）にアクセントが置かれることはありません。

　moneō（忠告する）について考えてみましょう。可能性は、「モネオー」か「モネオー」のいずれかです（下線部にアクセント）。後ろから数えて
（モネオー）

2番目の音節（mo-ne-ō だと ne- の音節）に含まれる母音の長短で判断すると、e は短い母音なのでここにアクセントはありません。
　したがって正解は「モネオー」です。
　audīmus（我々は聞く）はどうでしょうか？　可能性は、「アウディームス」か「アウディームス」のいずれかです。けっして「ムス」にアクセントはつきません。au-dī-mus の後ろから数えて2番目の音節は「長い」ので、ここにアクセントがあります。正解は「アウディームス」です。
　laetitia（喜び）は4音節ですが、lae-ti-ti-a の後ろから数えて2番目の音節は「短い」と判断されますので、アクセントは後ろから3番目の音節にあります。よって、「ラエティティア」と読みます。
　ところで母音を「長い」と判断するケースは2種類あります。

　1　長母音、または二重母音の時
　2　位置によって長い時

　1についてはもうおわかりでしょう。今見た audīmus の dī の音節に含まれる母音が長母音の例です。このような長母音、または二重母音について、文法では「本質的に長い」（long by nature）と呼びます。それは、2の「位置によって長い」（long by position）と対比して使う言い方です。
　2については少し説明が必要です。短母音の次に2個以上の子音が続く場合、その短母音は「位置によって長い」と判断されます。
　puella（少女）を例に取りましょう。pu-el-la の後ろから数えて2番目の音節は e で「短母音」です。ē（エー）ではありませんね。しかし、e の次に子音 l が連続しているので「位置によって長い」と判断されます。したがって、e にアクセントがつき「プエッラ」と読みます。

FAQ

Q. **音節の分け方について教えて下さい。**
A. 場合分けして説明しましょう。
1. 音節を分けるとは、母音と母音（または二重母音）を分けるということです。dea（女神）は de-a とし、deae（女神たち）は de-ae とします。この時 de-a-e としません。なぜでしょう？　ae は二重母音なので1つの長母音として扱うからです。

2. 母音と母音の間に1つの子音がある時、その子音は後ろの母音とともに音節を作ります。rosa（バラ）は ro-sa と分けます（o と a にはさまれた s に注意）。amīcus（友）は a-mī-cus とします（a と ī にはさまれた m、ī と u にはさまれた c に注意）。
3. 子音が2つ以上続く時、最後の1子音が後続する母音につき、残りは前の母音につきます。例えば mittō（送る）は mit-tō、sanctus（聖なる）は sanc-tus となります。
4. ただし子音同士の結びつきの強い〈黙音 p, b, t, d, c, g ＋流音 l, r〉は切り離されず1子音と数え、そのまま後続する母音につきます。tenebrae（暗黒）は te-ne-brae となります。br の位置に注意して下さい。

練習問題2 アクセントの位置に注意して発音しなさい。
1. fortūna（運命） 2. pecūnia（お金） 3. Rōmānī（ローマ人）
4. laudāmus（我々はほめる） 5. Vergilius（ウェルギリウス：詩人）
6. tenebrae（暗黒） 7. aquila（鷲） 8. stellārum（星々の：stella の複数・属格） 9. puerum（少年を：puer の単数・対格） 10. sapientia（知恵）

ヒント
単語を音節に分け、後ろから数えて2番目の音節の長短を調べます。
1. for-**tū**-na の tū は「長い」。
2. pe-cū-**ni**-a の ni は「短い」。
3. Rō-**mā**-nī の mā は「長い」。
4. lau-**dā**-mus の dā は「長い」。
5. Ver-gi-**li**-us の li は「短い」。
6. te-**ne**-brae の ne は「短い」。この場合 br は1子音と数えます（本文説明参照）。
7. a-**qui**-la の qui は「短い」。u は母音でなく qu で［kw］と発音されるためです。
8. stel-**lā**-rum の lā は「長い」。
9. pu-**e**-rum の e は「短い」。
10. sa-pi-en-**ti**-a の ti は「短い」。

第2章　名詞と形容詞1

1　第1変化名詞

名詞の性・数・格

　ラテン語の名詞には「性・数(すう)・格」があります。性（gender）には男性、女性、中性の3種類があります。男性名詞は m.（masculine）、女性名詞は f.（feminine）、中性名詞は n.（neutral）と略されます。また、男性にも女性にもみなせる名詞の性（通性）については、c.（common gender）と記されます。pater（父）は男性名詞、māter は女性名詞といわれると「なるほど」と理解できますが、このように常識に照らして性をイメージできる名詞はごく少数派です。

　ただし、ラテン語の名詞は全部で5つのタイプがあり、どのタイプの名詞かがわかれば、（ある程度）自信を持って性を判別できるようになります。例えば第1変化名詞は女性名詞、第2変化名詞で us で終わるタイプは男性名詞、um で終わるのは中性名詞と思い込んでも基本的に大丈夫です。

　数(すう)（number）とは英語でもおなじみの単数と複数のことです。単数と複数で意味の変わるものや、単数または複数でしか現れないものがありますが、これらは例外的なものなので最初のうちは気にする必要はないでしょう。

　　単数のみの例：vīrus（毒）、vulgus（民衆）など。
　　複数のみの例：arma（武器、戦争）、castra（陣営）など。

　重要なのは格（case）です。ラテン語の名詞は文中の役割（主語や目的語など）に応じて語尾を変えるのですが、名詞の学習で大事なことはこの変化の仕方をしっかり覚えることです。英語の場合、その必要はありません。複数形に s がつくくらいです。文中で主語になろうと目的語になろうと、その形が変わることはありません。Here is a book. だろうと I have a book. だろうと book は book のままです。ところがラテン語は違います。

今の例だと1つ目のbookは単数・主格の形（liber）、2つ目のbookは単数・対格の形にします（librum）。語尾の違いが「て、に、を、は」を表す仕組みになっています。

格変化の暗記

　英語は語順が命です。語順が名詞の文中での役割を明示します。それに対してラテン語は格変化が命です。それによって文中での役割が見えてきます。つまり、ラテン語の格変化を理解しないことは、英語の文型を理解しないことと同じです。

　なお名詞や形容詞の格変化のことを英語ではdeclension（曲用）、動詞の変化のことをconjugation（活用）と呼びますが、本書では両者を一括して「変化」と表記します（名詞に関して「格変化」、動詞に関して「活用」と呼ぶこともある）。

　ラテン語の格変化を暗記する意味にはもう1つの側面があります。それは、辞書を引く力を養うため、というものです。英語の名詞は、つづりどおりに引けば辞書で訳語が見つかります。一方、ラテン語の場合はそうはいきません。辞書の見出しに載せる形は格変化の1つの形に過ぎず（名詞の場合は単数・主格）、自分の調べたい語がそれ以外の形（斜格と呼ぶ）の時、きちんと辞書の見出しの形に変換しないと辞書を引くことができません。

　ただ、誰だって初めてラテン語の変化表を目にしたら、ゴチャゴチャしていてわかりにくそう、と面食らうものです。また、格の用語（主格、呼格、属格等）がいきなり出てきて違和感を覚える、という人も少なくないでしょう。その気持ちは重々わかります。でも案ずるより産むが易し。以下、名詞の格変化の学び方をヒントとして述べます。

名詞の格変化の覚え方

　ラテン語の格変化の覚え方は自分でやり方を工夫するのがベストです。単語カードを作るのも一案でしょう。暗記がうまくいかない人は、変化表を音読する段階でつまずくようです。コツはアクセントの位置を正しく理解し、それを意識することです。まずは第1変化名詞を代表するrosa（バラ）の変化表をご覧下さい（太字は後で見る語尾変化）。

● rosa f. バラ

	単数	複数
主格（呼格）	ros**a**	ros**ae**
属格	ros**ae**	ros**ārum**
与格	ros**ae**	ros**īs**
対格	ros**am**	ros**ās**
奪格	ros**ā**	ros**īs**

　ラテン語の「格」には主格（nom.）、呼格（voc.）、属格（gen.）、与格（dat.）、対格（acc.）、奪格（abl.）の6種類があります。nom. など、英語の文法用語の省略形は覚えておくと便利です。省略せずに書くと、それぞれ nominative（主格）、vocative（呼格）、genitive（属格）、dative（与格）、accusative（対格）、ablative（奪格）となります。これ以外に地格（locative ＝ loc.）と呼ばれる特殊な格もありますが、例外とみなせるので変化表には入れません。

　まず、単数・主格の rosa から下に向かって読んでいきます。「ロサ・ロサエ・ロサエ・ロサム・ロサー」と読めればオーケーです（下線部にアクセントがある）。単数・奪格は単数・主格（ロサ）と異なりロサーとなる点に注意して下さい（ā は長母音）。また、主格と呼格は同じ形なので、ふつう呼格を読むのは省略します（そのため変化表には通例「主格（呼格）」と併記する）。

　続いて、複数・主格の rosae から下に向かって読みます。「ロサエ・ロサールム・ロシース・ロサース・ロシース」と読めればオーケーです。一番のポイントは、複数・属格の発音です。これ以外はみな「ロ」にアクセントが置かれますが、「ロサールム」のみ「サー」にアクセントがつきます（「サー」の音節は「長い」ため）。

　ある程度覚えたと思ったら、白い紙に変化表を書いて下さい（罫線は不要）。表の形でなくても、覚えた順序どおりに書くというやり方でもよいです。例えば、rosa（バラ）の格変化であれば、rosa, rosae, rosae, rosam, rosā, rosae, rosārum, rosīs, rosās, rosīs の順に書きます。単数・主格（呼格）、単数・属格、単数・与格……の順に書くわけです。こうして手で書けば記憶に残りやすいですし、変化表と照合することにより細かなミスを

自分でチェックできます。

第 1 変化名詞の特徴

　第 1 変化名詞はわずかの例外を除き、すべて女性名詞です。辞書で第 1 変化名詞を調べると、「rosa, -ae f. バラ」のように記載されています。見出しの rosa は単数・主格のこと、rosa の右横の -ae とは単数・属格の語尾のことで、省略せずに書けば rosae のことです。f. は女性名詞を意味します。これは、feminine の略です。

例外的なこと

　(1) dea（女神）と fīlia（娘）の複数・与格と複数・奪格は、それぞれ deābus と fīliābus になります。本来の規則的な形 deīs と fīliīs にすると、(後で学ぶ) 第 2 変化名詞 deus（神）と fīlius（息子）の同変化形（複数・与格と複数・奪格）とまったく同じ形になるため、混乱しないよう第 3 変化名詞の語尾を借りているわけです。

　(2) 第 1 変化名詞の中には agricola, -ae m.（農夫）や nauta, -ae m.（水夫）など、ごく一部の男性名詞が含まれます。

格の働き

　それぞれの格の働きを簡単に説明すると次のようになります。詳しくは本書の最後にまとめているので、適宜参照して下さい。

主格（nominative）

　主語または述語になります。

> 1. **Puella** cantat.　　　　　少女は歌う。
> 2. **Scientia** est **potentia**.　　知識は力である。

　上の例では puella（少女）と scientia（知識）が文の主語になっています。potentia（力）は主格ですが主語ではなく、述語（補語）になっています。主格というと主語だと思い込む人が多いのですが、実際には例文 2 の potentia のように述語として使われる場合も多く、注意が必要です。なお、ラテン語の語順は自由なので、potentia を主語、scientia を述語とみ

なし、「力は知識である」と訳すことは可能です。ただ、文意が通らないのでその可能性はない、と判断します。

呼格（vocative）

呼格は呼びかけを表します。「～よ」と訳すのが基本です。

> 3. Ō **patria**!　　おお祖国よ！
> （patria, -ae f. 祖国）

　ラテン語で相手に呼びかける場合、必ずしも Ō のような間投詞（interjection）で始める必要はありません。Et tū, Brūte?（ブルートゥスよ、おまえもか？）という1文において、Brūte は呼格ですが ō はついていません。また、日本語に訳す場合「！」はつけてもつけなくてもかまいません。ちなみに Brūtus のような第2変化男性名詞のみ、単数・呼格は単数・主格と異なる形になります（-e で終わる）。

属格（genitive）

　主に所属、所有などを表します。「～の」と訳せます。

> 4. sapientia **rēgīnae**　　女王の知恵
> （sapientia, -ae f. 知恵　rēgīna, -ae f. 女王）
> 5. causa **glōriae**　　栄光の原因
> （causa, -ae f. 原因　glōria, -ae f. 栄光）

　英語の A of B という表現において「of B は A にかかる」といいます。この of B を1語で表すのがラテン語の属格です。4の rēgīnae は sapientia に、5の glōriae は causa にかかります。語順を逆にして rēgīnae sapientia や glōriae causa としてもかまいません。

> 6. Sapientiam **rēgīnae** laudō.　　私は女王の知恵を賞賛する。
> （laudō, -āre 賞賛する）

　この例文で rēgīnae（単数・属格）は sapientiam（単数・対格）にかかります。

与格（dative）

主に間接目的語を表します。「〜に」と訳せます。

> 7. Rosam **puellae** dō.　　　　私は少女にバラを与える。
> （rosa, -ae f. バラ　puella, -ae f. 少女　dō, -are 与える）

この例文を分析すると、いわゆる SVOO の構文を取ることがわかります。rosam が直接目的語、puellae が間接目的語ということになります。ただし、puellae は単数・属格とみなすことも可能であり、その場合、「私は少女のバラを与える」（誰に与えるかは省略）と訳すことができます。最終的には文脈で判断することになります。

対格（accusative）

主に直接目的語を表します。「〜を」と訳せます。

> 8. Puella **rosās** amat.　　　　少女はバラを愛す。
> （amat＜amō, -āre 愛する）

rosās は rosa の複数・対格で、amat の直接目的語になります。

奪格（ablative）

前置詞とともに、または単独で副詞的な意味を表します。「〜から」「〜によって」「〜において」などのように訳せます。

> 9. Poēta cum **puellā** cantat.　　詩人は少女と一緒に歌う。
> 　（poēta, -ae m. 詩人　cum〈奪格〉と一緒に　cantat＜cantō 歌う）
> 10. Puella mensam **rosīs** ornat. 少女は机をバラで飾る。
> 　（mensa, -ae f. 机　ornat＜ornō 飾る）

以上、それぞれの格について例文をいくつか紹介しましたが、1つの事実をお伝えします。それは、ラテン語の名詞には冠詞がない！ということです。そのため、Puella rosās amat. について、「特定の少女が特定のバラを愛す」のか、「少女は一般にバラというものを愛す」のかは、この1文だけだと決定できません。両方の可能性があるということを常に念頭に置く必要があります。

確認問題

第1変化名詞 rosa バラ について、次の形を答えなさい。
1．単数・与格　2．複数・主格　3．単数・対格　4．複数・属格
5．単数・属格

ヒント

rosa の格変化を順序どおりにいえるようになったら、次は順不同で記憶した内容を確認するのが有効です。自分で単語カードを作成するのも一案ですが、カード作りに手間をかけたくないという人は、私が作成したオンラインのクイズ（http://aeneis.net/quiz/）に挑戦してみて下さい。リンク先には文法のジャンル別に問題が用意されています。「第1変化名詞」の項目を選ぶと画面に問題が現れます。最初のうちはスピードより正解率にこだわって下さい。

解　答

1．rosae　2．rosae　3．rosam　4．rosārum　5．rosae

次は、同じ第1変化名詞に属する別の単語についても、正確に変化表が書けるように練習します。例として、puella（少女）について次の表が完成できるかどうか、何も見ずにトライしてみましょう。

● puella　f.　少女

	単数	複数
主格(呼格)	puell**a**	puell**ae**
属格	puell**ae**	puell**ārum**
与格	puell**ae**	puell**īs**
対格	puell**am**	puell**ās**
奪格	puell**ā**	puell**īs**

語尾変化

ところで rosa（バラ）と puella（少女）の2つの変化表を見くらべると、

変化しない部分（ros- や puell- の部分）と変化する部分（太字で記した **-a**、**-ae** の部分）とで成り立っていることに気づきます。前者を語基、後者を語尾と呼びます。第1変化名詞の語尾変化は次のようにまとめられます。

	単数	複数
主(呼)格	-a	-ae
属格	-ae	-ārum
与格	-ae	-īs
対格	-am	-ās
奪格	-ā	-īs

　語尾変化の表を頭に入れておくことは、ラテン語の辞書を引く時に意味を持ちます。どういうことか説明しましょう。

　ラテン語の名詞を辞書で調べる際、辞書の見出しの形（単数・主格）で調べなければいけません。ところが、自分の読んでいる文の中で、調べたい名詞は単数・主格とは限りません。〈単数・主格以外の形〉を〈単数・主格〉に直す必要があります。上の語尾変化の表でいえば、〈語基＋ -a 以外の語尾〉→〈語基＋ -a〉に変換すればよいわけです。rosae であれば〈ros- ＋ -ae〉→〈ros- ＋ -a〉、puellīs であれば〈puell- ＋ -īs〉→〈puell- ＋ -a〉に変えることで、それぞれ rosa、puella という単数・主格の形（＝辞書の見出し）が得られます。日頃から「語尾変化の表」を頭の中にしっかり焼きつけていれば、この変換プロセスを瞬時に行うことが可能になるわけです。試しに、次の例文の意味を考えましょう。

> 11. **Lūnam** videō.　　　　　　月が見える。／私は月を見る。

　videō は「私は見る」という意味です。では lūnam はどう訳せばよいのでしょうか。まず、rosa と puella の変化を暗記した人であれば、rosam や puellam と語尾が同じだとピンとくるでしょう。lūnam を〈語基 lūn-〉と〈語尾 -am〉に分け、語尾の -am を -a に変えることによって辞書の見出しが lūna だとわかります。この形で辞書を引くと、「lūna, -ae f. 月」と載っています。次に、lūnam の格（文中での役割）が対格（目的語）であることをふまえれば、「私は月を見る」と訳せます。

　書くと複雑ですが、辞書を引くためのプロセスをスローモーションで解

説するとこのようになります。一連の手続きを一瞬で行うためにも、「第1変化名詞といえば rosa」と心に決め、rosa の変化を完璧に覚えるよう努力します。そこからすべての道が開けます。

名詞の単数・属格と5つの変化の型

ラテン語の名詞には5つの変化の型があります。単数・属格の形さえわかれば、どの型かがわかります。辞書の見出しの右横には単数・属格の語尾が添えられるので、そこに注目します。

第1変化名詞：単数・属格が -ae で終わる名詞。
第2変化名詞：単数・属格が -ī で終わる名詞。
第3変化名詞：単数・属格が -is で終わる名詞。
第4変化名詞：単数・属格が -ūs で終わる名詞。
第5変化名詞：単数・属格が -ēī / -eī で終わる名詞。

確認問題 次の名詞の中で第1変化名詞はどれか、答えなさい。
1．animus, -ī m. 心　2．ignis, -is m. 火　3．victōria, -ae f. 勝利
4．lībertās, -ātis f. 自由　5．rēs, -eī f. 物、事　6．manus, -ūs f. 手

ヒント
第1変化名詞は、見出しの右横に -ae と書かれた単語です。ちなみに、第2変化名詞は1．animus、第3変化名詞は2．ignis と4．lībertās、第4変化名詞は6．manus、第5変化名詞は5．rēs となります。

解 答
3．victōria

練習問題3 和訳しなさい。
1．Fāma volat.　Verg.Aen.8.554
2．Bestiae in silvā sunt.
3．Justitia saepe causa glōriae est.
4．Aquila nōn captat muscam.

5．Poēta puellīs rosās dōnat.

語彙

fāma, -ae f. 噂　volō, -āre 飛ぶ　volat: volō の直説法・能動態・現在、3人称単数　bestia, -ae f. 獣　in〈奪格〉の中に　silva, -ae f. 森　sum, esse いる、存在する　sunt: sum の直説法・能動態・現在、3人称複数　justitia, -ae f. 正義　saepe しばしば　causa, -ae f. 原因　glōria, -ae f. 栄光　est: sum の直説法・能動態・現在、3人称単数　aquila, -ae f. 鷲（わし）　nōn ～しない　captō, -āre 捕まえる　captat: captō の直説法・能動態・現在、3人称単数　musca, -ae f. 蝿（はえ）　poēta, -ae m. 詩人　puella, -ae f. 少女　rosa, -ae f. バラ　dōnō, -āre 贈る　dōnat: dōnō の直説法・能動態・現在、3人称単数

ヒント

1．fāma は単数・主格で、動詞 volat（飛ぶ）に対する主語になります。
2．bestiae は複数・主格で、文の主語になります。silvā は単数・奪格です。in silvā の組み合わせで「森の中に」という意味を表します。sunt は sum の3人称複数の形ですが、この文では「いる」という意味です。
3．justitia と causa はそれぞれ単数・主格です。どちらを主語にしても訳は可能です。ただし、片方を主語にしたら、もう一方を補語にします。「正義は……原因である」としても、「原因は……正義である」としてもかまいません。glōriae は単数・属格になり、causa にかかります。
4．aquila は単数・主格で、動詞 captat に対する主語です。muscam は単数・対格で captat の目的語です。nōn があるので否定文になります。
5．poēta は単数・主格で、動詞 dōnat に対する主語になります。puellīs は複数・与格で間接目的語、rosās は複数・対格で直接目的語です。

2　第2変化名詞

第2変化名詞の特徴

　第2変化名詞の単数・属格は -ī で終わります。このことを知るだけで、辞書を引くのが楽になります。名詞の単数・属格は辞書の見出しの右横に書き添える習わしです。それが -ī であれば第2変化名詞とみなせるということです。

　第2変化名詞は、単数・主格が -us で終わる男性名詞（amīcus など）と -um で終わる中性名詞（verbum など）に大別できます。その他、前者の別形として単数・主格が -er で終わるものが若干ありますが、これらのいずれも、単数・属格は -ī で終わるので、全部をひとまとめにして「第2変化名詞」と呼びます。

　最初に第2変化の男性名詞の代表として、amīcus（友）の変化を紹介します。

● amīcus　m.　友

	単数	複数
主格	amīcus	amīcī
呼格	amīce	amīcī
属格	amīcī	amīcōrum
与格	amīcō	amīcīs
対格	amīcum	amīcōs
奪格	amīcō	amīcīs

　ラテン語の名詞は全部で5種類ありますが、この第2変化の男性名詞だけ単数・主格と単数・呼格の形が異なります。この点に注意して変化表をゆっくり音読して下さい。

　単数・主格から順に、「アミークス・アミーケ・アミーキー・アミーコー・アミークム・アミーコー・アミーキー・アミーキー・アミーコールム・アミーキース・アミーコース・アミーキース」と読みます（下線部にアクセント）。

　複数・属格だけアクセントの位置が変わることに気づきましたか。　そ

れは、次に紹介する第２変化の中性名詞 verbum（言葉）の変化についても同じです。

● verbum　n.　言葉

	単数	複数
主格（呼格）	verb**um**	verb**a**
属格	verbī	verbōrum
与格	verbō	verbīs
対格	verb**um**	verb**a**
奪格	verbō	verbīs

　単数は「ウェルブム・ウェルビー・ウェルボー・ウェルブム・ウェルボー」、複数は「ウェルバ・ウェルボールム・ウェルビース・ウェルバ・ウェルビース」と読みます。
　verbum は amīcus と違い、単数・主格と単数・呼格の形が同じです。したがって、変化を暗記する際には省略してもかまいません。

第２変化名詞の語尾変化

　amīcus（友）と verbum（言葉）の語尾変化をまとめると次のようになります。この表だけを見て、amīcus と verbum の変化を唱えて下さい。正しい形がスラスラ出てくればオーケーです。

● -us で終わる男性名詞

	単数	複数
主格	-us	-ī
呼格	-e	-ī
属格	-ī	-ōrum
与格	-ō	-īs
対格	-um	-ōs
奪格	-ō	-īs

● -um で終わる中性名詞

	単数	複数
主格(呼格)	-um	-a
属格	-ī	-ōrum
与格	-ō	-īs
対格	-um	-a
奪格	-ō	-īs

第2変化名詞の注意点

まずは、「単数・属格が -ī で終わること」を十分心にとめて下さい。これが第2変化名詞の見分け方の鍵です（辞書では見出しの次にこの単数・属格の形を載せる）。

次に、男性名詞の単数・呼格が単数・主格と異なることに注意して下さい。この特徴は第2変化の男性名詞だけに見られるものです。シェイクスピアの『ジュリアス・シーザー』に出てくるラテン語表現 Et tū, Brūte?（エト トゥー ブルーテ）（おまえもか、ブルートゥスよ？）の Brūte はラテン語の第2変化男性名詞 Brūtus の単数・呼格です。

また、中性名詞は単複を問わず、主格（呼格）と対格が同じ形になることにも気をつけて下さい。これは第2変化名詞に限りません。ラテン語の中性名詞ならびに中性形容詞全般に通じる大事な特徴です。とくに、複数の主格（呼格）と対格は必ず -a で終わる点にも注意します。

次に一点補足します。単数・主格の語尾が -ius になる第2変化名詞の場合、単数・呼格が -ie でなく -ī となる点です。語尾の -ie が約音し -ī になるためです。また、単数・属格も -iī とせず -ī とする場合があります。

> 1. **Vergilī.** ウェルギリウスよ。
> （Vergilius,-ī m. ウェルギリウス）

Vergilius はローマを代表する詩人の名前ですが、つづりを見ればわかるとおり、-ius で終わる第2変化名詞です。これと同じく fīlius（息子）の単数・呼格も fīlie でなく fīlī です。単数・属格は、語尾の -iī が -ī と約音される場合と -iī のままの場合と両方あるのでご注意下さい（時代や作家

の好みなどでばらつきがある)。なお、アクセントの位置は約音しても、しない場合と変わりません。Ver-gi-li-ī も Ver-gi-lī も、ともに gi の音節にアクセントがつきます。

　概略がわかったところで、第2変化名詞に属する単語をいくつか紹介します。amīcus と verbum の変化表を参照しながら、-us で終わる男性名詞、-um で終わる中性名詞のそれぞれを正しく変化させて下さい。

● -us で終わる男性名詞の例

animus	心、精神	campus	野原
marītus	夫	medicus	医者
morbus	病気	locus	場所

● -um で終わる中性名詞の例

aurum	黄金	bellum	戦争
dōnum	贈り物	exemplum	例、模範
ingenium	才能	perīculum	危険
oppidum	町	signum	印、軍旗
templum	神殿	vīnum	ワイン

FAQ

Q. **marītus** が夫なら、妻は **marīta** でしょうか？

A. はい。語尾の -us が -a に変わることで女性名詞に早変わりです。同様に medicus は男の医者ですが、女医は medica となります。

Q. **ingenium** の単数・属格は **ingenī** ですか、**ingeniī** ですか？

A. どちらのつづりもあります。規則どおりだと ingeniī となります。約音されて ingenī になることもあります (時代と作家の好みによってばらつきがある)。原則は ingeniī と覚えておけばよいでしょう。ただし ingenī と表記する場合でも、アクセントの位置は ingeniī とする場合と同じです。ともに ge の音節にアクセントがつきます。

[確認問題] それぞれの格変化の形は何か（「単数・奪格」など）？　また、単数・主格の形は何か？　なお、格変化の形はすべての可能性を答えなさい。

1. bellī　2. locīs　3. signōrum　4. dōna
5. medicōs　6. verba　7. exemplō　8. animī

[ヒント]

簡単に見えて難しい問題です。それぞれの変化形が何かという問題もさることながら、男性名詞か中性名詞かの区別ができないと解けません。例えば、1 の bellī を見て単数・属格ということは答えられても、この名詞が男性名詞であれば複数・主格（および複数・呼格）とみなす必要もあります。一方中性名詞ならその可能性はありません。中性名詞の場合、複数・主格（呼格）は -a で終わるからです。

[解　答]

1. bellum（n. 戦争）の単数・属格
2. locus（m. 土地、場所）の複数・与格、複数・奪格
3. signum（n. 印）の複数・属格
4. dōnum（n. 贈り物）の複数・主格、複数・呼格、複数・対格
5. medicus（m. 医者）の複数・対格
6. verbum（n. 言葉）の複数・主格、複数・呼格、複数・対格
7. exemplum（n. 例、模範）の単数・与格、単数・奪格
8. animus（m. 心、精神）の単数・属格、複数・主格、複数・呼格

第2変化名詞の補足

第2変化名詞に属しながら例外的な変化をする例をいくつか紹介します。まずは単数・主格が -us でなく -er で終わる第2変化男性名詞の変化表をご覧下さい。例として puer（少年）の変化をお見せします。

● puer m. 少年

	単数	複数
主格(呼格)	puer	puerī
属格	puerī	puerōrum
与格	puerō	puerīs
対格	puerum	puerōs
奪格	puerō	puerīs

　理屈の上では単数・主格は puerus となるべきですが、語尾の -us を失い puer となります。言い換えると、単数・属格以下はすべて、単数・主格が puerus であるかのように格変化します。なお、このタイプの名詞の単数・呼格は単数・主格と同形です。他の例をいくつか挙げましょう。

　　gener, -erī m.　　むこ
　　socer, -erī m.　　義父
　　vesper, -erī m.　　夕方
　　vir, virī m.　　男、英雄

このうち vir は単数・主格が -ir で終わりますが、puer 型の変化をします。念のために変化を書くと、単数は主格から順に vir, virī, virō, virum, virō となり、複数は virī, virōrum, virīs, virōs, virīs となります。

　次に、ager, -grī（畑）のように、本来 agerus となるべき単数・主格の形から -us が失われるだけでなく、それ以外の格変化で e の落ちるものもあります。e が落ちるとは、例えば単数・属格が agerī でなく agrī になるということです（e がなくなっている）。ややこしい話になりました。でも心配はご無用。辞書の見出しには単数・属格が併記されるので、e が落ちるかどうかは一目瞭然です。ager（畑）の変化は次のようになります。

● ager m. 畑

	単数	複数
主格(呼格)	ager	agrī
属格	agrī	agrōrum
与格	agrō	agrīs
対格	agrum	agrōs
奪格	agrō	agrīs

このタイプの男性名詞には次のようなものがあります。

liber, -brī m.　本
magister, -trī m.　先生
minister, -trī m.　召使い

3つ目の例外として、deus（神）の変化をご覧にいただきます。第2変化名詞の特徴（＝単数・属格が -ī で終わる）を保持しながら、別形の多い名詞です。

● deus　m.　神

	単数	複数
主格	deus	deī, diī, dī
呼格	deus, dīve	deī, diī, dī
属格	deī	deōrum, deum
与格	deō	deīs, diīs, dīs
対格	deum	deōs
奪格	deō	deīs, diīs, dīs

この表を見た感想は、「ごちゃごちゃしていて覚えにくそう」というものではないでしょうか。第2変化そのものの形もあれば、「どうして、こんな形がここにくるの？」（複数・属格の deum など）という形もあります。表の左端のつづりは規則的ですが、それ以外の形は参考程度に見ておいて下さい。この知識が問われるのは、基本的にはラテン語で書かれたものを読む時でしょう。「テキストに deum とあるけれど、どうも単数・対格では意味が取れない」と悩む時、この表があれば「あっ、そうか！」となると思います。

確認問題　次の語を訳し、格変化（単数・属格など）と辞書の見出しを答えなさい。

1．virum　2．philosophum　3．deōrum　4．agrōs

解答

1．男を　　　　　第2変化名詞 vir の単数・対格
2．哲学者を　　　第2変化名詞 philosophus の単数・対格

3．神々の　　　　　第2変化名詞 deus の複数・属格
4．畑を　　　　　　第2変化名詞 ager の複数・対格

　文の正確な理解を支えるのは、こうした1語1語についての正しい文法的分析です。では、学んだ知識を手がかりにして例文を読んでみましょう。

> **2. Asinus in tēgulīs.**　Petr. 63
> 屋根の上のろば。
> (asinus, -ī m. ろば　tēgulae, -ārum f.pl. 屋根)

　「珍事」を意味する表現です。in は奪格を取り、場所を意味する副詞句をつくります。asinus は第2変化男性名詞の単数・主格、tēgulīs は第1変化女性名詞の複数・奪格です（辞書には複数・主格の形で載っている）。

> **3. Quis pōma det Alcinoō?**　誰がアルキノウスに果実を与えようか。
> Ov.Pont.4.2.9-10
> (quis 誰が〔疑問代名詞〕　pōmum, -ī n. 果実　dō, -are 与える　Alcinous, -ī m. アルキノウス)

　quis で始まる疑問文ですが、否定の答えを想定しています。動詞の det は不規則動詞 dō の接続法・能動態・現在、3人称単数です。quis と合わせて「誰が与えようか（そんなことは誰もしない）」という意味を表します（「懐疑・反問」の接続法）。dō は英語の give と同じく「A に B を与える」という構文を取ります。A は与格、B は対格になります。Alcinoō は単数・与格で、pōma は複数・対格です。-a で終わる対格って？　とつぶやいて下さい。そう、中性名詞は複数・対格が -a で終わるのでした。アルキノウスは金持ちの代名詞で、贈り物をする必要はありません。「無用なことをする」という意味の決まり文句です。

練習問題4　和訳しなさい。

1．Arma virumque canō.　　Verg.Aen.1.1
2．Barba nōn facit philosophum.
3．Cultūra autem animī philosophia est.　　Cic.Tusc.2.13
4．Et arma et verba vulnerant.
5．Exempla docent, nōn jubent.

語彙

arma, -ōrum n. pl. 戦争、武器　vir, virī m. 男、英雄　-que（Aque の形で）そして A、A も　canō, -ere 歌う　barba, -ae f. ひげ　faciō, -ere 作る　facit: faciō の直説法・能動態・現在（3 人称単数）　philosophus, -ī m. 哲学者　cultūra, -ae f. 耕すこと、耕作　autem ところで　animus, -ī m. 心、精神　philosophia, -ae f. 哲学　est: sum の直説法・能動態・現在（3 人称単数）　et A et B　A も B も　verbum, -ī n. 言葉　vulnerō, -āre 傷つける　vulnerant: vulnerō の直説法・能動態・現在（3 人称複数）　exemplum, -ī n. 模範、例　doceō, -ēre 教える　docent: doceō の直説法・能動態・現在（3 人称複数）　jubeō, -ēre 命じる　jubent: jubeō の直説法・能動態・現在（3 人称複数）

ヒント

1. arma と virum がともに canō の目的語になっています。arma（戦争）は中性・複数・対格、virum は vir の男性・単数・対格です。arma は複数形しかありません。また、vir は基本的に「男」の意味ですが、この文では「男の中の男」、すなわち「英雄」の意味で使われています。
2. barba が主語、facit が他動詞、philosophum が目的語です。nōn は動詞 facit を否定します。見かけの上で哲学者風を装っても、本質的な意味で哲学者にはなれないという趣旨の言葉です。
3. animī（単数・属格）は cultūra（単数・主格）にかかります。「心の耕作」とは「心を耕すこと」です。この属格の働きを「目的の属格」と呼びます。philosophia を主語、cultūra を補語とみなします。
4. 主語は arma（武器）と verba（言葉）です。どちらも中性・複数・主格です。英語の感覚では目的語が何かほしいところですが、ラテン語は他動詞でも目的語を省くことがあります。この文だと「人間を」（virōs または hominēs）を補うとよいでしょう。
5. exempla（中性・複数・主格）が主語、docent と jubent が動詞です。この文では、誰に何を教えたり命じたりするのかが省略されています。

3 第1・第2変化形容詞

第1、第2変化名詞の復習

　はじめに下の表をご覧下さい。「よい」を意味する第1・第2変化形容詞 bonus の変化表です。「覚えることがいっぱいあるぞ！」と驚くかもしれません。でも、ひと呼吸置いてから男性の格変化を上から下まで目で追って下さい。続いて女性、最後に中性の順に。勘のいい人はピンとくるでしょう。今まで学んだ名詞変化が頭に入っていれば新しいことは何ひとつありません。第1変化名詞は、下の表の女性変化と語尾が同じ、第2変化の男性名詞（語尾が -us で終わるもの）はこの表の男性変化、中性名詞（語尾が -um で終わるもの）は中性変化と同じ語尾になります。つまり、下の表を見れば今まで学んだ2種類の名詞変化（第1変化名詞と第2変化名詞）の復習ができるというわけです。

● bonus　よい

	男性	女性	中性
単数・主格	bon**us**	bon**a**	bon**um**
呼格	bon**e**	bon**a**	bon**um**
属格	bon**ī**	bon**ae**	bon**ī**
与格	bon**ō**	bon**ae**	bon**ō**
対格	bon**um**	bon**am**	bon**um**
奪格	bon**ō**	bon**ā**	bon**ō**
複数・主格(呼格)	bon**ī**	bon**ae**	bon**a**
属格	bon**ōrum**	bon**ārum**	bon**ōrum**
与格	bon**īs**	bon**īs**	bon**īs**
対格	bon**ōs**	bon**ās**	bon**a**
奪格	bon**īs**	bon**īs**	bon**īs**

　太字の語尾に注意して、まずは男性・単数・主格の bonus から最後の bonīs まで変化させて下さい。答え合わせをした上、女性・単数・主格の bona から最後の bonīs まで、そして最後は中性・単数・主格の bonum

から最後の bonīs まで。急ぐ必要はありません。すべて正確に書けるまで練習を繰り返して下さい。

これがスラスラできるようになったら、他の第1・第2変化形容詞についても正しく変化させましょう。

例として、bellus, -a, -um（美しい）を取り上げます。男性・単数は、bellus, <u>belle</u>, bellī, bellō, bellum, bellō、その複数は bellī,（bellī,）bellōrum, bellīs, bellōs, bellīs になります（下線部は男性・単数・呼格。カッコ内は複数の呼格で省略可）。女性・単数は、bella,（bella,）bellae, bellae, bellam, bellā、その複数は、bellae,（bellae,）bellārum, bellīs, bellās, bellīs です。中性・単数は、bellum,（bellum,）bellī, bellō, bellum, bellō、複数は、bella,（bella,）bellōrum, bellīs, bella, bellīs です。

さて、こうして男性、女性、中性の変化を覚える段階で気になることが出てきます。それは、「同じ形があちこちに顔を出す」という点です。例えば、**bellō** は男性と中性の単数・与格と奪格に共通して見つかります。**bona** は女性・単数・主格（呼格）だけでなく、中性の複数・主格（呼格）、対格にも見られます。**bonīs** はすべての性にわたり複数・与格、奪格で見つかります。

初歩の段階から、このような比較を延々と続けることはあまり得策ではありません。つい、「覚えることがたくさんで面倒」と思ってしまうのがオチです。最初のうちはストイックに暗記作業に徹します。先に書いた順序どおり、男性・単数・主格の bonus から中性・複数・奪格の bonīs までよどみなく口から出るように、また、白い紙に何も見ずに再現できるように努力します。ある程度自信がついたら、bonus の男性・複数・属格は何か？ といった問いに答えられるようにします。

(確認問題) 第1・第2変化形容詞 bonus（よい）の次の形を答えなさい。
1．男性・単数・属格
2．女性・単数・与格
3．中性・複数・属格
4．男性・複数・奪格
5．女性・複数・対格
6．中性・複数・主格

> **ヒント**

　変化表に慣れないうちは、このような問題がぶっきらぼうに見えますが、慣れてくると正解率も解くスピードも目に見えて向上します。できなかった人は正解率に、できた人はスピードにこだわりましょう。

> **解　答**

1．bonī　2．bonae　3．bonōrum　4．bonīs　5．bonās　6．bona

ラテン語の形容詞

　暗記が済んだという前提で、形容詞の説明に移りましょう。まず、英語にはない特徴として「性・数・格の一致」というルールを紹介します。形容詞は名詞を修飾するのが基本的な働きですが、ラテン語の場合、「形容詞の格変化は修飾する名詞の性・数・格と一致する」という原則があります。同じ「よい」を意味する形容詞でも修飾する名詞が男性名詞の場合、女性名詞の場合、中性名詞の場合で形を次のように変えます。

> 1．dominus **bonus**　よき主人（は）
> 2．domina **bona**　よき女主人（は）
> 3．dōnum **bonum**　よき贈り物（は）

　このうち1の組み合わせ（dominus bonus）は、domine bone, dominī bonī, dominō bonō, dominum bonum, dominō bonō といった具合に変化します。つまり、名詞も形容詞もセットで格変化します。実は名詞には5種類の変化パターンがあり、形容詞は今扱っている第1・第2変化に加え、第3変化形容詞があります（第4、第5変化形容詞はない）。今ご覧いただいている dominus bonus の例は、名詞が第2変化の男性名詞で、形容詞も第2変化の男性形になるため、語尾がそろっています。これはたまたまです。今後学習が進むと、第3変化の男性名詞と bonus の組み合わせも出てきます。例えば、rēx bonus（よい王）の場合は語尾がそろいません（rēx は第3変化名詞）。しかし、辞書で rēx を調べると、「男性・単数・主格」とわかります。つまり、rēx も bonus もどちらも「性・数・格」は一致しています。見た目の一致でなく、「性・数・格」の一致を確認すること。それには名詞と形容詞の正しい格変化の知識が頭に入っていないといけません。今後形

容詞と名詞の組み合わせを見つけたら、辞書の助けも借りながら、1つ1つ「性・数・格」が一致していることを確認する作業を怠らないようにして下さい（怠ると、いつまでも奥歯にものがはさまった気分が抜けない）。

なお、形容詞と名詞の順序は一般的には名詞が先で形容詞が後になりますが、その逆でもかまいません（dominus bonus でも bonus dominus でもよい）。

FAQ

Q. 形容詞と名詞の語順が自由だと、「(1人の) よい主人がいる」を表すラテン語は、**Bonus dominus est.** でも **Dominus bonus est.** でもどちらでもよいということですか？

A. はい。やっかいなのは、Dominus bonus est. は「(その) 主人はよい」とも訳せることです（Bonus dominus est. をそう訳しても差し支えありません）。このことについては本文であらためて説明します。

Q. 「我々はよい詩人を愛す」をラテン語で表すとどうなりますか？ **Amāmus bonam poētam.** でいいですか？

A. 辞書を引くと、poēta, -ae m. は「詩人」を意味する第1変化男性名詞とわかります（m. に注目）。第1変化名詞はほぼすべてが女性名詞ですが、中には poēta（詩人）や nauta（船乗り）のような男性名詞もあります。「よい詩人（は）」とする場合、poēta bonus（または bonus poēta）のようにします。見た目重視だと poēta bona としたくなりますが、「性・数・格の一致」を重んじて、poēta bonus とするわけです。よって、正しい答えは、Amāmus **bonum** poētam. です。

第1・第2変化形容詞の例文

次に第1・第2変化形容詞を用いた例文を見て下さい。

> 4. Dominus **bonus** cantat, domina **bona** audit.
>   よい主人が歌い、よい女主人が聞く。

この文の bonus と bona が形容詞で、それぞれ dominus と domina を修飾しています。bonus と dominus はどちらも男性・単数・主格、bona

と domina はともに女性・単数・主格です。つまり、どちらの組み合わせも「性・数・格」が一致しています。ここで、前半を「よい主人の息子が歌う」としたければ、次のようにします。

> 5. Fīlius **bonī dominī** cantat, ...

dominus は英語の所有格に当たる属格に変化させるので dominī となりますが、それに伴い「よい」を意味する bonus も bonī に変化させます。名詞と形容詞をともに「男性・単数・属格」にそろえることで、「性・数・格」が一致しているとみなします。

> 6. Dominum **bonum** amant.　　彼らはよい主人を愛す。
> 7. Dominam **bonam** amant.　　彼らはよい女主人を愛す。

bonum は dominum と同じく「男性・単数・対格」、bonam は dominam と同じく「女性・単数・対格」です。

確認問題　空所に適語を入れなさい。
Fīlia（　1　）dominae（　2　）est.　よい女主人の娘は美しい。
(fīlia, -ae f. 娘　domina, -ae f. 女主人　bonus, -a, -um よい　bellus, -a, -um 美しい　est 〜である)

ヒントと解答

1には dominae を修飾する形容詞が入ります。日本語の「よい」に当たる形容詞 bonus, -a, -um を正しい形に直します。dominae と「性・数・格」を一致させるので、bonae とします（女性・単数・属格）。「よい男主人の」であれば、bonī dominī です。

2には「美しい」に当たる形容詞 bellus, -a, -um を変化させた形が入ります。構文上、文の主語 Fīlia の補語に当たりますので、この語と「性・数・格」を一致させ、bella（女性・単数・主格）とします。主語が Fīlius（息子）であれば bellus（男性・単数・主格）です。

完成したラテン語はこうなります。

　　Fīlia **bonae** dominae **bella** est.　よい女主人の娘は美しい。

この文の中で bonae は dominae を修飾する形容詞、bella は主語 Fīlia

に対する補語の働きをしています。ラテン語の語順は比較的自由なので、bella est. を est bella. にしてもよいです。

（別解）　1の空所に bella を、2の空所に bonae を入れることも可能です。
　　Fīlia **bella** dominae **bonae** est.

この場合、主語 Fīlia と形容詞句 dominae bonae の間に補語 bella が割り込む形となり、その点が少し不自然ですが、詩ではこのような構文も珍しくありません。ただし、この解答例は「よい女主人の美しい娘がいる」とも訳せます。

英語の場合、語順によって名詞の「てにをは」が変わるのに対し、ラテン語は名詞の語尾が変化して「てにをは」が決定されます。この違いが語順の自由度の差を生むわけです。初歩の段階ではこの点にカルチャーショックを受ける人が多いのですが、格変化の暗記が進むにつれ当初の不安は消えます。

形容詞の4つの用法

ラテン語の形容詞には主に4つの用法があります。

1　名詞を修飾する働き（形容詞の属性的用法）

> 8. Pāx **Rōmāna**　ローマの平和
>   （pāx, -ācis f. 平和　Rōmānus, -a, -um ローマの）

形容詞 Rōmāna（ローマの）は pāx（平和）を修飾しています（ともに女性・単数・主格）。このように名詞を修飾する形容詞の働きを属性的（attributive）用法と呼びます。英語と違う点が1つあります。形容詞の位置は名詞の前後どちらにも置かれるということです。

> 9. Amat **bonus** ōtia Daphnis.　Verg.Ecl.5.61
>   立派なダプニスは閑暇を愛する。
>   （amō, -āre 愛する　bonus, -a, -um よい、立派な　ōtium, -iī n. 閑暇　Daphnis, -idis m. ダプニス）

bonus は固有名詞 Daphnis（人名）を修飾しています（男性・単数・主格）。語順は Daphnis bonus でもかまいません。ōtia は ōtium の複数・対格で amat の目的語です。

2　述語としての働き（形容詞の述語的用法）

> 10. Vērī amīcī **rārī**.　真実の友はまれ（である）。
> 　（vērus, -a, -um 真実の　amīcus, -ī m. 友　rārus, -a, -um まれな）

　この文で形容詞 rārī（男性・複数・主格）は文の述語（predicate）になります。英語の5文型でいえば、SVC の C に相当します。一方、形容詞 vērī は主語 amīcī を修飾しています（1の属性的用法に当たる）。動詞 sunt が省かれています。
　ラテン語の場合、形容詞の用法が属性的か述語として用いられているかの判断基準は明確ではありません。例えば、Vir **bonus** est. という例文について、「（その）男はよい（立派だ）」とも「よい（立派な）男がいる」とも訳せます。どちらがよいかは文脈で決めます。

3　名詞としての働き（形容詞の名詞的用法）

> 11. **Bonī** amant **bonum**.　善人は善を愛す。
> 　（bonus, -a, -um よい　amō, -āre 愛する）

　慣れないうちは面食らう人の多い用法です。文頭の bonī は「善人」を意味する名詞として使われています（男性・複数・主格）。動詞 amant の目的語 bonum（中性・単数・対格）は「善」を意味する抽象名詞としての用例です。その複数形 bona は「財産」を意味します。一方、bonum（善）の反意語 malum（悪）は形容詞 malus, -a, -um（悪い）を元にしてできた名詞です。
　別の例として Rōmānī（ローマ人）を紹介します。この単語の元には「ローマの」を意味する第1・第2変化形容詞 Rōmānus, -a, -um があります。Rōmānī は男性・複数・主格なので、「ローマの男たち」という意味になりますが、実際には女性も含めた「ローマ人」全体を指します。
　英語でも Roman（ローマの）という形容詞を名詞化し、the Romans（ローマ人）と表現できます。ただし、英語には定冠詞がつくので名詞とすぐわかりますが、ラテン語には冠詞そのものがありません。単なる形容詞か、名詞化された形容詞なのか、見分けがつきにくい場合があります。

> 12. Ab **honestō** virum **bonum** nihil dēterret.　Sen.Ep.76.18
> いかなるものも、立派な人物を正直な行いから遠ざけない。
> (ab〈奪格〉から　honestus, -a, -um 立派な、高潔な　vir, virī m. 男、人物　nihil 無、英語のnothingに相当　dēterreō, -ēre 遠ざける、脅してやめさせる)

ab は奪格支配の前置詞です。honestō は形容詞ですが、「正直な行い」という意味の中性名詞として使われています（中性・単数・奪格）。virum bonum はどちらも男性・単数・対格で dēterret の目的語です。nihil が主語なので直訳はしづらいですが、「いかなるものも～することはない」と否定文を作ると考えればよいでしょう。

4　副詞としての働き（形容詞の副詞的用法）

形容詞は副詞のように使われる場合があります。少し応用的な例ですが、意外によく出てくる用法なので、ここで FAQ の形でふれておきます。

FAQ

Q. **Līberī cantant.** はどう訳せばよいでしょうか？

A. 3通りの訳が可能です。まず、cantant は「彼らは歌う」という意味を持ちます。詳しくは動詞の章で説明しますが、動詞 cantō（歌う）の直説法・能動態・現在、3人称複数の形が cantant です。

　līberī は、形容詞 līber, lībera, līberum（自由な）の男性・複数・主格と見ることができます。もしこの文の直前に「彼らは」と訳せる単語がある場合、cantant の主語はその「彼らは」（指示代名詞 illī）です。あくまでも形容詞ということに注意して直訳すると、「彼らは<u>自由な心の状態で</u>歌う」となります。「彼らは」イコール「自由な心を持つ状態」とみなすわけです。ただしこの日本語は妙なので、「彼らは<u>自由に（自由な心で）</u>歌う」とします。līberī を「歌う」にかかる「副詞」であるかのように訳すのがコツとなります。これを**形容詞の副詞的用法**と呼びます。これが1つ目の解釈です。

　次に、先行する文脈に「彼らは」と訳せる単語がない場合、単に「リーベリーな（自由な心を持つ）者たちは」で訳し出す必要があります。こ

れは**形容詞の名詞的用法**で、「自由な（心を持つ）者たちは歌う（ものである）」と訳せます。

　3つ目の解釈は、līberī を形容詞でなく純粋に名詞とみなすものです。じつは、辞書を引くと、līberī は「子どもたち」の意味を持つ複数名詞であることがわかります。この場合、「子どもたちは歌う」と訳すことができます。

　後は文脈で訳を決定します。ラテン語はいつも文脈によって訳し方を検討する必要がある、ということを頭の片隅に入れておいて下さい。

第1・第2変化形容詞の別形

　ここで少し第2変化名詞の勉強をふりかえって下さい。第2変化名詞は -us で終わる男性名詞と -um で終わる中性名詞が基本でしたが、中には puer, -erī m.（少年）や ager, -grī m.（畑）のように単数・主格が -us を欠いた形（-er で終わる形）を持つものもありました。第1・第2変化形容詞にも、男性・単数・主格が -er で終わるものが見つかります。

（イ）-er に終わる形容詞 līber, -era, -erum　自由な

	男性	女性	中性
単数・主格(呼格)	līber	lībera	līber**um**
属格	līber**ī**	līber**ae**	līber**ī**
与格	līber**ō**	līber**ae**	līber**ō**
対格	līber**um**	līber**am**	līber**um**
奪格	līber**ō**	līber**ā**	līber**ō**
複数・主格(呼格)	līber**ī**	līber**ae**	līber**a**
属格	līber**ōrum**	līber**ārum**	līber**ōrum**
与格	līber**īs**	līber**īs**	līber**īs**
対格	līber**ōs**	līber**ās**	līber**a**
奪格	līber**īs**	līber**īs**	līber**īs**

(ロ) **-er** に終わる形容詞 **niger, -gra, -grum** 黒い

	男性	女性	中性
単数・主格(呼格)	niger	nigra	nigrum
属格	nigrī	nigrae	nigrī
与格	nigrō	nigrae	nigrō
対格	nigrum	nigram	nigrum
奪格	nigrō	nigrā	nigrō
複数・主格(呼格)	nigrī	nigrae	nigra
属格	nigrōrum	nigrārum	nigrōrum
与格	nigrīs	nigrīs	nigrīs
対格	nigrōs	nigrās	nigra
奪格	nigrīs	nigrīs	nigrīs

　表を見るとわかるとおり、līber は男性・単数・主格が līberus であるかのように、niger は nigerus であるかのように変化します。ただし、līber は男性・単数・主格の語尾から us が消えるだけですが、niger は単数・属格以下で -er の e も落ちます。つまり niger の単数・属格は nigrī となります（nigerī にはならない）。

līber 型の例：

　asper　　困難な　　miser　　哀れな
　prosper　栄えた　　tener　　柔らかい

niger 型の例：

　aeger　　病気の　　pulcher　美しい
　ruber　　赤い　　　sacer　　神聖な

所有形容詞

　「私の」「あなたの」といった所有を表すには、所有形容詞を用います（これを「所有代名詞」と呼ぶ教科書もある）。英語の my や your に相当する言葉です。ラテン語の場合、これらの形容詞も格変化します。

	単数	複数
1人称	meus, -a, -um	noster, -tra, -trum
2人称	tuus, -a, -um	vester, -tra, -trum
3人称	suus, -a, -um（再帰的）	

　このうち meus（私の）、tuus（あなたの）、suus（彼、彼女、それ、彼ら自身の）は第1・第2変化形容詞 bonus のように変化します。ただし meus の男性・単数・呼格は mee でなく mī となります。例えば「わが息子よ」は **Mī fīlī!** です。一方、noster（私たちの）と vester（あなたたちの）は niger と同じ変化をします。男性・単数・属格は nosterī や vesterī でなく nostrī と vestrī になります（e の有無に注意）。名詞と組み合わせた用例を紹介します。

> 13. **Meus** fīlius aeger est.　　　私の息子は病気です。
> 14. **Tua** fīlia pulchra est.　　　あなたの娘は美しい。
> 15. Sapientiam magistrī **vestrī** laudō.
> 　　　私はあなたがたの先生の知恵を賞賛する。

3人称の所有形容詞

　所有形容詞の3人称 suus, -a, -um（自分自身の）は「再帰的に」使われます。再帰的とは同じ文の中で主語と同じものを指すことをいいます。この用法は英語同様に注意が必要です。例えば、主語が3人称で「彼は／彼らは」と訳せる文中の **suam** fīliam は「彼の（彼らの）娘を」ではなく「自分の娘を」と訳します。もし「彼（＝主語以外の他人）の娘を」といいたい場合、ラテン語では **ējus** fīliam とし、「彼ら（＝主語以外の他人）の娘を」の場合は、**eōrum** fīliam とします。ējus は「彼は」を意味する指示代名詞 is の単数・属格、eōrum はその複数・属格です。ややこしい話のようですが、例文で比較すると違いがよくわかるでしょう。

> 16. **Suam** fīliam amat.　彼は自分の（主語自身の）娘を愛する。
> 17. **Ējus** fīliam amat.　彼は彼の（主語以外の）娘を愛する。
> 18. **Suam** fīliam amant.　彼らは自分たちの（主語自身の）娘を愛する。
> 19. **Eōrum** fīliam amant.　彼らは彼らの（主語以外の）娘を愛する。

次に3人称の所有形容詞を用いた例文を紹介します。

> 20. Avārus ipse miseriae causa est **suae**.　Syr.14
> 貪欲な者は自らが自分の不幸の原因である。
> (avārus, -a, -um 貪欲な　ipse: 強意代名詞 ipse の男性・単数・主格　miseria, -ae f. 不幸　causa, -ae f. 原因)

文末の suae は suus の単数・属格で miseriae にかかります。suae は「自分の」と訳すわけですが、誰のことか？といえば、主語の avārus（貪欲な者＝名詞的用法）のことです。要するに suae は「主語自身の」という意味です。

> 21. Quid C.Caesarem in **sua** fāta pariter ac pūblica inmittit?　Sen.Ep.94.65
> 何がガーイウス・カエサルを彼自身ならびに国家の破滅へと追いやるのか。
> (quid 何が［疑問代名詞］　C.＝Gāius ガーイウス　Caesar,-aris m. カエサル　fātum, -ī n. 運命、破滅　pariter ac そして同じく〜も、ならびに　pūblicus, -a, -um 公の、国家の　inmittō, -ere 追いやる)

これは例外的な suus の使い方です。sua fāta（自分の破滅）とは、主語の quid（中性・単数・主格）でなく目的語の Caesarem（第3変化名詞の男性・単数・対格）、すなわち「カエサル自身の破滅」を意味するからです。このような解釈は、文意から見て判断するしかありません。原則は例文20の使い方ですが、21のような例外もたまにあります。

練習問題5　和訳しなさい。

1．Semper avārus eget.　Hor.Ep.1.2.56
2．Inīqua numquam regna perpetuō manent.　Sen.Med.196
3．Caesar suās cōpiās in proximum collem subdūcit.　Caes.B.G.1.22
4．Dum vītant stultī vitia, in contrāria currunt.　Hor.Sat.1.2.24
5．Sōlus meārum miseriārum est remedium.　Ter.Ad.294

> 語　彙

semper 常に　avārus, -a, -um 貪欲な　egeō, -ēre 欠乏する　eget: egeō の直説法・能動態・現在（3人称単数）　inīquus, -a, -um 不正な　numquam けっして〜ない　regnum, -ī n. 王国　perpetuō 永遠に　maneō, -ēre 残る、とどまる　manent: maneō の直説法・能動態・現在（3人称複数）　Caesar, -aris m. カエサル［第3変化名詞］　suus, -a, -um 自分の　cōpiae, -ārum f.pl. 軍隊　proximus, -a, -um 最も近い　collis, -is m. 丘［第3変化名詞］　subdūcō, -ere 撤退させる　subdūcit: subdūcō の直説法・能動態・現在（3人称単数）　dum 〜する間　vītō, -āre 避ける　vītant: vītō の直説法・能動態・現在（3人称複数）　stultus, -a, -um 愚かな　vitium, vitiī n. 過ち、欠点　in〈対格〉に向かって　contrārius, -a, -um 反対の　currō, -ere 走る　currunt: currō の直説法・能動態・現在（3人称複数）　sōlus, -a, -um 1人の、孤独な　meus, -a, -um 私の　miseria, -ae, f. 悲惨、苦悩　est 〜である　remedium, -iī n. 治療、救済

> ヒント

1. semper は副詞、avārus が主語で eget が動詞になります。avārus は形容詞ですが、この文では名詞として使われています（形容詞の名詞的用法）。
2. inīqua は regna にかかりますが、これだけだと主格か対格かわかりません（中性名詞は主格と対格が同形）。manent は自動詞（＝目的語を取らない）で3人称複数の形をしているので、regna を主語とみなします。
3. Caesar が主語で subdūcit が動詞、cōpiās が目的語です。所有形容詞 suās（女性・複数・対格）は cōpiās を修飾します。suās は「自分の」と訳します。つまり suās cōpiās とは、主語 Caesar 自身の軍隊のことです。in proximum collem は前置詞 in ＋対格の形で「動作の方向」を表す副詞句を作ります。「最も近い（proximum）丘（collem）へ（in）」と訳せます。
4. stultī は男性・複数・主格で、「愚かな者たちは」と訳します。愚か者たちが「過ちを避ける間」とは「過ちを避けようとして」と訳せます。

主節の主語も stultī で（省略されている）、動詞は currunt（走る）です。contrāria は形容詞 contrārius の中性・複数・対格です。これは「反対の過ち」のことで、名詞 vitia が省略されています。

5. これはやや難解な文ですが、ゆっくり解きほぐせばわかります。sōlus が何を指すかはひとまず置きます。男性・単数・主格なので主語だろう、というところまでは押さえます。meārum は miseriārum にかかる所有形容詞（女性・複数・属格）で、これらの属格は remedium（中性・単数・主格）にかかります。est は「〜である」を意味する不規則動詞 sum の 3 人称単数の形（英語の is に相当）。「主語 sōlus は私の（meārum）（諸々の）苦悩の（miseriārum）救済（remedium）である」という構文を導きます。残る問題は形容詞 sōlus をどう訳すか？ です。これを「一人っきりの者は」または「孤独な者は」と訳しても、「私の苦悩の救済である」にうまくつながりません（文法的には正しいが）。ヒントは est が 3 人称単数の形であるという点です。ラテン語では人称代名詞の主格を省くことがよくあるという事実を思い出すと、「彼は」（指示代名詞 ille）が主語として省かれていること、それを sōlus が修飾していることが考えられます。この時、主語の部分の直訳は「彼は（= ille）ただ 1 人の者として（sōlus）」となり、これを意訳すると「彼一人が」となります。

第 3 章　動詞 1

1　直説法・能動態・現在

動詞の活用

　ラテン語の動詞は同じ時称でも人称と数によって語尾が変わります。人称には、英語と同じく 1 人称、2 人称、3 人称の 3 種類があり、数には単数と複数の 2 種類があります。活用の仕組みを理解するため、英語 love（愛する）の変化とラテン語 amō（愛する）のそれをくらべてみましょう（いずれも時称は現在）。

● 英語 love 愛する

	単数	複数
1 人称	I love	We love
2 人称	You love	You love
3 人称	He (She, It) loves	They love

　英文法では「3 人称単数の s をつけなさい」と習います。注意することはそれだけです。3 人称単数以外はみな同じ形（動詞の原形）になるので、いちいちこのような表を作る必要はありません。それに対し、ラテン語の場合、1 人称単数から 3 人称複数まですべての語尾が変わります。

● 第 1 変化動詞 amō 愛する

人称・数	単数	複数
1 人称	amō	amāmus
2 人称	amās	amātis
3 人称	amat	amant

　英語の表には人称代名詞を添える必要がありますが、ラテン語の場合その必要がありません。英語で人称代名詞の主語を省き、Loves roses. とい

っても「彼はバラを愛する」と理解してもらえません。loves の s を取って Love roses. といおうものなら「バラを愛しなさい」という命令文になってしまいます。英語の場合、〈主語〉〈動詞〉〈目的語〉の語順を厳密に守る必要があり、このどれ一つ取っても勝手に省くわけにはいきません。

　それに対し、ラテン語の場合、動詞の活用によって主語が明示される仕組みであるため、人称代名詞の主格を省略するのが普通です。「彼はバラを愛する」をラテン語にすると、Rosam (Rosās) amat. となります（カッコ内は複数形）。語順も英語のように厳密に定められているわけではありません。Amat rosam (rosās). でもかまいません。語順を変えても変化のルールさえ守れば、表現上支障はないのです。これがラテン語の特徴なので、名詞や形容詞と同じく、動詞についても変化をしっかり覚えることが学習の基本です。

　ではもう一度、第1変化動詞 amō（愛する）の変化表（活用表）を見て下さい。amō, amās, amat, amāmus, amātis, amant の順に音読します。読み方はこうなります。「<u>ア</u>モー・<u>ア</u>マース・<u>ア</u>マト・ア<u>マー</u>ムス・ア<u>マー</u>ティス・<u>ア</u>マント」（アクセントは下線部）。それぞれの意味は「私は愛する」「あなたは愛する」「彼（彼女、それ）は愛する」「我々は愛する」「あなた方は愛する」「彼らは愛する」となります。何も見ずに「アモー、アマース……アマント」と口に出して唱えられるまで、また、何も見ずに amō, amās,... amant と正確に書くことができるまで書き取りの練習を続けて下さい。

法・態・時称・人称・数

　さて、今見たのは「現在」時称の例です。ラテン語の時称には、現在、未来、未完了過去、完了、過去完了、未来完了の6種類があります。これに加えて「態」(voice) の違い（能動態と受動態）と「法」(mood) の違い（直説法、接続法、命令法、不定法）があります。

　今紹介した amō の変化は、直説法・能動態・現在の変化です。たとえば、「amat の形は？」と問われたら、「動詞 amō の直説法・能動態・現在、3人称単数」と答えます。名詞や形容詞については、それぞれの「性・数・格」を明らかにするように、動詞の場合は単語の「法・態・時称・人称・数」を明らかにします。

確認問題 次の日本語をラテン語に直しなさい。
1. あなた方は星（stella, -ae f.）を愛する。
2. 彼らはバラ（rosa, -ae f.）を愛する。
3. 君は少女（puella, -ae f.）を愛する。
4. 私たちはローマ（Rōma, -ae f.）を愛する。
5. 彼は善（bonum,-ī n.）を愛する。

ヒント
ヒント代わりに空所補充の問題に直してみましょう。変化表で amō の例を確認すれば解けるはずです。なお目的語となる名詞は4番と5番を除き単複どちらでもかまいません。5番の bonum の複数 bona は「財産」という別の意味になります。
1. Stellam (　　　). あなた方は星を愛する。
2. Rosam (　　　). 彼らはバラを愛する。
3. Puellam (　　　). 君は少女を愛する。
4. Rōmam (　　　). 私たちはローマを愛する。
5. Bonum (　　　). 彼は善を愛する。

解 答
1. Stellam (Stellās) **amātis**.
2. Rosam (Rosās) **amant**.
3. Puellam (Puellās) **amās**.
4. Rōmam **amāmus**.
5. Bonum **amat**.

確認問題 和訳しなさい。
1. cantās. 2. narrat. 3. laudant. 4. habitāmus. 5. portātis.

語 彙
cantō, -āre 歌う　narrō, -āre 物語る　laudō, -āre ほめる　habitō, -āre 住む　portō, -āre 運ぶ

> [!ヒント]
> 意味のわからない単語、しかも辞書の見出しにない形。それを辞書で引くにはどうすればよいか？ 鍵は、同じ第1変化動詞 amō の活用を手がかりにすることです。例えば1番の cantās は amās と語尾が同じです。amās は amō が「元の形」（辞書の見出し）なので、cantās も語尾の -ās を ō に変えればよい、つまり、答えは cantō だとわかります。narrat であれば amat を手がかりにし、語尾の -at を ō に変えます。同様に laudant は語尾の -ant を ō に変えます。

> [!解答]
> 1. あなたは歌う。　　　　cantō（歌う）の2人称単数
> 2. 彼は物語る。　　　　　narrō（物語る）の3人称単数
> 3. 彼らはほめる。　　　　laudō（ほめる）の3人称複数
> 4. 我々は住む。　　　　　habitō（住む）の1人称複数
> 5. あなたたちは運ぶ。　　portō（運ぶ）の2人称複数

不規則動詞 dō の変化

● 不規則動詞 dō 与える

※不定法は dare

	単数	複数
1人称	dō	damus
2人称	dās	datis
3人称	dat	dant

　このどこが「不規則」なのでしょうか？ amō の変化が完璧に頭に入っていたら、「あれ？ おかしいな？ ミスプリかな？」と思い当たる箇所が2カ所あります。答えは、複数の1人称と2人称です。もし dō が第1変化動詞のように規則的に活用するなら、dāmus と dātis になるはずです。ところが、それぞれ発音すると「ダムス」であり「ダティス」です。不定法も dare（ダレ）でなく dāre（ダーレ）になるはずです。なお、不規則動詞については後でまとめて紹介します。

動詞の辞書の見出し

　ラテン語の動詞は、**直説法・能動態・現在、1人称単数**の形を慣例的に辞書の見出しとしています。動詞の意味を辞書で調べる時には、今取り組んだ確認問題と同じ作業、すなわち〈1人称単数以外の活用形〉を〈1人称単数の形〉に変換する作業を行う必要があります。しかも一瞬のうちに。その秘訣は第1変化動詞なら amō の活用だけを完全に覚えきることです。あやふやに「知っていると思う」状態では（辞書をひきこなす）知識として使い物になりません。

不定法と動詞変化の型

　次にラテン語の動詞を学ぶ上で重要なことは、不定法（正確にいえば、不定法・能動態・現在）の形に注意することです。例えば、amō の場合、不定法は amāre です。このように、不定法の語尾が -āre（アーレ）で終わる動詞のことを「第1変化動詞」と呼びます。ついでにいうと、第2変化動詞は -ēre（エーレ）、第3変化動詞は -ere（エレ）、第4変化動詞は -īre（イーレ）です。つまり全部で4パターンあります。

　不定法の違いによる分類は4つですが、このうち第3変化動詞は、変化の仕方が第4変化動詞によく似たものが一部あって、それを5つ目として数えます。教科書によっては第5変化動詞と呼ぶものもありますが、不定法そのものは第3変化の特徴である「エレ」で終わるので、これを第3変化Bと名づけます。

　なぜ不定法の形が大事か？　というと、それが動詞の変化パターンを明示するからです。先に、amō の活用を完全暗記すべきといいましたが、同じことが以下に紹介するそれぞれの変化パターンを代表する動詞についてもいえます。教科書を離れてラテン文を読む際、目の前の動詞は常に第1変化動詞とは限りません。実際には5つのパターン（プラス不規則動詞）があるわけです。辞書を引きこなすには、調べたい動詞がどの変化パターンに属すかを判断した上で、その元の形を辞書で調べるというプロセスを取ります。

　以上をまとめると、ラテン語の動詞を学ぶ際には、次の2つが重要です。
　1　5つの変化パターンについて変化表（活用表）を完全暗記すること。
　2　どの変化パターンかを識別するために不定法の形に注意すること。

第1変化動詞以外の変化

第1変化動詞以外の変化（直説法・能動態・現在）は次のとおりです。

● 第2変化動詞 videō 見る

※不定法は vidēre

	単数	複数
1人称	videō	vidēmus
2人称	vidēs	vidētis
3人称	videt	vident

読み方：「ウィデオー・ウィデース・ウィデト・ウィデームス・ウィデーティス・ウィデント」（下線部にアクセント）

● 第3変化動詞 agō 行う

※不定法は agere

	単数	複数
1人称	agō	agimus
2人称	agis	agitis
3人称	agit	agunt

読み方：「アゴー・アギス・アギト・アギムス・アギティス・アグント」

● 第3変化動詞 B capiō つかむ

※不定法は capere

	単数	複数
1人称	capiō	capimus
2人称	capis	capitis
3人称	capit	capiunt

※3人称複数が capunt にならない点に注意。
読み方：「カピオー・カピス・カピト・カピムス・カピティス・カピウント」

● 第4変化動詞 audiō 聞く

※不定法は audīre

	単数	複数
1人称	audiō	audīmus
2人称	audīs	audītis
3人称	audit	audiunt

読み方：「ア<u>ウ</u>ディオー・ア<u>ウ</u>ディース・ア<u>ウ</u>ディト・ア<u>ウ</u>ディームス・ア<u>ウ</u>ディーティス・ア<u>ウ</u>ディウント」

　まずはそれぞれの活用変化をしっかり覚えて下さい。次に、同じ変化に属する他の動詞についても活用の練習をします。

第2変化動詞の例：

　lateō, -ēre　　隠れる　　lateō, latēs, latet, latēmus, latētis, latent

　maneō, -ēre　 とどまる　 maneō, manēs, manet,
　　　　　　　　　　　　　 manēmus, manētis, manent

　taceō, -ēre　　沈黙する　 taceō, tacēs, tacet,
　　　　　　　　　　　　　 tacēmus, tacētis, tacent

第3変化動詞の例：

　dīcō, -ere　　いう　　　 dīcō, dīcis, dīcit, dīcimus, dīcitis, dīcunt

　discō, -ere　　学ぶ　　　discō, discis, discit,
　　　　　　　　　　　　　 discimus, discitis, discunt

　vīvō, -ere　　生きる　　 vīvō, vīvis, vīvit, vīvimus, vīvitis, vīvunt

第3変化動詞 B の例：

　cupiō, -ere　　欲する　　cupiō, cupis, cupit,
　　　　　　　　　　　　　 cupimus, cupitis, cupiunt

　faciō, -ere　　行う　　　faciō, facis, facit,
　　　　　　　　　　　　　 facimus, facitis, faciunt

　fugiō, -ere　　逃げる　　fugiō, fugis, fugit,
　　　　　　　　　　　　　 fugimus, fugitis, fugiunt

第4変化動詞の例：

　sciō, -īre　　知る　　　 sciō, scīs, scit, scīmus, scītis, sciunt

sentiō, -īre	感じる	sentiō, sentīs, sentit, sentīmus, sentītis, sentiunt
veniō, -īre	来る	veniō, venīs, venit, venīmus, venītis, veniunt

確認問題 和訳し、元の形（直説法・能動態・現在、1人称単数）を答えた上、活用させなさい。

1．latet.　　　2．volant.　　　3．manent.
4．tacent.　　5．clāmant.　　6．vīvis.
7．facimus.　　8．scītis.　　　9．veniunt.
10．discunt.

ヒント

問題の中には第1変化動詞もわざと入れています。amō の活用が頭に入っていれば、2番と5番が第1変化動詞だとすぐにわかります。amō は amant と変化するからです（語尾 -ant に注目）。

1番は -et で終わりますが、これは第2変化動詞 videō の3人称単数 videt と語尾が同じです（-et に注目）。

3番と4番は -ent で終わっています。これは第2変化動詞 videō の3人称複数 vident と語尾が共通します。

6番の語尾は -is です。-īs であれば第4変化、2人称単数です。-is なので、第3変化か第3変化 B です。もし前者なら見出しの形は vīvō, -ere であり、後者なら vīviō, -ere です。大きな辞書で調べても vīviō は存在しません。

7番のように -imus で終わるのも、第3変化か第3変化 B です。前者なら見出しの形は facō, -ere であり、後者なら faciō, -ere です。ところが facō は存在しません。

8番は -ītis で終わっています。-itis ではありません（-ī は長い）。答えは第4変化動詞の2人称複数です。

9番のように -iunt で終わるのは、第3変化 B か第4変化のどちらかです（3人称複数）。前者なら見出しは veniō, -ere であり、後者なら veniō, -īre です。不定法の違いに注目して下さい。不定法が venere になる動詞は存在しません。

10番は語尾が -iunt でなく -unt である点から第3変化動詞と判別できます。

> **解 答**
>
> 1．彼は隠れる。**lateō**, latēs, latet, latēmus, latētis, latent
> 2．彼らは飛ぶ。**volō**, volās, volat, volāmus, volātis, volant
> 3．彼らはとどまる。**maneō**, manēs, manet, manēmus, manētis, manent
> 4．彼らは沈黙する。**taceō**, tacēs, tacet, tacēmus, tacētis, tacent
> 5．彼らは叫ぶ。**clāmō**, clāmās, clāmat, clāmāmus, clāmātis, clāmant
> 6．あなたは生きる。**vīvō**, vīvis, vīvit, vīvimus, vīvitis, vīvunt
> 7．我々は行う。**faciō**, facis, facit, facimus, facitis, faciunt
> 8．あなた方は知る。**sciō**, scīs, scit, scīmus, scītis, sciunt
> 9．彼らは来る。**veniō**, venīs, venit, venīmus, venītis, veniunt
> 10．彼らは学ぶ。**discō**, discis, discit, discimus, discitis, discunt

直説法・能動態・現在の例文 とラテン語の学び方

　すでに学んだ知識で読める例文を紹介します。教科書の構成上訳と語彙を載せますが、漫然と「眺める」だけでは何の意味もありません。ラテン文を一度紙に書き写し、それがどのような意味になるのか、一度じっくりと頭の中で「格闘」する時間を取ってください。

　このような理屈でこのような訳になる、ということを十分理解したら、教科書のラテン文を紙で隠し、日本語訳だけを見て元のラテン文を「復元」します。語順やカンマの有無も含めた「完全復元」を目指します。正解は紙を取れば瞬時に現れます。日本語訳はラテン語の完全な直訳ではありませんが、元のラテン語を思い出すヒントにはなるでしょう。

> 1．**Tacent**, satis **laudant**.　Ter.Eun.476
> 　彼らは黙っている。彼らは十分賞賛している。
> 　（taceō, -ēre 沈黙する　satis 十分に　laudō, -āre 賞賛する）

　tacent と laudant の形は3人称複数なので、主語は「彼らは」とします。沈黙は賞賛の証(あかし)だという意味です。

2. Ōtia **dant** vitia.　暇は悪徳を与える。
(ōtium, -iī n. 暇、閑暇　dō, -are 与える　vitium, -iī n. 悪徳)

「ōtia（複数・主格）が vitia（複数・対格）を dant する」という SVO の構文です。

3. Dum **spīrō**, **spērō**.　私は息をする限り、希望を持つ。
(dum 〜する間、〜する限り　spīrō, -āre 息をする　spērō, -āre 希望を持つ)

「spīrō する間（dum）spērō する」という複文です。spīrō も spērō も 1 人称単数の形なので、主語は「私は」だとわかります。

4. Nec **habeō**, nec **careō**, nec **cūrō**.
私は持たない、不足を感じない、気をもまない。
(nec ... nec 〜もせず〜もしない　habeō, -ēre 持つ　careō, -ēre 不足を感じる、欠いている　cūrō, -āre 苦労する、気をもむ)

否定したい動詞を列挙する場合 nec を重ねます。3つの動詞（habeō, careō, cūrō）はすべて1人称単数なので、主語は「私は」です。

5. Fāma **volat**.　噂は飛ぶ。　Verg.Aen.8.554
(fāma, -ae f. 噂　volō, -āre 飛ぶ)

fāma は3人称単数の主語なので、動詞は volat（第1変化動詞 volō の3人称単数）になります。

6. Cum **docent**, **discunt**.　彼らは教える時、学んでいる。
(cum 〜する時　doceō, -ēre 教える　discō, -ere 学ぶ)

「彼らは教える（docent）時（cum）学んでいる（discunt）」という構文です。docent は第2変化動詞 doceō の3人称複数で、主語は「彼らは」です。discunt は第3変化動詞 discō の3人称複数で、同じく主語は「彼らは」です。

練習問題6　和訳しなさい。

1. Causa latet.　Verg.Aen.5.5
2. Exempla docent, nōn jubent.

3．Fugit hōra.　　Pers.5.153
4．Verba volant, scripta manent.
5．Cum tacent, clāmant.　　Cic.Cat.1.21

語彙

causa, -ae f. 原因　lateō, -ēre 隠れている　exemplum, -ī n. 模範　doceō, -ēre 教える　nōn 〜ない　jubeō, -ēre 命令する　fugiō, -ere 逃げる　hōra, -ae f. 時　verbum, -ī n. 言葉　volō, -āre 飛ぶ　scriptum, -ī n. 文字　maneō, -ēre 残る、とどまる　cum 〜するけれども　taceō, -ēre 沈黙する　clāmō, -āre 叫ぶ

ヒント

1．主語は causa で動詞は latet です。真の原因は不明のまま闇に閉ざされているという意味です。
2．「exempla は docent するが jubent しない」という構文です。exempla は第2変化中性名詞 exemplum の複数・主格です。docent と jubent の元の形はそれぞれ doceō と jubeō です。
3．「hōra は fugit する」という SV の構文です。「時は逃げる。だからこそ今を精一杯生きよ」というメッセージです。
4．SV の組み合わせが2つ見つかります。前半と後半が対比されていると考えます。「verba は volant するが scripta は manent する」と訳すとよいでしょう。verba と scripta はそれぞれ第2変化中性名詞 verbum と scriptum の複数・主格です。
5．接続詞 cum は英語の when や as などのように複文を作ります（例文6参照）。この問題文では「tacent するけれども clāmant だ」という譲歩の構文を導くと考えます（そう考えると前後の通りがよい）。主語は動詞の形から「彼らは」を補います（指示代名詞 illī が省略）。原文はキケローの『カティリーナ弾劾』に見られる表現で、「彼ら」とは「元老院議員」のことです。キケローがカティリーナの悪行をあばき彼に自発的亡命を勧告した時、元老院議員たちは一様に沈黙を守ります。この時、「彼らは黙っているが、心の中で『賛成！』と叫んでいるのだ」とキケローはいい放ちます。

2　不規則動詞 sum の直説法・能動態・現在

　ラテン語の不規則動詞は10ほどありますが（本書の数え方では9つ。→「不規則動詞」）、その筆頭は sum です。英語の be 動詞に相当する重要な単語です。

sum の現在変化
※不定法は esse

	単数	複数
1人称	sum	sumus
2人称	es	estis
3人称	est	sunt

　それぞれの意味を英語で書くと次のようになります。

sum.	I am.
es.	You are.
est.	He (She, It) is.
sumus.	We are.
estis.	You are.
sunt.	They are.

　こうして並べると、ラテン語は主語を書かなくても意味が通る言語だとあらためて気づかされます。例えば、英語の I am a teacher. をラテン語で表すと、Magister **sum**. となります（ただし主語は男性）。語順は **Sum magister.** でもかまいません。sum 1つで I am を意味するので、あとは補語の magister（= a teacher）を好きな場所に置くだけです。

sum の例文

> 1. Homō **sum**.　　私は人間である。　Ter.Heaut.77
> 　（homō, -minis c. 人間）

　構文は Magister sum.（私は先生である）と同じです。homō は単数・主

格で、この文の補語です。c. はこの単語が男性にも女性にもみなせる通性（common gender）であることを意味します。主語に当たる人称代名詞 ego は省略されています。

「A は B である」といいたい時、英語なら A is B. という語順になりますが、ラテン語の場合、語順は自由です。A est B. も B est A. もあります。さらに A B est. も B A est. もあります。『新約聖書』「ヨハネ伝」1章1節に次の表現があります。

2．Deus **erat** verbum.　言葉は神であった。
　（deus, -ī m. 神　verbum, -ī n. 言葉）

erat は sum の未完了過去で、「〜であった」と訳せます（英語の was とみなしてかまわない）。訳を見て「？」と思った人は少なくないでしょう。語順が逆じゃないの？　と。これが今ふれた B est A. の構文に当たります。文法的には A est（erat）B. とみなし、「神は言葉であった」と訳すことも可能ですが、この表現の元になるギリシャ語を見ると、「言葉」に当たる単語が主語であるため——ギリシャ語の場合、冠詞の有無でそれがわかります——、このラテン語の解釈も「言葉は神であった」とします。

格言を中心に est はしばしば省略されます。自由な語順と並びこれも初心者泣かせですが、いろいろな訳の可能性を考えるのはパズルのようでもあり、そこにラテン語の面白さがあるように思われます（そう思いましょう）。

3．Amīcitia sāl vītae.　友情は人生の塩。
　（amīcitia, -ae f. 友情　sāl, -ālis m. 塩　vīta, -ae f. 人生）

主語は amīcitia で、第3変化名詞 sāl（塩）が補語になります。vītae は属格で sāl にかかりますが、動詞 est が省略されています。補う位置は amīcitia の次でも vītae の次でもかまいません。訳例で明らかなように、日本語も動詞なしで意味は通ります。

4．Vōx populī vōx deī.　人民の声は神の声。
　（vōx, -ōcis f. 声）

この文も est が省かれています。populī と deī という2つの属格が vōx にかかります。文法的にはどちらの vōx を主語と見てもよいのですが、一

般には訳例の語順で解釈されます。つまり「vōx populī は vōx deī である」と。

sum の用例はこれだけではありません。「〜がある、存在する」という意味も表します。例えば、Rōma in Italiā **est**. は「ローマはイタリアにある」と訳します（前置詞 in の次には場所を表す名詞の奪格がくる）。類例を挙げましょう。

> 5．Cōgitō ergō **sum**.　私は考える、ゆえに、私はある。
> 　（cōgitō, -āre 考える　ergō それゆえ）

フランスの哲学者デカルトの有名な言葉です。この文の sum は「私はある、私は存在する」という意味になります。つまり「生きている」ということです。哲学的に正しいかどうかを抜きにすれば、「私は考えるから生きている」と意訳することもできます。

練習問題7　和訳しなさい。

1．Dāvus sum, nōn Oedipūs.　Ter.And.194
2．Est deus in nōbīs.　Ov.A.A.3.549
3．Librī mūtī magistrī sunt.
4．Pulvis et umbra sumus.　Hor.Carm.4.7.16
5．Rusticus es, Corydon.　Verg.Ecl.2.56

語　彙

Dāvus, -ī m. ダーウス（人名）　Oedipūs, Oedipodis m. オエディプース（テーバエの王）　deus, -ī m. 神　nōs 我々［人称代名詞］　nōbīs: nōs の奪格　liber, -brī m. 本、書物　mūtus, -a, -um 無口な　magister, -trī m. 先生　pulvis, pulveris c. 灰、塵　et そして　umbra, -ae f. 影　rusticus, -a, -um 田舎者の、粗野な　Corydon, -ōnis m. コリュドン（人名）

ヒント

1．Dāvus と Oedipūs はともに文の補語になります。主語 ego は省略されています。
2．主語は deus で、est は「いる」と訳せます。どこにいるのかが副詞句

in nōbīs（我々の中に）で示されます。nōbīs は人称代名詞 nōs の奪格です。

3. 主語は librī（liber の複数・主格）で、sunt が動詞です。mūtī は magistrī にかかる形容詞で、magistrī はこの文の補語になります。全体は、「librī は mūtī な magistrī である（sunt）」という構文です。

4. pulvis と umbra はこの文の補語です。これらを主語とみなすと、動詞 sumus（我々は～である）をうまく訳すことができません。主語は sumus の形から人称代名詞 nōs（我々は）を補います。我々は死ねば灰になり影になるという趣旨です。

5. es は sum の現在、2人称単数の形です。主語の tū（あなたは）は省略されています。Corydon は呼格です。もし文中のカンマを取り、es を est に変えるなら（＝ Rusticus est Corydon.）、「コリュドンは田舎者である」と訳せます。

3　命令法・能動態

命令法の作り方

　英語の命令文は Love me.（私を愛せ）のように簡単に作れますが、ラテン語の場合は命令法の形を知る必要があります。ラテン語で「愛する」を意味する動詞は（辞書の見出しとしていえば）amō で、「私を」に当たる人称代名詞は mē です（人称代名詞 ego の単数・対格で発音は「メー」）。では、Amō mē. で英語の Love me. と同じ意味になるのか？　といえば、そうではありません（このラテン文は、「私は自分自身を愛している」という意味になる）。正解は、**Amā** mē. です。amā は amō の命令法・能動態・現在、2人称単数の形です（2人称単数＝「あなた」に対する命令）。

　命令法の作り方は簡単です。動詞の不定法の語尾から -re を取れば、この形が得られます。amō の不定法（能動態）は amāre なので、この語尾から -re を取ると、amā になります。同様に、第2変化動詞 rīdeō の命令法は rīdē（笑え）、第3変化動詞 discō の命令法は disce（学べ）、第4変化動詞 audiō の命令法は audī（聞いて）になります。動詞の不定法は、活用パターンに応じて -āre, -ēre, -ere, -īre という4つの異なる語尾を持ちますが、そこから -re を取った命令法の語尾も（当然ながら）次のように4種類に分かれます。

第1変化動詞の命令法の語尾	**-ā**
第2変化動詞の命令法の語尾	**-ē**
第3変化動詞の命令法の語尾	**-e**
第4変化動詞の命令法の語尾	**-ī**

FAQ

Q. 有名な格言に Festīnā lentē. というのがあり、「急がば回れ」と訳されるようですが、直訳がどうなるかを知りたいです。

A. lentē は副詞なので、そのままの形で辞書に載っています。「ゆっくりと」という意味が見つかるでしょう。一方、festīnā はこのままの形では辞書に載っていません。さて、どうするか？　この表現が -ā で終わる命令法だと気づけば、第1変化動詞だとわかるはずです（不定法は -re を

補うことで -āre だとわかるため)。命令法 amā もこの形では辞書に載っていませんが、「元の形」amō で引けば辞書で意味が見つかります。festīnā も語尾の ā を ō に変えた festīnō で辞書を引けばよいことになります。すると「急ぐ」という訳語が見つかります。全体を直訳すると、「ゆっくり急げ」となります。ユニークな逆説的表現であることが理解できるでしょう。

命令法・能動態の例文

> 1. **Ōrā** et **labōrā**.　祈れ、働け。（ベネディクト会のモットー）
> 　　（ōrō, -āre 祈る　labōrō, -āre 働く）

ōrō の不定法 ōrāre から -re を取ると命令法 ōrā が得られます。同様に、labōrō の不定法 labōrāre から -re を取ると labōrā が得られます。これら2つの命令法が接続詞 et でつながれています。「オーラー・エト・ラボーラー」と発音する時、前半の「オーラー」の響きが後半にも聞こえてきます。つづりを見ても明らかなように、労働（labōrā）の中に祈り（ōrā）が見出せます。

> 2. Domine, **dīrige** nōs.　主よ、我らを導き給え。（ロンドン市の標語）
> 　　（dominus, -ī m. 主人　dīrigō, -ere 導く　nōs: 人称代名詞、1人称複数・対格）

domine は dominus の単数・呼格です。nōs は命令法 dīrige の目的語です。命令法 dīrige は第3変化動詞 dīrigō の不定法 dīrigere から -re を取った形です。

> 3. Aut **disce** aut **discēde**.　学べ、さもなくば、去れ。
> 　　（aut ... aut ...　〜か〜か　discō, -ere 学ぶ　discēdō, -ere 退く）

aut A aut B の形で、A か、さもなくば B、という意味を表します。

命令法・能動態の種類

命令法・能動態には現在と未来の時称があります。現在の場合、2人称単数と複数があります。未来には2人称に加え、3人称の単数、複数があ

ります。

		2人称単数	2人称複数	3人称単数	3人称複数
amō	現在	**amā**	amāte	—	—
	未来	amātō	amātōte	amātō	amantō
videō	現在	**vidē**	vidēte	—	—
	未来	vidētō	vidētōte	vidētō	videntō
agō	現在	**age**	agite	—	—
	未来	agitō	agitōte	agitō	aguntō
capiō	現在	**cape**	capite	—	—
	未来	capitō	capitōte	capitō	capiuntō
audiō	現在	**audī**	audīte	—	—
	未来	audītō	audītōte	audītō	audiuntō

　たくさん書いてあるので最初は面食らいますが、よく使われるのは、太字の2人称単数、現在の形です。それは不定法から -re を取った形だと説明しました。最初はこの形だけをしっかり記憶し、その他のこと（命令法の未来とか3人称の命令法だとか）は後回しにしてかまいません。

挨拶の命令法

　命令法は挨拶の中でも使われます。

> 4．**Salvē.**　　こんにちは（健康であれ）。
> （salveō, -ēre　健康である）

　Salvē は第2変化動詞 salveō の命令法・能動態・現在、2人称単数です。

> 5．**Salvēte.**　　みなさん、こんにちは。

　Salvēte は salveō の命令法・能動態・現在、2人称複数の形です。

> 6．**Valē.**　　さようなら（元気であれ）。
> （valeō, -ēre　元気でいる）

　Valē は第2変化動詞 valeō の命令法・能動態・現在、2人称単数です。

> 7. **Valēte.**　　みなさん、さようなら。

　Valēte は valeō の命令法・能動態・現在、2人称複数の形です。

禁止の命令文

　「〜するな」という禁止を表す場合、nōlī ＋不定法（2人称単数）、または nōlīte ＋不定法（2人称複数）の構文を用います。

> 8. **Nōlī** mē **tangere.**　　（あなたは）私にふれるな。
>   （tangō,-ere ふれる）
> 9. **Nōlīte jūdicāre.**　　（あなたたちは）裁くな。
>   （jūdicō,-āre 裁く）

　法律文には、nē ＋命令法・能動態・未来で禁止を表す表現が見られます（例文10）。

> 10. Impius nē **audētō plācāre** dōnīs īram deōrum.　　Cic.Leg.2.22
>   不敬な者が、大胆にも神々の怒りを捧げ物でなだめようとしてはならない。
>   （impius, -iī m. 不敬な者　audeō, -ēre 大胆にも〈不定法〉を行う　plācō, -āre なだめる　dōnum, -ī n. 捧げ物　īra, -ae f. 怒り　deus, -ī m. 神）

　nē ＋命令法・能動態・現在は詩の中などに出てきます（例文11）。文法書によっては本来の用法ではないと書かれていますが、実際よくお目にかかる表現です。

> 11. **Nē** frontī **crēde.**　　見かけを信じるな。
>   （frons, -tis f. 見かけ　crēdō, -ere〈与格〉を信じる）

　本来の用法とは接続法を用いた禁止の表現のことですが、それについては「単文における接続法の用法」で学びます。なお、例文11の frontī は crēde の目的語としての与格（単数）です。

練習問題8　和訳しなさい。

1. Probātōs librōs semper lege.　　Sen.Ep.2.4

2．Mūsa, mihī causās memorā.　　Verg.Aen.1.8
3．Disce gaudēre.　　Sen.Ep.23.3
4．Animum rege.　　Hor.Ep.1.2.62
5．Dum fāta sinunt vīvite laetī.　　Sen.Herc.178

語彙

probātus, -a, -um（よいと）認められた　liber, -brī m. 本　semper 常に　legō, -ere 読む　Mūsa, -ae f. ムーサ（学問、芸術を司る9人の女神の1人）　mihi<ego 私［人称代名詞］　causa, -ae f. 原因、理由　memorō, -āre 語る　discō, -ere 学ぶ　gaudeō, -ēre 楽しむ　animus, -ī m. 心、精神　regō, -ere 支配する　dum ～する間　fātum, -ī n. 運命　sinō, -ere 許す　vīvō, -ere 生きる　laetus, -a, -um 楽しい

ヒント

1．lege は第3変化動詞 legō の命令法で、probātōs librōs（男性・複数・対格）を目的語に取ります。
2．Mūsa は単数・呼格です。主格とみなすと動詞は3人称単数になりますが、この文に3人称単数形の動詞はありません。memorā の直接目的語は causās（causa の複数・対格）です。mihi は人称代名詞 ego の与格で、間接目的語になります。mihi の語尾 i は長短両方あり、この問題文では韻律の関係で長くなっています（mihī）。
3．gaudēre は第2変化動詞 gaudeō の不定法です。不定法は中性の単数名詞として扱います。この文では disce（第3変化動詞 discō の命令法）の目的語として使われています。
4．animum は animus の単数・対格です。rege は第3変化動詞 regō の命令法・能動態・現在、2人称単数です。
5．laetī（男性・複数・主格）は、命令法 vīvite（命令法・能動態・現在、2人称複数）から想定される2人称複数の人称代名詞 vōs（あなたがたは）を修飾しています。つまり「あなたがた＝楽しい」状態で「生きなさい」と命令しているわけですが、これを意訳すると、「（あなたがたは）楽しく生きよ」となります（形容詞の副詞的用法）。

第4章 名詞と形容詞2

1　第3変化名詞

第3変化名詞を学ぶ準備

　第3変化名詞はラテン語学習の山場の1つです。こういうと肩に力を入れる人が多いのですが、まずはひと息入れて、第1変化名詞と第2変化名詞の復習をして下さい。これらの変化がしっかり頭に入ることにより、第3変化名詞の特徴がはっきり見えてくるからです。逆に、それがあやふやだと第3変化の勉強も頭に入りません。

　ということで、簡単な確認テストをしてみます。まず、第1変化名詞 rosa（バラ）の変化を書いて下さい。続いて第2変化名詞 amīcus（友）と verbum（言葉）の変化を書いてみます。最後まで書けたら変化表と照らし合わせます。いかがでしたか？　自分で書いたものを自分で添削し、間違いがなくなるまで続けます。全部できた人はストレスなく書けるまで練習を続けます。

子音幹名詞と i 幹名詞

　では本題に戻りましょう。第3変化名詞で覚える格変化として次の4つを順に紹介します。「子音幹名詞」としての homō（人間）と genus（種類）、「i 幹名詞」としての ignis（火）と animal（動物）です。

FAQ

Q. 子音幹名詞と i 幹名詞について。なぜ、このような呼び名がついたのですか？

A. 複数・属格の形に注目します。子音幹名詞 homō は hominum で、i 幹名詞 ignis は ignium です。語末の -um を見て下さい。その直前はどうなっていますか？　子音幹名詞は子音 homō の場合は子音の n で、i 幹名詞 ignis の場合は i です。これが名称の由来です。

それぞれの格変化を概観すると共通する点が多いのですが、若干異なる点も見られます（それについては本文で説明）。大事なことは、どちらも単数・属格が -is で終わる点です。これは第3変化名詞と呼ばれるすべての単語に共通する特徴です。

　ではここでクエスチョン。第1変化名詞と第2変化名詞を見分けるコツは何だったでしょうか？　そうですね、単数・属格に注目することでした。第1変化名詞の単数・属格は -ae、第2変化名詞は -ī で終わるのでした。

　では第3変化子音幹名詞 homō（人間）の変化表から見ていきましょう。homō は男性名詞としても女性名詞としても使われます。これを通性名詞（省略記号は c.）と呼びます。

●第3変化名詞（子音幹名詞）homō c. 人間

	単数	複数
主格（呼格）	homō	hominēs
属格	hominis	hominum
与格	hominī	hominibus
対格	hominem	hominēs
奪格	homine	hominibus

　この表を順に声に出して読んでみましょう。複数・与格と奪格でアクセントの位置が変わります（「ホミニブス」となる）。呼格は主格と同じなので変化表ではカッコに入れるのが一般です。覚える際にも飛ばして差し支えありません。表をよく見ると複数の主格と対格、与格と奪格は同じ語尾になっています。これは第3変化名詞すべてにわたる特徴です。

　なお、辞書の見出しは homō, -minis と記されます。慣れてくると、これだけで「homō は第3変化名詞だな」とすぐにわかります。-minis は hominis のことで、単数・属格の形を示しています。それが is で終わっていますので、第3変化名詞とみなせるのです。

　次に、同じ子音幹名詞 genus の変化表を見てみましょう。genus は中性名詞なので、homō の変化と異なる箇所がいくつかあります。

●第3変化中性名詞（子音幹名詞）genus n. 種類

	単数	複数
主格（呼格）	genus	genera
属格	generis	generum
与格	generī	generibus
対格	genus	genera
奪格	genere	generibus

　中性名詞は単数、複数の両方とも主格と対格が同じ形になること、また、複数の主格と対格が -a で終わっていることを確認して下さい。これは第2変化の中性名詞 verbum についてもいえることでした。第1・第2変化形容詞も、第3変化形容詞も、中性の名詞や形容詞、代名詞のすべてに同じことが当てはまります。

第3変化名詞の単数・主格の形

　ここで「おや？　変だな」と思った人がいるかもしれません。genus のつづりを見て、これは第2変化の男性名詞じゃないのかな？　と。もしそうなら、辞書の見出しは genus, -ī となっているはずです。ところが引いてみると、genus, -eris です。このように genus は単数・属格が is で終わる点で第3変化名詞とみなせます。これを知る人は、第2変化名詞と見間違うことはありません。

　一方、先に homō は名詞だと紹介しましたが、それを忘れた頃、どこかでひょっこり homō の形を見かけたら、amō（愛する）と同じく動詞だと勘違いしないでしょうか。homō, homās, homat, ... と活用するのではないかと。第3変化名詞の泣かせどころはここにあります。つまり、単数・主格の形がまちまちなのです。

　すでに第1変化名詞と第2変化名詞を学び終えた方は、名詞がめまぐるしく変化するものだ、という感想をお持ちのことと思います。ただし、変化のパターンさえ見抜けば、かりに単数・主格以外の形であっても、その「元の形」（単数・主格の形＝辞書の見出しの形）が何かを類推できました。しかし、第3変化の場合、その類推の手がかりがありません。要は、辞書を何度も引くうちにわかってくる、という会得の仕方しかないのです。文

字どおり Experientia docet.（経験は教える）の世界です。

第3変化名詞攻略のアドバイス

　ここで重要な意味を持つのが教科書の役割です。本書もそうですが、収録語彙数は辞書に比べ圧倒的に少ないので、限られた語彙数の中で出会った第3変化名詞の1つ1つを大切にすることです。単に見出し語と言葉の意味を覚えればよいというのではなく、それぞれの変化表が正確に書けるまで練習を繰り返します。月並みですが、これがみなさんにお伝えできる第3変化名詞攻略のアドバイスです。

● 第3変化名詞（i 幹名詞）ignis m. 火

	単数	複数
主格（呼格）	ignis	ignēs
属格	ignis	**ignium**
与格	ignī	ignibus
対格	ignem	ignēs (-īs)
奪格	igne (-ī)	ignibus

※複数・属格の形に注意。

　i 幹と呼ばれるのは複数・属格に理由があると述べました。もしこれが子音幹名詞なら、複数・属格は ignum のはずです。ところが実際は -ium で終わっています。第3変化名詞の大半は子音幹名詞なので、i 幹名詞は例外と片付けてもよいかもしれません。しかし、後で学ぶ第3変化形容詞ではこの関係が逆転し、そのほとんどが i 幹形容詞になります（子音幹形容詞は少数派）。後の勉強を視野に入れて i 幹名詞の変化も丁寧に覚えて下さい。

　注意する点は複数・属格だけではありません。単数・奪格の形が i 幹名詞は e または -ī で終わります（子音幹名詞は -e のみ）。また、複数・対格も i 幹名詞では -ēs または -īs で終わります（子音幹名詞は -ēs のみ）。

　最後に i 幹名詞の中性の例を紹介します。第2変化の中性名詞と同じ特徴が次の表にも見られます。

● **第3変化中性名詞（i 幹名詞）animal n. 生き物**

	単数	複数
主格（呼格）	animal	animālia
属格	animālis	animālium
与格	animālī	animālibus
対格	animal	animālia
奪格	animālī	animālibus

　animal は中性名詞ということで、verbum（言葉）など第2変化の中性名詞と同じく、格変化には次の特徴が認められます。

　　1　単複とも主格（呼格）と対格が同じ形になる。
　　2　複数の主格（呼格）と対格は -a で終わる。
　この特徴を上の表で確認しながら、animal の変化を暗記しましょう。

確認問題　homō, genus, ignis, animal の変化表を参考にして、以下の名詞を格変化させなさい。

子音幹名詞（男性・女性）
　　leō, leōnis m. ライオン
　　lēx, lēgis f. 法律
　　nātiō, nātiōnis f. 国家
子音幹名詞（中性）
　　caput, capitis n. 頭
　　corpus, corporis n. 体
　　nōmen, nōminis n. 名前
i 幹名詞（男性・女性）
　　collis, collis m. 丘
　　fēlēs, fēlis f. 猫
　　piscis, piscis m. 魚
i 幹名詞（中性）
　　calcar, calcāris n. 拍車
　　exemplar, exemplāris n. 模範

mare, maris n. 海 （単数・奪格は marī と mare の両方の形がある。）

ヒント

子音幹名詞（男性、女性）は homō、子音幹名詞（中性）は genus、i 幹名詞（男性、女性）は ignis、i 幹動詞（中性）は animal の変化を参照します。これら4つの変化表が頭に入っていたら、この練習問題はすべて容易に答えられるはずです。

解答

子音幹名詞（男性・女性）
   leō, leōnis, leōnī, leōnem, leōne
   leōnēs, leōnum, leōnibus, leōnēs, leōnibus
   lēx, lēgis, lēgī, lēgem, lēge
   lēgēs, lēgum, lēgibus, lēgēs, lēgibus
   nātiō, nātiōnis, nātiōnī, nātiōnem, nātiōne
   nātiōnēs, nātiōnum, nātiōnibus, nātiōnēs, nātiōnibus

子音幹名詞（中性）
   caput, capitis, capitī, caput, capite
   capita, capitum, capitibus, capita, capitibus
   corpus, corporis, corporī, corpus, corpore
   corpora, corporum, corporibus, corpora, corporibus
   nōmen, nōminis, nōminī, nōmen, nōmine
   nōmina, nōminum, nōminibus, nōmina, nōminibus

i 幹名詞（男性・女性）
   collis, collis, collī, collem, colle (-ī)
   collēs, collium, collibus, collēs (collīs), collibus
   fēlēs, fēlis, fēlī, fēlem, fēle (-ī)
   fēlēs, fēlium, fēlibus, fēlēs (fēlīs), fēlibus
   piscis, piscis, piscī, piscem, pisce (-ī)
   piscēs, piscium, piscibus, piscēs (piscīs), piscibus

i 幹名詞（中性）
   calcar, calcāris, calcārī, calcar, calcārī

calcāria, calcārium, calcāribus, calcāria, calcāribus
exemplar, exemplāris, exemplārī, exemplar, exemplārī
exemplāria, exemplārium, exemplāribus, exemplāria, exemplāribus
mare, maris, marī, mare, marī（-e）
maria, marium, maribus, maria, maribus

たくさん練習していただきました。これだけ練習すれば、以下の例文もよく理解できると思います。

第3変化名詞の例文

第3変化名詞を使った例文です。それぞれに訳をつけましたが、なぜそのような訳になるのかをよく考えた後で、後のヒントを読んで下さい。

1. Adversa **virtūte** repellō.　私は勇気によって逆境をはね返す。
   （adversum, -ī n. 逆境　virtūs, -ūtis f. 勇気　repellō, -ere はね返す）
2. Aurea **mediocritās**.　黄金の中庸。　Hor.Carm.2.10.5
   （aureus, -a, -um 黄金の　mediocritās, -ātis f. 中庸）
3. **Cīvis** Rōmānus sum.　私はローマ市民である。
   （cīvis, -is c. 市民　Rōmānus, -a, -um ローマの）
4. **Honōs** habet **onus**.　名誉は重荷を持つ。
   （honōs, -ōris m. 名誉　habeō, -ēre 持つ　onus, -eris n. 重荷）
5. **Līs lītem** parit.　争いは争いを生む。
   （līs, lītis f. 争い　pariō, -ere 生む）
6. **Māter artium necessitās.**　必要は技術の母。
   （māter, -tris f. 母　ars, artis f. 技、技術　necessitās, -ātis f. 必要）
7. **Mors** certa, **hōra** incerta.　死は確実、時は不確実。
   （mors, mortis f. 死　certus, -a, -um 確実な　hōra, -ae f. 時　incertus, -a, -um 不確実な）
8. **Occāsiōnem** cognosce.　好機を知れ。
   （occāsiō, -ōnis f. 好機　cognoscō, -ere 知る）
9. **Mens** agitat **mōlem**.　精神は大塊を動かす。　Verg.Aen.6.727
   （mens, -entis f. 精神　agitō, -āre 動かす　mōlēs, -is f. 塊）

> 例文の解説

1. adversa は adversum の複数・対格で、repellō の目的語です。virtūte は virtūs の単数・奪格です。この奪格は「〜によって」と訳せます（手段の奪格）。
2. 形容詞 aurea は mediocritās を修飾します（女性・単数・主格）。mediocritās はこの形が辞書の見出しの形、すなわち単数・主格です。
3. cīvis は単数・主格で文の補語です。Rōmānus がこれを修飾します。sum は動詞で主語 ego は省略されています。英語のように単語を並べ直すと、Ego sum Rōmānus cīvis. となります。
4. honōs は単数・主格でこの文の主語です。habet は habeō の直説法・能動態・現在、3人称単数です。onus は単数・対格で habet の目的語です（形が主格と同じなのは中性名詞の特徴）。
5. SVO の構文です。līs（単数・主格）は主語で、lītem（līs の単数・対格）は parit の目的語です。
6. māter（単数・主格）は文の補語で、necessitās（単数・主格）は主語です。artium は ars の複数・属格ですが、māter にかけると意味が通ります。動詞の est が省略されています。
7. mors と certa は語尾が異なりますが、女性・単数・主格という点で一致します。hōra と incerta も同様です。人間が死ぬことは確実ですが、死ぬ時がいつかは不確かだ、という内容の言葉です。
8. occāsiōnem は occāsiō の単数・対格です。cognosce は cognoscō の命令法・能動態・現在、2人称単数で、occāsiōnem を目的語に取ります。
9. mens（単数・主格）が主語で、mōlem（mōlēs の単数・対格）は agitat の目的語です。

例外的なこと

1. i 幹名詞の中には、単数・対格が -im で終わるものがあります（ごく少数）。puppis,-is f.（船）は次のように変化します。
    単数　puppis, puppis, puppī, **puppim**(-em), puppe(-ī)
    複数　puppēs, puppium, puppibus, puppēs(-īs), puppibus
2. 2つの語幹を持ち不規則な格変化をするものがあります。vīs, -īs f.

（力）は次のように変化します。頻出語なので要注意です。

　　単数　　vīs, (vīs), (vī), vim, vī
　　複数　　vīrēs, vīrium, vīribus, vīrē(-ī)s, vīribus

Juppiter, Jovis m.（ローマの主神）の変化は次のとおりです。

　　単数　　Juppiter, Jovis, Jovī, Jovem, Jove

練習問題 9　和訳しなさい。

1. Cibī condīmentum famēs est.　　Cic.Fin.2.90
2. Varietās dēlectat.　　Cic.N.D.1.22
3. Latet anguis in herbā.　　Verg.Ecl.3.93
4. Lupus est homō hominī.　　Pl.As.495
5. Lēgēs mōrī serviunt.　　Pl.Trin.1043

語　彙

cibus, -ī m. 食事　condīmentum, -ī n. 調味料　famēs, -is f. 空腹　varietās, -ātis f. 多様性　dēlectō, -āre 楽しませる　lateō, -ēre 隠れる　anguis, -is m. 蛇　herba, -ae f. 草　lupus, -ī m. オオカミ　homō, -minis c. 人間　lēx, -ēgis f. 法律　mōs, -ōris m. 慣習　serviō, -īre〈与格〉に従う

ヒント

1. famēs が主語で condīmentum が補語です。cibī は condīmentum にかかります。
2. varietās が主語で、dēlectat が動詞です。dēlectat の目的語は省かれています。
3. anguis は単数・主格でこの文の主語です。in ＋奪格の形で「〜において」という意味の副詞句を作ります。latet は lateō の 3 人称単数現在。
4. hominī は単数・与格です。与格は「〜にとって」と訳せます（判断者の与格）。homō も lupus も主格ですが、どちらかが主語でもう一方が補語になります。
5. mōs が与格になっているのは、serviō が与格支配の動詞だからです。動詞が対格以外を伴う場合、辞書にはそのことが明記されます。

2　第4変化名詞

第4変化名詞の変化

第4変化名詞のほとんどは、単数・主格が -us で終わる男性名詞です。単数・属格は -ūs で終わります。fructus, -ūs m.（果実）は次の表のように変化します。

● fructus m. 果実

	単数	複数
主格（呼格）	fructus	fructūs
属格	fructūs	fructuum
与格	fructuī (fructū)	fructibus
対格	fructum	fructūs
奪格	fructū	fructibus

第4変化男性名詞の例：

cultus, -ūs	崇拝、世話	exercitus, -ūs	軍隊
exitus, -ūs	結果	gradus, -ūs	歩み、階段
metus, -ūs	恐れ	passus, -ūs	歩み
saltus, -ūs	跳躍、飛躍	senātus, -ūs	元老院
successus, -ūs	連続、成功	ūsus, -ūs	経験、習慣

例外として、manus（手）や domus（家）などごくわずかの女性名詞があります。このうち domus の変化はやや不規則です（単数・与格と単数・奪格に別形 domō がある。複数・属格に別形 domōrum、複数・対格に別形 domōs がある）。

第4変化名詞にはわずかながら中性名詞もあります。cornū, -ūs n.（角）の格変化は次のようになります。中性名詞は主格と対格が同形となり、複数ではともに -a で終わっています。cornū 以外の例は少なく、genū, -ūs n.（膝）を知っていれば十分でしょう。

● cornū n. 角

	単数	複数
主格（呼格）	cornū	cornua
属格	cornūs	cornuum
与格	cornū	cornibus
対格	cornū	cornua
奪格	cornū	cornibus

※単数・与格は -ū の語尾のみ。

第4変化名詞の例文

> 1. Amāre juvenī **fructus** est, crīmen senī.　Syr.29
> 恋することは若者にとっては果実であり、老人にとっては罪である。
> （amō, -āre 愛する　juvenis, -is c. 若者　fructus, -ūs m. 果実　crīmen, -minis n. 罪　senex, senis c. 老人）

　fructus は主格ですが、後半の crīmen と同じくこの文の補語になります。juvenī と senī は与格です。主語は amō の不定法 amāre です。

> 2. Aut insānit homō aut **versūs** facit.　Hor.Sat.2.7.117
> この男は狂っているか、詩を作っているか、どっちかだ。
> （aut A aut B A または B　insāniō, -īre 狂っている　homō, -minis c. 人間　versus, -ūs m. 詩、詩行　faciō, -ere 作る）

　主語は homō で動詞は insānit と facit です。versūs（男性・複数・対格）は facit の目的語です。

> 3. Vāde certō **gradū**.　確かな足取りで進み給え。　Sen.Ep.37.4
> （vādō, -ere 行く、進む　certus, -a, -um 確かな　gradus, -ūs m. 歩み、足取り）

　vāde は命令法です。certō は gradū を修飾します（男性・単数・奪格）。gradū は単数・奪格ですが、「足取りで」と訳せます。

> 4．Imāgō est animī **vultus**． Cic.Or.60
> 顔は心を表す形である。
> (imāgō, -ginis f. 表す形　animus, -ī m. 心　vultus, -ūs m. 顔の表情)

vultus は単数・主格でこの文の主語です。imāgō が補語で、animī（単数・属格）は imāgō にかかります。

> 5．**Ūsus** magister est optimus．　経験は最良の教師である。
> (ūsus, -ūs m. 経験、習慣　magister, -trī m. 先生　optimus, -a,-um 最良の)

ūsus は主語で magister（単数・主格）が補語です。optimus が magister を修飾します（男性・単数・主格）。

練習問題10　和訳しなさい。

1．Solve metūs.　Verg.Aen.1.463
2．Exitus acta probat.　Ov.Her.2.85
3．Manus manum lavat.　Sen.Apoc.9
4．Passibus ambiguīs Fortūna volūbilis errat.　Ov.Tr.5.8.15
5．Facit indignātiō versum.　Juv.1.79

語彙

solvō, -ere 解く、ゆるめる　metus, -ūs m. 恐れ　exitus, -ūs m. 結果　actum, -ī n. 行為　probō, -āre 是認する　manus, -ūs f. 手　lavō, -āre 洗う　passus, -ūs m. 足取り　ambiguus, -a, -um 曖昧な、ふらつくような　Fortūna, -ae f. 運命の女神　volūbilis, -e 移ろいやすい　errō, -āre さまよう、過（あやま）つ　faciō, -ere 作る　indignātiō, -ōnis f. 義憤　versus, -ūs m. 詩

ヒント

1．solve は solvō の命令法・能動態・現在、2人称単数です。metūs は複数・対格で solve の目的語です。
2．exitus は単数・主格、acta は actum の複数・対格です。probat は probō

の直説法・能動態・現在、3人称単数です。動詞の人称が3人称単数なので、exitus が主語とわかります。acta は複数なので主語とはみなせません。
3．manus は単数・主格で文の主語、manum は単数・対格で動詞 lavat の目的語です。lavat は lavō の直説法・能動態・現在、3人称単数です。
4．主語は Fortūna、動詞は errat です。passibus ambiguīs は複数・奪格です。「ふらつく足取りで」と訳せます。
5．SVO の構文です。indignātiō が主語で versum（単数・対格）が facit の目的語です。

3 第5変化名詞

第5変化名詞の変化

　diēs（日）は男性名詞ですが、それ以外の第5変化名詞はすべて女性名詞です。変化は次の表のとおりです。rēs, -eī f.「もの、こと」は頻出語なので確実に覚えましょう。

● rēs f. もの、こと

	単数	複数
主格（呼格）	rēs	rēs
属格	reī	rērum
与格	reī	rēbus
対格	rem	rēs
奪格	rē	rēbus

● diēs m. 日

	単数	複数
主格（呼格）	diēs	diēs
属格	diēī	diērum
与格	diēī	diēbus
対格	diem	diēs
奪格	diē	diēbus

　2つの変化表でわかるように、単数・属格は -eī と -ēī の2種類があります（-e が長い場合と短い場合がある）。これにはわけがあります。rēs の単数・属格を見ると -eī は子音（r）に続いています。この時の -e は短いままです。diēs の単数・属格は di- に続く、つまり母音（i）に続くため -ē と長くなります。

[確認問題] 次に挙げる第5変化名詞の単数・属格の形を答えなさい。

1. fidēs（信頼）
2. prōgeniēs（子、子孫）
3. speciēs（外観）
4. spēs（希望）

[ヒント]

本文の繰り返しになりますが、単数・属格は2種類があり、子音に続く場合は -eī、母音に続く場合は語尾が -ēī で終わります。例えば、2. prōgeniēs の単数・主格から -ēs を取ると prōgeni- となり、母音で終わっていることがわかります。したがって、これに続く形は eī でなく ēī です。

[解 答]

1. fideī
2. prōgeniēī
3. scieīēī
4. speī

第5変化名詞の例文

> 1. **Diēs** dolōrem minuit.　日は悲しみを和らげる。
> 　　（diēs, -ēī m. 日　dolor, -ōris m. 苦しみ　minuō, -ere 軽減する）

diēs（単数・主格）が主語で、dolōrem（単数・対格）は動詞 minuit の目的語です。

> 2. **Fidēs fidem** facit.　信頼は信頼を作る。
> 　　（fidēs, -eī f. 信頼　faciō, -ere 作る）

fidēs（単数・主格）が主語で、fidem（単数・対格）は動詞 facit の目的語です。

> 3. Fallācēs sunt **rērum speciēs**.　事物の外観は偽りに満ちている。
> 　　（fallāx, -ācis 人を惑わすような、偽りに満ちた　speciēs, -ēī f. 外観）

speciēs（女性・複数・主格）が主語で、fallācēs（女性・複数・主格）が補語です。rērum（複数・属格）は speciēs にかかります。

> 4. **Spem** successus alit.　成功は希望を育てる。
> （spēs, -eī f. 希望　successus, -ūs m. 成功　alō, -ere 養う、育てる）

主語は successus（単数・主格）で、spem（単数・対格）は alit の目的語です。

> 5. Per variōs cāsūs, per tot discrīmina **rērum** tendimus in Latium. Verg.Aen.1.204-205
> 様々な苦難を乗り越え、これほど多くの危機を克服しながら我々はラティウムを目指すのだ。
> （per〈対格〉を通じて　varius, -a, -um 様々な　cāsus, -ūs m. 苦難、危機　tot これほど多くの　discrīmen, -minis n. 危機、難局　rēs, -eī f. 出来事　tendō, -ere 向かう、目指す　in〈対格〉に　Latium, -iī n. ラティウム）

文の骨組みは tendimus in Latium.（我々はラティウムに向かう）です。2つの per がそれぞれ cāsūs（複数・対格）と discrīmina（複数・対格）を伴いながら、「〜を通じて」という意味の副詞句を作ります。形容詞 variōs（男性・複数・対格）は cāsūs を修飾し、rērum（複数・属格）は discrīmina にかかります。「様々な（variōs）苦難（cāsūs）を通じて（per）、また、これほど多くの（tot）出来事の（rērum）危機を（discrīmina）通じて（per）、我々はラティウムに向かう」というのが直訳です。

練習問題11　和訳しなさい。

1. Est modus in rēbus.　Hor.Sat.1.1.106
2. Est rēs pūblica rēs populī.　Cic.Rep.1.39
3. Carpe diem.　Hor.Carm.1.11.8
4. Omnis habet sua dōna diēs.　Mart.8.78.7
5. Sunt lacrimae rērum et mentem mortālia tangunt.　Verg.Aen.1.462

語彙
est<sum ある、である　modus, -ī m. 適度、方法　rēs, -eī f. もの

pūblicus, -a, -um 公の　populus, -ī m. 国民　carpō, -ere 摘む　diēs, -ēī m. 日　omnis, -e すべての　habeō, -ēre 持つ　suus, -a, -um 自分自身の　dōnum, -ī n. 贈り物　sunt<sum ある　lacrima, -ae f. 涙　rēs, -eī f. 人の世の営み　et そして　mens, mentis f. 心　mortālis, -e 人間の、（名詞的に）人間的な営み　tangō, -ere 触れる

> ヒント

1. est は主語に当たるものが「存在する」と訳せます。modus は単数・主格、rēbus は rēs の複数・奪格です。前置詞 in の次には名詞の奪格がきます。
2. rēs pūblica で「公のもの」。普通「国家」と訳されます。populī は populus の単数・属格で、直前の rēs にかかります。
3. carpe は carpō の命令法で「摘みなさい」という意味になります。目的語として普通は花の名がくるところですが、この表現では diem（1日）です。直訳は「1日を摘め」ですが、「1日を花と見立てて摘み取れ」というのが意訳になります。
4. omnis は diēs にかかります（ともに男性・単数・主格）。habet は habeō の現在、3人称単数。sua は3人称の所有形容詞で dōna にかかります。sua dōna（自分自身の贈り物）は habet の目的語です。
5. 前半の主語は lacrimae（複数・主格）です。sunt は sum の3人称複数で、「〜がある」という意味です。rērum は rēs の複数・属格で lacrimae にかかります。この文で rēs は「世の中の出来事」を意味します。広い意味で「歴史」と意訳してもかまいません。lacrimae rērum だけで、「歴史への涙（歴史に注ぐ涙）」を意味します（目的語的属格）。後半の主語は mortālia（中性・複数・主格）で、mentem は tangunt の目的語です。

4　第3変化形容詞

　ラテン語の形容詞は、第1・第2変化形容詞と第3変化形容詞の2種類しかありません（名詞のように第4、第5変化はない）。形容詞としての用法は、第1・第2変化の形容詞と何も違いはありません。ここで学ぶ第3変化形容詞は、そのほとんどすべてがi幹を持つ形容詞です（第3変化名詞は大半が子音幹名詞）。

i幹形容詞の3種類
　i幹形容詞は、辞書の見出しの形で3つのタイプに分けることができます。それぞれの違いをじっくり見極めて下さい。
（1）見出しが1種類のタイプ
　単数・主格（呼格）の形が全部の性を通じて同じです。単数・奪格は -ī と -e の2種類があります。形容詞として使われる場合は -ī、名詞として使われる場合は -e になります。

● sapiens, -entis 賢明な

	男性・女性	中性
単数・主格（呼格）	sapiens	sapiens
属格	sapientis	sapientis
与格	sapientī	sapientī
対格	sapientem	sapiens
奪格	sapientī (e)	sapientī (e)
複数・主格（呼格）	sapientēs	sapientia
属格	sapientium	sapientium
与格	sapientibus	sapientibus
対格	sapientēs (-īs)	sapientia
奪格	sapientibus	sapientibus

このタイプの第3変化形容詞の例：
　　audāx, -ācis 大胆な　　fēlix, -īcis 幸福な

1. **Sapiens** habet dīvitiās in sē.　賢者は自らの中に富を持つ。
(dīvitiae, -ārum f.pl. 富　sē: 3人称の再帰代名詞、単数・奪格)

sapiens は「賢明な」という意味の第3変化形容詞ですが、この文では「賢者」を意味する名詞として使われています。dīvitiās（複数・対格）は habet の目的語です。sē は 3 人称の再帰代名詞（単数・奪格）で、主語自身を指します。

(2) 見出しが2種類のタイプ

辞書の見出しに単数・主格の語尾が2種類併記されます。その際、男性・女性同形、単数・主格の語尾は -is で終わり、中性の単数・主格は -e で終わります。

● omnis, -e すべての

	男性・女性	中性
単数・主格(呼格)	omnis	omne
属格	omnis	omnis
与格	omnī	omnī
対格	omnem	omne
奪格	omnī	omnī
複数・主格(呼格)	omnēs	omnia
属格	omnium	omnium
与格	omnibus	omnibus
対格	omnīs (-ēs)	omnia
奪格	omnibus	omnibus

このタイプの第3変化形容詞の例：

　　　brevis, -e 短い　　　facilis, -e 容易な
　　　fortis, -e 強い　　　gravis, -e 重い

(3) 見出しが3種類のタイプ

単数・主格の語尾が3種類併記されます。男性・単数・主格の語尾が -er となります。これ以外の形は、男性・女性とも同じです。

● ācer, -cris, -cre 鋭い

	男性	女性	中性
単数・主格(呼格)	ācer	ācris	ācre
属格	ācris	ācris	ācris
与格	ācrī	ācrī	ācrī
対格	ācrem	ācrem	ācre
奪格	ācrī	ācrī	ācrī
複数・主格(呼格)	ācrēs	ācrēs	ācria
属格	ācrium	ācrium	ācrium
与格	ācribus	ācribus	ācribus
対格	ācrīs (-ēs)	ācrīs (-ēs)	ācria
奪格	ācribus	ācribus	ācribus

このタイプの第3変化形容詞：

 celer, celeris, celere 早い

 celeber, celebris, celebre 名高い

 silvester, silvestris, silvestre 森の

※男性・単数・主格の語尾 -er は、それ以外の形で e が落ちるタイプ（ācer → ācris 等）と落ちないタイプ（celer → celeris）に分かれる点に注意。

子音幹形容詞

少数派の子音幹形容詞は「見出しが1種類のタイプ」が基本です。

● vetus, -eris 古い

	男性・女性	中性
単数・主格（呼格）	vetus	vetus
属格	veteris	veteris
与格	veterī	veterī
対格	veterem	vetus
奪格	vetere	vetere
複数・主格（呼格）	veterēs	vetera
属格	veterum	veterum
与格	veteribus	veteribus
対格	veterēs	vetera
奪格	veteribus	veteribus

このタイプの第3変化形容詞：

 memor, -oris（属格を）記憶している

 pauper, -eris 貧しい

※ただし、両単語とも中性形を欠いている。

第3変化形容詞の例文

> 2. Ars longa, vīta **brevis**.　Sen.Brev.1.1
> 技術は長く、人生は短い。
> (ars, artis f. 技術　longus, -a, -um 長い　vīta, -ae f. 人生　brevis, -e 短い)

「ars は longa で、vīta は brevis である」という構文です。前半、後半とも est が省かれています。longa も brevis も、ともに女性・単数・主格で、文の述語（補語）になります。

> 3. Īra furor **brevis** est.　Hor.Ep.1.2.62
> 怒りは短い狂気である。
> (īra, -ae f. 怒り　furor, -ōris m. 狂気　brevis, -e 短い)

īra が主語で furor が補語です。brevis は furor を修飾します。

> 4. **Fortēs** fortūna adjuvat.
> 運命は強い者を助ける。
> (fortis, -e 強い　fortūna, -ae f. 運命　adjuvō, -āre 助ける)

fortēs は第3変化形容詞 fortis の男性・複数・対格です。この文では名詞として使われ、adjuvat の目的語になります。

> 5. Nunc **omnia** rīdent.　Verg.Ecl.7.55
> 今すべてがほほえんでいる。
> (nunc 今　omnis, -e すべての　rīdeō, -ēre 笑う、ほほえむ)

omnia は形容詞 omnis の中性・複数・主格で、この文の主語になります。元来形容詞ですが、この文では「すべてのもの（万物）」を意味する名詞として使われています。

> 6. **Omnēs** ūna manet nox.　Hor.Carm.1.28.15
> 一つの夜（死）がすべての人を待ち受ける。
> (ūnus, -a, -um 一つの　nox, noctis f. 夜　ūna nox = mors 死　maneō, -ēre 待つ)

nox が主語で ūna（女性・単数・主格）がこれを修飾します。omnēs（男性・複数・対格）は名詞として使われ、manet の目的語になります。

練習問題12　和訳しなさい。

1. Aequat omnēs cinis.　Sen.Ep.91.16
2. Gravis īra rēgum est semper.　Sen.Med.494
3. In tenuī labor, at tenuis nōn glōria.　Verg.Geo.4.6
4. Omnium rērum principia parva sunt.　Cic.Fin.5.58
5. Fugit irreparābile tempus.　Verg.Geo.3.284

語彙

aequō, -āre 等しくする　omnis, -e すべての　cinis, -eris m. 灰　gravis, -e 重い　īra, -ae f. 怒り　rēx, rēgis m. 王　est<sum ～である［不規則動詞］　semper 常に　in〈奪格〉の中に　tenuis, -e 小さい　labor, -ōris

m. 苦労、労働　at だが、一方　nōn ～でない　glōria, -ae f. 栄光　rēs, -eī f. もの　principium, -iī n. 始まり　parvus, -a, -um 小さい　sunt＜sum ～である［不規則動詞］　fugiō, -ere 逃げる　irreparābilis, -e 取り戻せない　tempus, -oris n. 時、時間

ヒント

1. cinis（単数・主格）が主語、omnēs（男性・複数・対格）は aequat の目的語です。omnēs は名詞的に使われ、「すべての人間を」と訳します。cinis（灰）は「死」を意味します。死は差別なく万人に訪れるという意味になります。
2. gravis は主語 īra に対する補語です。どちらも女性・単数・主格です。rēgum は rēx の複数・属格で īra にかかります。
3. tenuī は中性・単数・奪格で、「小さい部分」を意味します（名詞的用法）。labor の次に est が省かれ、「小さい部分に苦労がある」と訳せます。at 以下の主語は glōria で tenuis は補語です（ともに女性・単数・主格）。
4. omnium（女性・複数・属格）は rērum にかかります。principia（中性・複数・主格）はこの文の主語、parva がその補語になります。
5. fugit の主語は tempus です。irreparābile は tempus を修飾する形容詞です（中性・単数・主格）。irreparābile を「属性的」に訳すと「取り戻せない時間は逃げていく」となりますが、「副詞的」に訳すと「時間は取り戻せないものとして逃げていく」となります。「時間＝取り戻せない」ととらえる点で、この訳し方を「述語的」に訳すともいいます。初歩の段階では「属性的」に訳して差し支えありません（これが基本）。ただし、「述語的」に訳す方法を念頭に置くと、「時間は取り戻せず、逃げていく」のような訳し方も可能になります。

第 5 章　動詞2

1　直説法・能動態・未完了過去

　未完了過去は、動作が過去において継続されていた、ないしは反復されていた事実を表します。「～していた」「～であった」「～しつつあった」「～するところであった」と訳せます。未完了過去の作り方を説明する前に、簡単な例文をお目にかけましょう。

> 1. Stellae **micābant**.　　星々が輝いていた。
> 　（stella, -ae f. 星　micō, -āre 輝く）

主語は stellae、micābant は micō の未完了過去、3 人称複数です。

> 2. Rosam **vidēbāmus**.　　私たちはバラを見ていた。
> 　（rosa, -ae f. バラ　videō, -ēre 見る）

vidēbāmus は videō の未完了過去、1 人称複数です。

未完了過去の作り方

　未完了過去は、現在幹（不定法から -re を取った形）に -ba- または -bā-（未完了過去を示す接辞）と人称語尾を加えます。能動態の人称語尾は次のとおりです。

	単数	複数
1人称	-ō, -m	-mus
2人称	-s	-tis
3人称	-t	-nt

　amō を例に取ると、未完了過去の 1 人称単数は、現在幹 amā- に -ba- と -m（未完了過去では -ō でなく -m）をつけることにより amā-bam が得られます。

現在幹については若干の注意が必要です。第3変化動詞は -e で終わるところが -ē となります。agō を例に取ると、1人称単数は、age-bam でなく agē-bam です。また、第4変化動詞は -ī で終わるところが -iē となります。audiō を例に取ると、1人称単数は、audī-bam でなく audiē-bam です。

未完了過去の活用

第1変化動詞から第4変化動詞までの活用は次の表のようになります。

	第1変化	第2変化	第3変化	第4変化
単数1人称	amā-ba-m	vidē-ba-m	agē-ba-m	audiē-ba-m
単数2人称	amā-bā-s	vidē-bā-s	agē-bā-s	audiē-bā-s
単数3人称	amā-ba-t	vidē-ba-t	agē-ba-t	audiē-ba-t
複数1人称	amā-bā-mus	vidē-bā-mus	agē-bā-mus	audiē-bā-mus
複数2人称	amā-bā-tis	vidē-bā-tis	agē-bā-tis	audiē-bā-tis
複数3人称	amā-ba-nt	vidē-ba-nt	agē-ba-nt	audiē-ba-nt

それぞれの変化について、1人称単数だけを訳すと、「私は愛していた」「私は見ていた」「私は行っていた」「私は聞いていた」となります。

未完了過去では第3変化Bと第4変化は同じ変化をします。第3変化Bの capiō（つかむ）を例に取ると、1人称単数から順に、capiēbam, capiēbās, capiēbat, capiēbāmus, capiēbātis, capiēbant となります。

（確認問題） 和訳しなさい。
1. Stābāmus.   2. Sedēbās.   3. Crēdēbant.
4. Pugnābās.   5. Sciēbātis.

（語 彙）

crēdō, -ere 信じる　pugnō, -āre 戦う　sciō, -īre 知る　sedeō, -ēre 座る　stō, -āre 立つ　（アルファベット順）

（ヒント）

単語の意味がわからない場合、それぞれ「元の形」（辞書の見出しの形）が何かを考えてから「語彙」で意味を確認して下さい。

1番（stā-）と4番（pugnā-）の現在幹は -ā で終わるので第1変化動詞とわかります。この -ā を -ō に変えれば辞書の見出しの形が得られます。stā- から stō、pugnā- から pugnō が得られます。

　5番（sciē-）も現在幹が -iē で終わる点から第4変化動詞とわかります。この ē を ō に直せば見出しの形になります。sciē- から sciō が得られます。

　問題は2番（sedē-）と3番（crēdē-）です。どちらも現在幹が -ē で終わっていますが、片方が第2変化動詞、片方が第3変化動詞です。「未完了過去の作り方」で説明したように、第3変化動詞の現在幹は本来「短い」e で終わるのですが、未完了過去を作る場合これを長くして ē に変えるため、第2変化動詞の現在幹と見た目が同じになるのです。最初から sedeō や crēdō といった単語を知っている人には問題ないことですが、これらが未知の単語の場合だと、辞書の見出しは sedō かもしれない、あるいは crēdeō かもしれない、と迷いながら辞書を引くことになります。最初はつまずくこともありますが、このような試行錯誤も含めて正しい形を習得するほかありません。

解 答

1．私たちは立っていた。　　　stō（第1変化動詞）の1人称複数。
2．あなたは座っていた。　　　sedeō（第2変化動詞）の2人称単数。
3．彼らは信じていた。　　　　crēdō（第3変化動詞）の3人称複数。
4．あなたは戦っていた。　　　pugnō（第1変化動詞）の2人称単数。
5．あなたたちは知っていた。　sciō（第4変化動詞）の2人称複数。

sum の未完了過去

	単数	複数
1人称	eram	erāmus
2人称	erās	erātis
3人称	erat	erant

　不規則動詞 sum の変化表です。eram, erās, erat, erāmus, erātis, erant の順で発音し、何度も書いて覚えましょう。先になりますが、過去完了を学ぶ際、この活用を暗記したかどうかが問われます。amō を例に取ると、そ

の直説法・過去完了・能動態は amāveram, amāverās, amāverat ... と変化します。語尾をよく見て下さい。amāv-eram, amāv-erās, amāv-erat ... となっています。過去完了は、完了幹 amāv- プラス sum の未完了過去で作るのです。

sum 以外の不規則動詞の未完了過去をいくつか紹介しましょう。

dō（与える）：dabam, dabās, dabat, dabāmus, dabātis, dabant
eō（行く）：ībam, ībās, ībat, ībāmus, ībātis, ībant
ferō（運ぶ）：ferēbam, ferēbās, ferēbat, ferēbāmus, ferēbātis, ferēbant

未完了過去の例文

> 3. In principiō **erat** verbum.　はじめに言葉があった。
> （principium, -iī n. はじめ　verbum, -ī n. 言葉）

erat は sum の未完了過去（3人称単数）です。in principiō は英語の in the beginning と同じく「はじめに」を意味する副詞句です。erat verbum で「verbum（言葉）があった」と訳せます。『新約聖書』「ヨハネ伝」1章1節の言葉です。

> 4. **Stābat** māter dolōrōsa.
> 悲しみに満ちた母がたたずんでいた。／母は悲しげに立っていた。
> （stō, -āre 立つ　māter, -tris f. 母　dolōrōsus, -a, -um 悲しみに満ちた）

stābat は stō の未完了過去（3人称単数）です。dolōrōsa は māter を修飾する形容詞です（女性・単数・主格）。「悲しみに満ちた母が」と「属性的」に訳してもよいですし、「副詞的」に「母は悲しみに満ちて」、あるいは「母は悲しげに」と訳してもかまいません。

> 5. **Tenēbat** nōn modō auctoritātem, sed etiam imperium in suōs.
> 彼は、家族に対して権威のみならず支配権を保っていた。　Cic. Sen.11
> （teneō, -ēre 保持する　nōn modō A sed etiam B: A のみならず B　auctoritās, -ātis f. 権威、威厳　imperium, -iī n. 命令権、支配権　in〈対格〉に対する　suī, -ōrum m.pl. 自分の一族、家族、部下）

tenēbat は第 2 変化動詞 teneō の未完了過去（3 人称単数）です。nōn modō A sed etiam B の構文は、英語の not only A but also B に相当します。auctoritātem と imperium が tenēbat の目的語になります。

練習問題13 　和訳しなさい。
1. Māteriam superābat opus. 　 Ov.Met.2.5
2. Hannibal erat ad portās. 　 Cic.Phil.1.11
3. Hīc hasta Aenēae stābat. 　 Verg.Aen.12.772
4. Ager gravidīs cānēbat aristīs. 　 Ov.Met.1.110
5. Stellārum autem globī terrae magnitūdinem facile vincēbant. 　 Cic. Rep.6.16

語　彙

māteria, -ae f. 素材　superō, -āre 勝る、凌駕（りょうが）する　opus, -eris n. 作品、細工　Hannibal, -alis m. ハンニバル（ローマを脅かしたカルタゴの武将）　ad〈対格〉に、あたりに　porta, -ae f. 門　hīc ここに　hasta, -ae f. 槍（やり）　Aenēās, -ae m. アエネーアース（ローマ建国の祖とされるトロイヤの英雄）　stō, -āre 立つ　ager, -grī m. 畑　gravidus, -a,-um 重い、実った　cāneō, -ēre 白い、灰色である　arista, -ae f.（麦の）穂、収穫　stella, -ae f. 星　autem 一方、また　globus, -ī m. 球体　terra, -ae f. 地球　magnitūdō, -dinis f. 大きさ　facile 容易に　vincō, -ere 打ち負かす

ヒント

1. 主語は opus（単数・主格）で、māteriam（単数・対格）は superābat（superō の未完了過去）の目的語です。
2. erat は sum の未完了過去（3 人称単数）です。ad は「〜に」という場所を表す前置詞で、次に対格がきます（＝対格を支配する）。portās は第 1 変化名詞 porta（門）の複数・対格で、ad とあわせ「門の所に」となります。「危険が間近に迫っていた」という趣旨の言葉です。
3. Aenēae（単数・属格）は hasta（槍）にかかります。stō（立つ）の未完了過去 stābat（立っていた）の主語は hasta なので「突き刺さっていた」と訳してもよいでしょう。なお Aenēās はギリシャ語からの借

用語で次のように変化します（単数のみ）。主 Aenēās　呼 Aenēā　属 Aenēae　与 Aenēae　対 Aenēan (-am)　奪 Aenēā.
4. ager（-er で終わる第2変化男性名詞）が主語で、動詞は cānēbat（cāneō の未完了過去）です。gravidīs...aristīs はともに女性・複数・奪格で、「～によって」という意味を表します（手段の奪格）。cānēbat は「白く見えていた」という意味ですが、「白く輝いていた」と意訳してもかまいません。
5. 主語は globī（複数・主格）で、magnitūdinem（単数・対格）は vincēbant（vincō の未完了過去）の目的語です。stellārum（複数・属格）は globī にかかり、terrae（単数・属格）は magnitūdinem にかかります。

2　直説法・能動態・未来

　英語の未来形は助動詞 will と動詞の原形を組み合わせますが、ラテン語の未来は、動詞の語尾が変化して未来時称を表します。

未来形の作り方

　他の時称にない特徴が1つあります。それは、第1、第2変化動詞と第3、第4変化動詞とでは未来形の作り方に違いがあるという点です。

　第1・第2変化動詞は、現在幹（不定法から -re を取った形）に -bō, -bis, -bit, -bimus, -bitis, -bunt を加えます。amō を例に取ると、amā-bō, amā-bis, amā-bit, amā-bimus, amā-bitis, amā-bunt と活用します。細かくいえば、これは現在幹に -bi- と人称語尾をつけた形であるといえます（ただし1人称単数では -bi- の i が落ち、3人称複数では i が u に変わる）。

　一方、第3、第4変化動詞は、現在幹に -a-（1人称単数）または -e- ないしは -ē-（1人称単数以外）と人称語尾を加えて作ります（現在幹＋ -a-/-e- ないしは -ē- ＋人称語尾）。ただし第3変化では幹末母音 e が落ちることに注意します。agō を例に取ると現在幹 age- は ag- になり、活用は、ag-a-m, ag-ē-s, ag-e-t, ag-ē-mus, ag-ē-tis, ag-e-nt となります。

　細かなことですが、第4変化では幹末母音 i が短くなります。audiō を例に取ると現在幹は audī- でなく audi- になり、活用は、audi-a-m, audi-ē-s, audi-e-t, audi-ē-mus, audi-ē-tis, audi-e-nt となります。なお、第3変化 B は第4変化とまったく同じです（capiam, capiēs, capiet, capiēmus, capiētis, capient）。

　第1変化動詞から第4変化動詞までの活用をまとめると次の表のようになります。これらが完璧に暗記できたら、上で述べた説明は忘れてもかまいません。

	第1変化	第2変化	第3変化	第4変化
単数1人称	amābō	vidēbō	agam	audiam
単数2人称	amābis	vidēbis	agēs	audiēs
単数3人称	amābit	vidēbit	aget	audiet
複数1人称	amābimus	vidēbimus	agēmus	audiēmus
複数2人称	amābitis	vidēbitis	agētis	audiētis
複数3人称	amābunt	vidēbunt	agent	audient

第1、第2変化動詞の場合アクセントの位置はそれぞれ -ā- と -ē- に置かれたまま変わりませんが、第3、第4変化動詞の場合1人称複数と2人称複数でアクセントの位置が変わります（どちらも -ē- にアクセントが置かれる）。

確認問題 和訳しなさい。
1. Imperābit. 　2. Monēbimus. 　3. Carpent.
4. Frangēs. 　5. Sentiētis.

語彙

carpō, -ere 摘む　frangō, -ere 壊す　imperō, -āre 支配する　moneō, -ēre 注意する　sentiō, -īre 感じる　（アルファベット順）

ヒント

それぞれの活用が第何変化の動詞かを見極め、元の形を類推します。1は第1変化動詞、2は第2変化動詞、3と4は第3変化動詞、5は第4変化動詞です。念のため、それぞれの変化を書くと次のようになります。

imperābō, imperābis, imperābit,
　imperābimus, imperābitis, imperābunt
monēbō, monēbis, monēbit
　monēbimus, monēbitis, monēbunt
carpam, carpēs, carpet, carpēmus, carpētis, carpent
frangam, frangēs, franget, frangēmus, frangētis, frangent
sentiam, sentiēs, sentiet, sentiēmus, sentiētis, sentient

解 答

1. 彼は（彼女は、それは）支配するだろう。
2. 我々は注意するだろう。
3. 彼らは摘み取るだろう。
4. あなたは壊すだろう。
5. あなたたちは感じるだろう。

直説法・能動態・未来の例文

> 1. Vēritās **līberābit** vōs.　真理は汝らを自由にするだろう。
> (vēritās, -ātis f. 真理　līberō, -āre 自由にする　vōs: 人称代名詞、2人称複数・対格)

līberābit は第1変化動詞 līberō の未来（3人称単数）です。vēritās が主語で、vōs が目的語になります。『新約聖書』の「ヨハネ伝」8章32節の言葉です。

> 2. Ratiō mē **dūcet**, nōn fortūna.　理性が私を導くだろう、運命ではなく。
> (ratiō, -ōnis f. 理性　mē: 人称代名詞、1人称単数・対格　dūcō, -ere 導く　fortūna, -ae f. 運命)

dūcet は dūcō の未来（3人称単数）ですが、第3変化動詞なので例文1の līberābit と語尾が異なります。

sum の未来

	単数	複数
1人称	erō	erimus
2人称	eris	eritis
3人称	erit	erunt

不規則動詞 sum の未来は上の表のように活用します。「エロー・エリス・エリト・エリムス・エリティス・エルント」と声に出して暗記して下さい。その一方で、sum の現在変化、未完了過去の変化をきちんと暗記できて

いるか、あわせて確認して下さい。

sum の現在：sum, es, est, sumus, estis, sunt
sum の未完了過去：eram, erās, erat, erāmus, erātis, erant

　つまずく場合は、答えの部分を手で隠し、できるまで音読し、それができたら紙に写します。何も見ずに正しく書けるまで繰り返します。

　余談ですが、sum の未来を暗記し、動詞の完了幹の形がわかれば未来完了は簡単に理解できます。未来完了は完了幹に sum の未来をつけるだけだからです（ただし、3 人称複数は erunt でなく erint をつける）。amāv-erō, amāv-eris, amāv-erit, …といった具合に。また、未来完了の受動態は完了分詞プラス sum の未来形です。sum の未来を覚えないと後で痛い目に遭うことが予想されるでしょう（逆にいえば、これを押さえれば後が楽）。

> 3. Tristis **eris** sī sōlus **eris**.　　Ov.Rem.583
> 　一人でいるとあなたは悲しくなるだろう。
> 　（tristis, -e 悲しい　sī もしも　sōlus, -a, -um 一人の）

　eris は sum の直説法・能動態・未来、2 人称単数です。この文でいわれる「あなた」は男でしょうか、女でしょうか？　sōlus の形から男とわかります。細かいことですが念のために申し添えます。

dō と eō の未来

　不規則動詞の未来形は後でまとめて紹介します（次節「3 不規則動詞」）。ここではその予習も兼ねて dō（与える）と eō（行く）の活用、ならびに例文を紹介しておきます。dō の不定法は dare、eō は īre です。作り方は規則的です。

dō の未来：dabō, dabis, dabit, dabimus, dabitis, dabunt
eō の未来：ībō, ībis, ībit, ībimus, ībitis, ībunt

> 4. **Dabit** deus hīs quoque fīnem.　　Verg.Aen.1.199
> 　神はこれら（の不幸）にも終わりを与えるだろう。
> 　（deus, -ī m. 神　hīs: 指示代名詞 hic の中性・複数・与格　quoque ～もまた　fīnis, -is m. 終わり）

　dō の未来の変化が頭に入っていないと、文頭の dabit を見て頭を抱え

ます。不規則動詞とはいえ、語尾は amō の活用と同じなので、amābō, amābis, amābit... とスラスラいえる人にとっては、「未来だな」と見抜けるはずです。出典は『アエネーイス』で、主人公が絶望のどん底にある部下たちの心を慰める時に用いた言葉です。

> 5. In mediō tūtissimus **ībis**.　Ov.Met.2.137
>   あなたは真ん中を（通れば）最も安全に行けるでしょう。
>   (medium, -iī n. 真ん中　tūtissimus, -a, -um 最も安全な)

ībis は eō の未来（2人称単数）です。主語に当たる人称代名詞 tū（あなた）は省略されています。tūtissimus は tūtus（安全な）の最上級で（男性・単数・主格）、省略された主語の tū を修飾する働きをします。「あなたは（tū）最も安全な者として（tūtissimus）」というのが直訳ですが、これを「あなたは最も安全に」と訳すことができます（形容詞の副詞的用法）。例文はオウィディウスの『変身物語』に出てくる表現で、太陽神アポロが息子のパエトーンに対して述べる忠告です。

【練習問題14】　和訳しなさい。

1．Cynthia prīma fuit, Cynthia fīnis erit.　Prop.1.12.20
2．Animō imperābit sapiens, stultus serviet.　Syr.40
3．Carpent tua pōma nepōtēs.　Verg.Ecl.9.50
4．Frangere dum metuis, frangēs crystallina.　Mart.14.3.1
5．Fit via vī; et hanc tibi viam dabit philosophia.　Sen.Ep.37.3

語　彙

Cynthia, -ae f. キュンティア（女性名）　prīmus, -a, -um 最初の　fuit ～であった<sum［完了］　fīnis, -is m. 終わり　erit ～であるだろう<sum［未来］　animus, -ī m. 心　imperō, -āre〈与格に〉命令する　sapiens, -entis m. 賢者　stultus, -ī m. 愚者　serviō, -īre〈与格〉に仕える　carpō, -ere 摘む　tuus, -a, -um あなたの　pōmum, -ī n. 果実　nepōs, -ōtis c. 孫、子孫　frangō, -ere 壊す　dum ～する間　metuō, -ere 恐れる　crystallinum, -ī n. 水晶の器　fit: fīō（生じる）の現在、3人称単数　via, -ae f. 道　vī: vīs f. （力）の単数・奪格　et そして　hanc<hic この［指

示形容詞] tibi あなたに <tū［人称代名詞］ dabit<dō, -are 与える［未来］ philosophia, -ae f. 哲学

> [!ヒント]

1. Cynthia が主語です。前半の補語は prīma、後半の補語は fīnis です。前半の動詞は sum の完了時称、後半は sum の未来時称です。
2. imperābit は第1変化動詞 imperō の未来、serviet は第4変化動詞 serviō の未来です（ともに3人称単数）。animō（単数・与格）はこれら2つの動詞に共通する目的語です。
3. carpent は carpō の未来（3人称複数）で、tua pōma（中性・複数・対格）を目的語に取ります。nepōtēs は nepōs の複数・主格で、文の主語です。目の前の努力は未来の子孫のためになるという趣旨です。
4. metuis は metuō の現在（2人称単数）で、不定法 frangere を目的語に取ります。crystallina（複数・対格）は、frangere と frangēs（frangō の未来）に共通する目的語です。
5. fit via vī はウェルギリウスの言葉です（Verg.Aen.2.494）。et 以下はこの言葉に対するセネカのコメントです。fit は不規則動詞 fīō の現在、via は主語、vī は vīs の奪格です（手段の奪格）。後半の主語は philosophia、目的語は viam で hanc がこれを修飾、tibi は人称代名詞 tū の与格で dabit（dō の未来）の間接目的語になります。

3 不規則動詞

ラテン語の不規則動詞の数は全部で10もありません（本書の数え方では9つ）。いずれも、よくお目にかかる重要な単語ばかりです。

sum「である」（不定法 esse）

	現在		未完了過去		未来	
	単数	複数	単数	複数	単数	複数
1人称	sum	sumus	eram	erāmus	erō	erimus
2人称	es	estis	erās	erātis	eris	eritis
3人称	est	sunt	erat	erant	erit	erunt

possum「できる」（不定法 posse）

	現在		未完了過去		未来	
	単数	複数	単数	複数	単数	複数
1人称	possum	possumus	poteram	poterāmus	poterō	poterimus
2人称	potes	potestis	poterās	poterātis	poteris	poteritis
3人称	potest	possunt	poterat	poterant	poterit	poterunt

dō「与える」（不定法 dare）

	現在		未完了過去		未来	
	単数	複数	単数	複数	単数	複数
1人称	dō	damus	dabam	dabāmus	dabō	dabimus
2人称	dās	datis	dabās	dabātis	dabis	dabitis
3人称	dat	dant	dabat	dabant	dabit	dabunt

eō「行く」（不定法 īre）

	現在		未完了過去		未来	
	単数	複数	単数	複数	単数	複数
1人称	eō	īmus	ībam	ībāmus	ībō	ībimus
2人称	īs	ītis	ībās	ībātis	ībis	ībitis
3人称	it	eunt	ībat	ībant	ībit	ībunt

volō「欲する」(不定法 velle)

	現在		未完了過去		未来	
	単数	複数	単数	複数	単数	複数
1人称	volō	volumus	volēbam	volēbāmus	volam	volēmus
2人称	vīs	vultis	volēbās	volēbātis	volēs	volētis
3人称	vult	volunt	volēbat	volēbant	volet	volent

nōlō「欲しない」(不定法 nolle)

	現在		未完了過去		未来	
	単数	複数	単数	複数	単数	複数
1人称	nōlō	nōlumus	nōlēbam	nōlēbāmus	nōlam	nōlēmus
2人称	nōn vīs	nōn vultis	nōlēbās	nōlēbātis	nōlēs	nōlētis
3人称	nōn vult	nōlunt	nōlēbat	nōlēbant	nōlet	nōlent

mālō「むしろ欲する」(不定法 malle)

	現在		未完了過去		未来	
	単数	複数	単数	複数	単数	複数
1人称	mālō	mālumus	mālēbam	mālēbāmus	mālam	mālēmus
2人称	māvīs	māvultis	mālēbās	mālēbātis	mālēs	mālētis
3人称	māvult	mālunt	mālēbat	mālēbant	mālet	mālent

ferō「運ぶ」(不定法 ferre)

	現在		未完了過去		未来	
	単数	複数	単数	複数	単数	複数
1人称	ferō	ferimus	ferēbam	ferēbāmus	feram	ferēmus
2人称	fers	fertis	ferēbās	ferēbātis	ferēs	ferētis
3人称	fert	ferunt	ferēbat	ferēbant	feret	ferent

fīō「なる、生じる」(不定法 fierī)

	現在		未完了過去		未来	
	単数	複数	単数	複数	単数	複数
1人称	fīō	fīmus	fīēbam	fīēbāmus	fīam	fīēmus
2人称	fīs	fītis	fīēbās	fīēbātis	fīēs	fīētis
3人称	fit	fīunt	fīēbat	fīēbant	fīet	fīent

　一度に全部を覚える必要はありません。ラテン語の格言に「分割して統治せよ」（Dīvide et imperā.）というのがあります。1つずつの単語について、現在→未完了過去→未来の順に覚えていけばよいでしょう。このうち特に重要なのは、sum, possum, dō, eō, ferō です。possum は sum の変化と重ね合わせると覚えやすいです（sum の変化の前に pos- か pot- をつけるだけ）。

確認問題　和訳しなさい。辞書の見出しの形を答えなさい。
1．Potes.　　2．Dant.　　3．Eunt.
4．Feret.　　5．Fit.　　6．Poterās.

解 答
1．あなたは〜できる。　　　　　　　　　possum
2．彼らは与える。　　　　　　　　　　　dō
3．彼らは行く。　　　　　　　　　　　　eō
4．彼は（彼女は、それは）運ぶだろう。　ferō
5．彼は（彼女は、それは）〜になる。　　fīō
6．あなたは〜できた（未完了過去）。　　possum

合成動詞

　不規則動詞は接頭辞とともに様々な合成動詞を作ります。見かけは多様ですが、活用の語尾変化そのものは不規則動詞の変化になります。接頭辞が活用の中で音韻変化する場合があり、その点のみ注意が必要です。

　例えば sum の合成動詞 prōsum の変化において、接頭辞 prō- は e の前では prōd- になるため、現在変化は prō**sum**, prōd**es**, prōd**est**, prō**sumus**, prōdestis, prōsunt となります（太字は sum の現在変化）。以下、合成動詞にはどのような単語があるのか、よく出てくるものを中心に紹介します。

sum の合成動詞

absum (ab + sum)	いない
adsum (ad + sum)	居合わせる
dēsum (dē + sum)	欠ける
obsum (ob + sum)	害になる
prōsum (prō + sum)	役立つ

dō の合成動詞

abdō（ab + dō）	隠す
addō（ad + dō）	加える
condō（con + dō）	基礎を作る

eō の合成動詞

abeō（ab + eō）	去る、〜に変わる
adeō（ad + eō）	近づく
exeō（ex + eō）	出る、死ぬ
ineō（in + eō）	入る、始める
obeō（ob + eō）	死ぬ
pereō（per + eō）	滅びる、死ぬ
redeō（re + eō）	戻る

※ re- は母音の前で red- になる。

ferō の合成動詞

afferō（ad-ferō）	運ぶ、伝える
auferō（ab-ferō）	運び去る、奪う
conferō（con + ferō）	集める、一緒にする
offerō（ob + ferō）	差し出す、任せる
perferō（per + ferō）	果たす、耐える

referō（re-ferō）　　　　　　返す、知らせる
sufferō（sub-ferō）　　　　　　我慢する

※子音 f の前で ab- は au-（ab-ferō → auferō）、ad- は af-（ad-ferō → afferō）、ob- は of-（ob-ferō → offerō）、sub- は suf-（sub-ferō → sufferō）にそれぞれ変化。

カッコ内に示したように、単語の成り立ちを接頭辞と不規則動詞に分けると、はじめてお目にかかった単語でも意味が類推しやすくなります。また、これらの合成動詞は英単語の語源になっているものがほとんどです。ラテン語のみならず英単語の語彙の増強を図るためにも、単語の成り立ちを分解して理解する癖をつけるとよいでしょう。

確認問題　次の語を訳し、辞書の見出しの形を答えなさい。
1．Prōsunt.　　2．Prōdest.　　3．Dēsunt.
4．Aufert.　　5．Perit.

解　答
1．彼ら（それら）は役に立つ。　　　　prōsum
2．彼（彼女、それ）は役に立つ。　　　prōsum
3．彼ら（それら）は欠乏する。　　　　dēsum
4．彼（彼女、それ）は奪う。　　　　　auferō
5．彼（彼女、それ）は滅びる。　　　　pereō

不規則動詞の例文

> 1．**Abeunt** studia in mōrēs.　Ov.Her.15.83
> 　熱意は習慣に変わる。
> （abeunt＜abeō 変わる　studium, -iī n. 熱意　mōs, -ōris m. 習慣）

studia（複数・主格）が主語、abeunt が動詞です。mōrēs は mōs の複数・対格です。in の次に対格がくると運動の方向を表す副詞句を作ります。

2．Bis **dās** sī citō **dās**.
あなたがもし早く与えるなら、2度与えることになる。
(bis 2度　dās<dō 与える　sī もしも　citō 早く)

　接続詞 sī 以下は条件を表す従属節を作ります。動詞 dās は dō の現在（2人称単数）です。早く与えれば、相手に感謝や信頼も含めて与えることになるという意味の格言です。

3．Errāre **mālō** cum Platōne.　Cic.Tusc.1.39
私は、プラトーンとともに間違うことをむしろ望む。
(errō, -āre 間違う　mālō むしろ望む　cum〈奪格〉～とともに　Platō, -ōnis m. プラトーン、ギリシャの哲学者)

　mālō は不定法を取り、「～することをむしろ望む」と訳します。

4．Fortūna opēs **auferre** potest, nōn animum.　Sen.Med.176
運命は財産を奪うことはできても、精神を奪うことはできない。
(fortūna, -ae f. 運、運命の女神　ops, opis f. 力 pl. 財産　auferō, -ferre 奪う　animus, -ī m. 精神)

　auferre は auferō（ferō の合成動詞）の不定法で、その目的語が opēs（ops の複数・対格）です。後半の nōn 以下に auferre potest を補うと、「animum を auferre することはできない（nōn potest）」という構文が理解できます。

5．Omnia **fert** aetās, animum quoque.　Verg.Ecl.9.51
歳月はすべてを運び去る、心までも。
(omnia<omnis すべて　fert<ferō 運ぶ　aetās, -ātis f. 歳月　animus, -ī m. 心　quoque ～も)

　aetās（単数・主格）が主語、omnia（中性・複数・対格）と animum（男性・単数・対格）が fert の目的語です。

> 6. Jam **redit** et Virgō, **redeunt** Sāturnia regna.　　Verg.Ecl.4.6
> 今やウィルゴー（乙女）も戻り、サートゥルヌスの王国も戻る。
> （jam 今　redeō, -īre 戻る　et ～もまた　Virgō, -ginis f. 乙女、正義の女神ユースティティア　Sāturnius, -a, -um サートゥルヌスの　regnum, -ī n. 王国）

redit は redeō の現在（3人称単数）で、主語は Virgō（単数・主格）です。redeunt も redeō の現在（3人称複数）で、主語は regna（複数・主格）です。

不規則動詞の命令法

sum も含め、それぞれの命令法（能動態）をまとめておきます。よく使われるのは、2人称単数・現在です（太字の部分）。これをまず覚えます。

		2人称		3人称	
		単数	複数	単数	複数
sum	現在	**es**	este	—	—
	未来	estō	estōte	estō	suntō
dō	現在	**dā**	date	—	—
	未来	datō	datōte	datō	dantō
eō	現在	**ī**	īte	—	—
	未来	ītō	ītōte	ītō	euntō
nōlō	現在	**nōlī**	nōlīte	—	—
	未来	nōlītō	nōlītōte	nōlītō	nōluntō
ferō	現在	**fer**	ferte	—	—
	未来	fertō	fertōte	fertō	feruntō

不規則動詞の命令法の例文

> 7. **Abī** ad formīcam, ō piger.
> 蟻の所へ去れ、おお怠惰な者よ。
> （abī<abeō 去る　ad〈対格〉に向かって　formīca, -ae f. 蟻　piger, -gra, -grum 怠惰な）

111

abī は不規則動詞 eō の合成動詞 abeō の命令法・現在、2人称単数の形です。piger は形容詞ですが名詞として使われています（男性・単数・呼格）。

> 8. **Perfer**, obdūrā.　Catul.8.11
> 耐えよ、我慢せよ。
> （perferō, -ferre 耐える　obdūrō, -āre 我慢する）

perfer は ferō の合成動詞 perferō の命令法・現在、2人称単数です。obdūrā は obdūrō の命令法（同形）です。

> 9. **Ī**, sequere Ītaliam ventīs, pete regna per undās.　Verg.Aen.4.381
> 行け、風に乗ってイタリアを目指せ、海を越えて王国を求めよ。
> （ī<eō 行く　sequor, -ī 目指す［形式受動態動詞］　ventus, -ī m. 風　petō, -ere 求める　regnum, -ī n. 王国　per〈対格〉を横切って　unda, -ae f. 海）

ī は eō の命令法・現在、2人称単数です。sequere は形式受動態動詞 sequor の命令法（同形）、pete も petō の命令法（同形）。undās は unda の複数・対格です。

> 10. Tū nē cēde malīs, sed contrā audentior **ītō**.　Verg.Aen.6.95
> 汝(なんじ)困難に屈することなく、いっそう勇敢に立ち向かえ。
> （tū あなた［人称代名詞］　nē ～するな　cēdō, -ere〈与格〉に屈する　sed（否定文の後で）むしろ　malum, -ī n. 不幸、困難　contrā それに向かって　audentior<audens 勇敢な［比較級］　ītō<eō 行く）

前半は nē が命令法を伴い禁止を表す例です。cēde は cēdō の命令法・現在、2人称単数です。audentior は後で学ぶ形容詞の比較級です。この文では副詞的に使われています。「あなたは（tū）いっそう勇敢な者として（audentior）」というのが直訳です。ītō は eō の命令法・未来、2人称単数です。

練習問題15　和訳しなさい。

1. Et lacrimae prōsunt.　Ov.A.A.1.659
2. Omnis feret omnia tellūs.　Verg.Ecl.4.39

3．Multa petentibus dēsunt multa.　　Hor.Carm.3.16.42-3
4．Effugere nōn potes necessitātēs, potes vincere.　　Sen.Ep.37.3
5．Nōn satis est pulchra esse poēmata; dulcia suntō.　　Hor.A.P.99

語彙

et ～もまた　lacrima, -ae f. 涙　prōsunt＜prōsum, prōdesse 役に立つ［sum の合成動詞］　omnis, -e すべての　feret＜ferō, ferre 生む［不規則動詞］　tellūs, -ūris f. 大地　multus, -a, -um 多くの　petentibus: petō（求める）の現在分詞、複数・与格で「求める者にとって」　dēsum, -esse 欠けている［sum の合成動詞］　effugiō, -ere 逃れる　potes＜possum ～できる［不規則動詞］　necessitās, -ātis f. 必然　vincō, -ere 打ち勝つ　satis n. 十分［不変化詞］　pulcher, -chra, -chrum 美しい　esse＜sum［不定法］　poēma, -atis n. 詩、詩歌　dulcis, -e 快い　suntō＜sum［命令法］

ヒント

1．Et A の形で「A もまた」と訳せます。prōsunt は sum の合成動詞 prōsum の現在（3人称複数）です。主語は lacrimae です（複数・主格）。

2．第3変化形容詞 omnis は tellūs（女性・単数・主格）にかかります（tellūs はこの文の主語）。feret は不規則動詞 ferō の未来形で、omnia を目的語に取ります。omnia は omnis の中性・複数・対格で、「すべてのものを」と訳せます（名詞的用法）。あらゆる土地があらゆる（善き）ものを生む、そんな黄金時代の特徴がこのように凝縮して表現されます。

3．dēsunt は sum の合成動詞 dēsum の現在（3人称複数）で、「〈主語〉が〈与格〉に欠けている」という構文を作ります。文頭の multa は中性・複数・対格、文末の multa は中性・複数・主格です。いずれも「多くのもの」を意味する中性名詞として使われています。前者は現在分詞 petentibus の目的語、後者は dēsunt に対する主語です。現在分詞は形容詞の一種ですが、petentibus は名詞的に使われており、「求める者（たち）にとって」と訳します。

4．effugere の目的語が necessitātēs（複数・対格）です。この名詞は複数・主格とも取れますが、動詞 potes（possum の2人称単数）に注意

すると、その可能性はありません。主語は tū 以外ありえないからです（ただし tū は省略）。後半の vincere の目的語としての necessitātēs も省かれています。

5. 前半は、「A が B であること（＝不定法句）は十分ではない（nōn satis est）」という構文です。A は poēmata（中性・複数・対格）、B は pulchra（pulcher の中性・複数・対格）、「であること」は esse です。後半の suntō は sum の命令法・能動態・未来、3 人称複数です。命令文の主語は poēmata（中性・複数・主格）ですが、省略されています。

第6章 代名詞1

1 人称代名詞、指示代名詞（1）、再帰代名詞

人称代名詞

英語では I, my, me（アイ・マイ・ミー）と唱えて覚えますが、ラテン語も人称代名詞を学ぶ基本姿勢はそれと同じです。はじめに1人称、2人称の変化表をご覧下さい（3人称の人称代名詞はありません。このことについては後述）。

● 1人称の人称代名詞

	単数（私）	複数（私たち）
主格	ego	nōs
属格	meī	nostrī, nostrum
与格	mihi (mī)	nōbīs
対格	mē	nōs
奪格	mē	nōbīs

※ nostrī と nostrum の区別については後述。1人称の複数 nōs は1人称の単数 ego の代わりに用いられることがある。なお、時代や作家の好みによって egō のつづりもあるが、本書では ego で統一する。

● 2人称の人称代名詞

	単数（あなた）	複数（あなたたち）
主格	tū	vōs
属格	tuī	vestrī, vestrum
与格	tibi	vōbīs
対格	tē	vōs
奪格	tē	vōbīs

※ vestrī と vestrum の区別については後述。

人称代名詞の主格

ラテン語の場合、人称代名詞の主格（ego や tū など）は主語を強調したり対比したりする時以外使われません。

> 1. Sī **tū** valēs, bene est; **ego** valeō.　あなたが元気なら結構です。私は元気です。
> 　（bene よく　valeō, -ēre 元気である）
> 2. **Ego tū** sum, **tū** es **ego**.　私はあなた、あなたは私。　Pl.St.5.4.49
> 3. Hodiē **mihi**, crās **tibi**.　今日は私に、明日はあなたに。
> 　（hodiē 今日　crās 明日）

例文1は手紙の書き出しに見られる挨拶文です。動詞 valēs＜valeō（元気である）の主語 tū と ego が対比されています。

例文2を見ると、前半は動詞 sum から主語が ego で補語が tū だとわかります（後半はその逆）。

例文3は墓碑銘の言葉で、mors（死）と動詞（est）が省かれています。「私」とは墓に眠っている死者で、「あなた」は墓を見ている人のこと。「今日は私に死が、明日はあなたに死が（ある）」と解釈できます。

人称代名詞の属格

属格は英語で習う所有格のことですが、英語と違って「所有」の意味を表しません。「私の本」を表す場合、ラテン語では所有形容詞を用いて liber meus（または meus liber）と表現します。人称代名詞の属格は、属格を目的語に取る動詞や形容詞とともに用いられます。

> 4. Memor **vestrī** sum.　私はあなた方のことを覚えている。

memor は「〈属格〉を記憶している」という意味を持つ第3変化形容詞です。例文の「あなた方を」に対応する人称代名詞の格は、対格の vōs でなく属格の vestrī を用います。

複数・属格の別形

複数・属格には別形があります（nostrum と vestrum）。これらは「部分の属格」と呼ばれ、「～のうちの」と訳します。

> 5. Paucī **nostrum** linguam Latīnam discunt.
>   私たちのうちの少数の者がラテン語を学ぶ。
>   (paucus, -a, -um 少ない　lingua Latīna ラテン語　discō, -ere 学ぶ)

主語の paucī は「私たち」に含まれる「部分」ですが、動詞は1人称でなく3人称の複数にします（paucī は形容詞の名詞的用法）。複数・属格の2つの形には次のような使い分けが見られます。意味が正反対になるので注意が必要です。

> 6. amor **nostrī**　　　　　　私たちへの愛
> 7. amor **nostrum**　　　　　私たちの（抱く）愛

例文7の nostrum は所有形容詞 noster の代用です（基本は amor noster）。このように複数・属格の別形は所有形容詞の代用として使われる場合もあります。

FAQ

Q. **nostrī** は一度どこかで見た気がするのですが。

A. 所有形容詞 noster の男性・複数・主格が nostrī です。今学んでいる人称代名詞 nōs の属格とは別の単語になります。

> 8. Amīcī **nostrī** linguam Latīnam discunt.
>   私たちの友人はラテン語を学んでいる。

これが所有形容詞の例文です。amīcī nostrī を英語にすると our friends です。この nostri は our に対応する所有形容詞です。英語と違うのは、修飾する名詞と「性・数・格」を一致させる点です。この例文では amīcī と nostrī はともに男性・複数・主格です。

人称代名詞の与格

与格の基本的用法は文の間接目的語になることです。これは人称代名詞に限らず、名詞の与格の一般的な用法です。

> 9. Dōnā **nōbīs** pācem.　　我々に平和を与えよ。
> 　　(dōnō, -āre 与える　pāx, -ācis f. 平和)
> 10. **Tibi** grātiās agō.
> 　　私はあなたに感謝を行う（「ありがとう」の意）。
> 　　(grātia, -ae f. 感謝　agō, -ere 行う)

　一方、人称代名詞と sum の組み合わせは「所有の与格」と呼ばれる用法を生みます。

> 11. Est **mihi** liber.　　　　私は本を持っている。
> 　　(liber, -brī m. 本)

　この文を直訳すると「私には（mihi）本が（liber）ある（est）」となりますが、文の意味をくんで通例「私は本を持つ」と訳します。
　次に、与格と一緒に用いられる動詞の用例に注意しましょう。

> 12. Crēdō **tibi**.　　　　　私はあなたを信じる。
> 　　(crēdō, -ere〈与格〉を信じる)

　他動詞が対格以外の格を目的語に取る場合、辞書にそのことが明記されます（crēdō は与格を取ることが示される）。1つ1つの用例について、辞書で確かめて覚えていくほかありません。

人称代名詞の対格

　人称代名詞の対格は、他動詞の目的語になったり（例文13と14）、不定法の意味上の主語になったりします（例文15）。

> 13. Amō **tē**.　　　　　　私はあなたを愛する。

　この例文の tē は人称代名詞 tū の対格であり目的語です。I love you. の you に当たるのがこの tē です。

> 14. Domine, dīrige **nōs**.　　主よ、我らを導きたまえ。

　domine は第2変化名詞 dominus（主人）の単数・呼格です。dīrige は dīrigō（導く）の命令法で、nōs（対格）を目的語に取ります。

> 15. Scīmus **tē** esse honōrātum.
>   我々はあなたが尊敬すべき人だということを知っている。
>   (sciō, -īre 知る　honōrātus, -a, -um 尊敬すべき)

　ラテン語では、不定法の意味上の主語が文の主語と異なる場合、対格になります。これを「対格不定法」または「不定法句」と呼びます。この文では tē（tū の対格）が esse の意味上の主語になり、honōrātum（honōrātus の男性・単数・対格）が補語になります。「tē イコール honōrātum であること（esse）を我々は知っている（scīmus）」という構文になります。

人称代名詞の奪格

　人称代名詞の奪格は前置詞とともに用いられます。

> 16. Nec **tē**cum possum vīvere, nec sine **tē**.　Mart.12.46.2
>   おまえとともに生きられない。おまえなしには生きられない。

　tēcum は前置詞 cum と人称代名詞 tū の奪格 tē の組み合わせを意味します（cum ＋ tē → tēcum）。sine は奪格とともに「〜なしに」を意味します。

指示代名詞（1）

　ラテン語には3人称の人称代名詞はなく、指示代名詞 is（または次節で紹介する ille）でこれを補います。次頁の表を見て下さい。

指示代名詞 is「それ、その」

	男性	女性	中性
単数・主格	is	ea	id
属格	ējus	ējus	ējus
与格	eī	eī	eī
対格	eum	eam	id
奪格	eō	eā	eō
複数・主格	eī, iī, ī	eae	ea
属格	eōrum	eārum	eōrum
与格	eīs, iīs, īs	eīs, iīs, īs	eīs, iīs, īs
対格	eōs	eās	ea
奪格	eīs, iīs, īs	eīs, iīs, īs	eīs, iīs, īs

　このうち英語の he, she, it に当たるのは、1行目（単数・主格）の is, ea, id であり、they に相当するのは、複数主格の eī (iī, ī), eae, ea です。ただし、両者は完全に一致するものではありません。たとえば指示代名詞 is は、英語の he 以外にも「それは」と言い換えられる男性名詞を指すことができます。それが「指示代名詞」としての本来の働きなので、当然といえば当然です。

> 17. Librum habeō.　**Eum** tibi dabō.
> 　私は1冊の本を持つ。君にそれをあげよう。
> （liber, -brī m. 本　habeō, -ēre 持つ　tibi＜tū [人称代名詞]　dabō＜dō 与える [未来]）

　eum は librum を指しています。英語なら it を使うところですが、ラテン語は id でなく、librum の性・数・格に合わせて eum を用います（ともに男性・単数・対格）。つまり、ラテン語では「彼を」（英語の him）という時も、「それを」（英語の it）という時も、どちらも同じ eum を使うわけです。この事実を前にして、「is, ea, id イコール he、she、it」と思い込んだ人は面食らいます。

　ラテン語の指示代名詞は、指す対象の「性・数・格」だけが問題です。英語のように、「彼を」に当たる語は「人間の男」の目的格だから him に

なる、という発想でなく、「男性・単数・対格」は人も物も eum になる、ということです。

> 18. Cynthia formōsa est.　**Eam** amō.
>   キュンティアは美しい。私は彼女を愛している。
>   (Cynthia, -ae f. キュンティア［女性名］　formōsus, -a, -um 美しい)
> 19. Lūna lūcet.　**Eam** videō.
>   月が輝いている。私はそれを見ている。

このように、もし代名詞の指す対象が「女性・単数・対格」なら、Cynthia（キュンティア）という人間の女性であれ、lūna（月）という女性名詞であれ、どちらも指示代名詞の「女性・単数・対格」の形、すなわち eam にします。

なお、ラテン語の指示代名詞の複数形は、属格と対格以外に別形が存在しますが、どれも意味は同じです。男性・女性・中性を問わず、単数・属格が -jus で終わり、単数・与格が -ī で終わりますが、これはラテン語の指示代名詞全般に見られる特徴です（例外は hic「これ、この」の単数・与格 huīc のみ）。

指示代名詞 is の３人称の人称代名詞としての用例

is, ea, id はすでに話題に出た人や物、念頭にある事柄を指します。

> 20. **Is** est bonus magister.　彼はよい先生だ。
> 21. Amāsne **eam**?　あなたは彼女を愛しているか？
>   (-ne ～か？)
> 22. **Eīs** librōs dabō.　私は彼らに本を与えるだろう。

いずれも３人称の人称代名詞としての用例です。例文20の is は英語の he に相当し、21の eam は英語の her に当たります。22の eīs は英語の I will give **them** books. における them に相当します（間接目的語）。

is, ea, id の３性とも属格の形は ējus で、所有の意味を持ちます。これらの属格は英語の３人称単数の所有格 his, her, its に相当します。先に紹介した１人称、２人称の人称代名詞の属格とは異なり、３人称として用いられる指示代名詞の属格（ējus）は、英語の所有格と同じく所有の意味を表

します。

> 23．Laudō **ējus** fīlium.　　　私は彼（彼女）の息子をほめる。
> 　　（laudō, -āre ほめる　fīlius, -iī m. 息子）

指示代名詞 is の形容詞としての用例

　指示代名詞 is は指示形容詞として使われる例もあり、その場合は英語の定冠詞（the）に似た働きをします。

> 24．Habēsne **eōs** librōs?　　あなたはそれらの本を持っているか？
> 25．ob **eam** rem　　　　　　そのことのために

　24 の eōs は librōs と「性・数・格」を一致させています（どちらも男性・複数・対格）。25 の ob（〜のために）は対格を取る前置詞です。rem は第5変化名詞 rēs（事柄）の単数・対格形で、eam と rem は「性・数・格」が一致します（どちらも女性・単数・対格）。

再帰代名詞

　1つの文の中で主語と同じものを指すことを再帰と呼びます。1人称、2人称の再帰代名詞は人称代名詞から補います。

> 26．**Mē** laudō.　　　　　　私は自分自身をほめる。
> 　　（laudō,-āre ほめる）
> 27．**Tē** laudās.　　　　　　あなたはあなた自身をほめる。
> 28．**Nōbīs** crēdimus.　　　　我々は自分自身を信じる。
> 　　（crēdō, -ere〈与格を〉信じる）

　26 の mē は ego の対格、27 の tē は tū の対格、28 の nōbīs は nōs の与格です。これらの人称代名詞は主語自身を指す点で、再帰代名詞として使われています。

再帰代名詞の3人称

　再帰代名詞の3人称には独自の形があります。主格はなく、単複同形です。

主格	—
属格	suī
与格	sibi
対格	sē
奪格	sē

別形として与格には sibī（語末の ī は長い）、対格と奪格には sēsē もあります。

> 29. Multī nostrum **sē** amant.　我々の多くは自分を愛する。
> 30. Sapiens **sibi** imperat.　賢者は自らに命令する。

29の主語は multī（多くの人）で、sē はこの multī を指しています（主語を指すので「再帰的」と呼ばれる）。sē は amant の目的語として、再帰代名詞の複数・対格とみなせます。なお、nostrum は人称代名詞 nōs の属格で、先に見た「部分の属格」に当たります。

30の主語は sapiens（賢者）で、再帰代名詞 sibi（与格）は主語自身を指します。imperō は〈与格〉に命令するという構文を取るため、sibi が使われています。

練習問題16　和訳しなさい。

1. Dī nōs quasi pilās hominēs habent.　Pl.Cap.22
2. Est deus in nōbīs.　Ov.A.A.3.549
3. Dā mī bāsia mille.　Catul.5.7
4. Nōn amō tē, Sabidī, nec possum dīcere quārē.　Mart.1.32.1
5. Eōrum fīnēs Nerviī attingēbant.　Caes.B.G.2.15

語彙

deus, -ī m. 神　quasi あたかも〜のように　pila, -ae f. ボール　homō, hominis c. 人間　habeō, -ēre 持つ、扱う　est<sum［不規則動詞］　nōbīs<nōs 我々［人称代名詞］　dā<dō 与える［命令法］　mī: 人称代名詞 mihi の詩形　bāsium, -iī n. 接吻、キス　mille 千の　amō, -āre 愛する　tē<tū あなた［人称代名詞］　Sabidī<Sabidius, -iī サビディウス（人名）

nec（否定を重ねて）また〜ない　possum, posse 〜できる　dīcō, -ere いう　quārē なぜ　eōrum＜is［指示代名詞］　fīnis, -is m. 境界、pl. 領土　Nerviī, -ōrum m.pl. ネルウィイー族　attingō, -ere 触れる、接する

> [!NOTE] ヒント

1. dī（deus の複数・主格）が主語で、動詞 habent の目的語が nōs（対格）です。hominēs（複数・対格）は nōs と同格になります。nōs...hominēs で「我々人間を」と訳します。
2. est は「存在する」の意味で使われています。in は奪格支配の前置詞なので、nōbīs は奪格とみなせます。est in nōbīs は「我々の中に存在する」という意味ですが、「我々の心の中に存在する」と意訳してもよいでしょう。
3. dā は dō の命令法で、mī（私に）が間接目的語、bāsia mille（千のキスを）が直接目的語です。ローマの恋愛詩人カトゥッルスの詩句です。
4. Sabidius のように -ius で終わる第2変化名詞は、単数・呼格の語尾が -ī になります。nec は否定文が続く場合、「また〜ない」と訳せます。
5. 主語は Nerviī（複数・主格）で、fīnēs（複数・対格）は attingēbant（attingō の未完了過去）の目的語です。文頭の eōrum（彼らの）は主語 Nerviī（ネルウィイー族）とは別の民族を指します。直訳は、「ネルウィイー族は彼らの領土に接していた」ですが、「彼らの領土は」を主語にし、「ネルウィイー族と接していた」と意訳してもかまいません。

2 指示代名詞（2）、強意代名詞、疑問代名詞

指示代名詞（2）

ラテン語の指示代名詞には、すでに紹介した is に加え、hic（これ、この）、iste（それ、その）、ille（あれ、あの）、īdem（同じもの、同じ）があります。いずれも代名詞または形容詞として使われます。

指示代名詞 hic「これ、この」

	男性	女性	中性
単数・主格(呼格)	hic	haec	hoc
属格	hūjus	hūjus	hūjus
与格	huīc	huīc	huīc
対格	hunc	hanc	hoc
奪格	hōc	hāc	hōc
複数・主格(呼格)	hī	hae	haec
属格	hōrum	hārum	hōrum
与格	hīs	hīs	hīs
対格	hōs	hās	haec
奪格	hīs	hīs	hīs

※ hic は hīc のつづりもあるが、本書では hic で統一する。

hic, haec, hoc は、英語の this と同じく話者（1人称）の意識に近い距離にある人や物を指す。

1. **Hunc** librum tibi dōnō.　　私はこの本をあなたに贈る。
2. **Haec** rosa mihi placet.　　このバラが私のお気に入りだ。
   （placeō, -ēre〈与格〉の気に入る）
3. **Hic** est meus magister.　　これは私の先生です。
4. **Haec** mea fīlia est.　　これが私の娘だ。
5. **Hī** deōs adōrābant.　　これらの人々は神々を崇拝していた。
   （adōrō, -āre 崇拝する）

1と2は形容詞としての用例です。1の hunc は librum と同格（男性・

単数・対格)、2の haec は rosa と同格（女性・単数・主格）です。2は「主語（haec rosa）は与格（mihi）のお気に入りである（placet）」という構文です。

3と4は代名詞としての用例です。3の hic は文の主語ですが、補語の magister と性・数・格が一致します（男性・単数・主格）。4は補語 filia が女性・単数・主格であるため、hic でなく haec の形になります。5は hī（男性・複数・主格）が名詞的に用いられる例です。単独で「これらの人々は」を意味します。

> 6. **Hoc** ante omnia fac.　　何よりも先にこのことを行え。

hoc は hic の中性・単数・対格です。fac は faciō（行う）の命令法で、hoc を目的語に取ります。ante omnia は熟語で「真っ先に」の意味です。一方、hoc の複数に当たる haec は、1語で「これらのこと」を意味します。ウェルギリウスの『アエネーイス』から2例引いてみます。

> 7. Dabit deus **hīs** quoque fīnem.　Verg.Aen.1.199
> 神はこれらにも終わりを与えるだろう。
> (dabit<dō 与える　deus, -ī m. 神　quoque 〜もまた　fīnis, -is m. 終わり)
>
> 8. Forsan et **haec** ōlim meminisse juvābit.　Verg.Aen.1.203
> おそらくこれらのこともいつか思い出して喜べるだろう。
> (forsan おそらく　et 〜もまた　ōlim いつか　meminī, -isse 思い出す　juvō, -āre 助ける、喜ばせる)

7の hīs と8の haec は、それぞれ「苦難、労苦」（中性名詞 malum の複数 mala）を指しています。元の詩の直前に複数・属格 malōrum（1.198）が見つかります。7の hīs は中性・複数・与格、dabit は dō の未来、fīnem は fīnis の単数・対格です。

8の haec は中性・複数・対格で、meminisse の目的語です。meminisse は meminī の不定法・完了ですが、「思い出したこと」でなく「思い出すこと」と訳します。このように、ラテン語の動詞の一部には完了で現在の意味を表すものがあります。juvābit は juvō の能動態・未来で、非人称的に使われています。「〈不定法の内容〉が喜びになるだろう」と訳します。

指示代名詞 iste「それ、その」

	男性	女性	中性
単数・主格(呼格)	iste	ista	istud
属格	istīus	istīus	istīus
与格	istī	istī	istī
対格	istum	istam	istud
奪格	istō	istā	istō
複数・主格(呼格)	istī	istae	ista
属格	istōrum	istārum	istōrum
与格	istīs	istīs	istīs
対格	istōs	istās	ista
奪格	istīs	istīs	istīs

指示代名詞 iste は対話相手（2人称）の意識に近い人や物を指します。

> 9. Nōn erit **ista** amīcitia, sed mercātūra.　Cic.N.D.1.122
> （君のいう）それは友情ではなく取引に過ぎないものになるだろう。
> (erit: sum の未来　amīcitia,-ae f. 友情　mercātūra, -ae f. 取引)

ista（女性・単数・主格）は主語、amīcitia（友愛）と mercātūra（取引）が補語になります。

> 10. **iste** liber　　　　　　（君のそばの）その本
> 11. **ista** cōgitātiō　　　　そのような（君の）考え
> 　　(cōgitātiō, -ōnis f. 考え)
> 12. **istud** verbum　　　　そのような（君の）言葉

訳し方は文脈によって変わります。10は前後関係によっては「君が言及したその本」と訳すこともできます。iste は2人称の単複両方に関係しますので、「君の」としたところは「君たちの」と訳す可能性もありえます。

> 13. Dē **istīs** rēbus exspectō tuās litterās.　Cic.Att.2.5.2
> 　　私は君の近況を伝える手紙を期待している。
> 　　(dē〈奪格〉について　rēs, -eī f. 事、出来事　exspectō, -āre 期待する　littera, -ae f. 手紙)

　この文で istīs は rēbus にかかる形容詞として使われています（女性・複数・奪格）。直訳は、「君に関わる（istīs）出来事（rēbus）について（dē）、君の手紙を（tuās litterās）私は期待している（exspectō）」です。

指示代名詞 ille「あれ、あの」

	男性	女性	中性
単数・主格(呼格)	ille	illa	illud
属格	illīus	illīus	illīus
与格	illī	illī	illī
対格	illum	illam	illud
奪格	illō	illā	illō
複数・主格(呼格)	illī	illae	illa
属格	illōrum	illārum	illōrum
与格	illīs	illīs	illīs
対格	illōs	illās	illa
奪格	illīs	illīs	illīs

　ille, illa, illud は英語の that に相当します。（対話の場にいない）第三者に関わる人や物、よく知られた物を指すとともに、3人称の人称代名詞としてもよく用いられます。

> 14. **ille** liber　あの本（は）
> 15. Tūne **ille** Aenēās?　Verg.Aen.1.617
> 　　あなたがあのアエネーアースなのか？
> 　　(-ne ～か？　Aenēās, -ae m. アエネーアース、トロイヤの英雄)

　14の ille は liber にかかる形容詞としての用法。英語で訳せば that book です。

ille は相手にとって「既知の」という意味合いを与えるために使われます。15の ille は「あの高名な」というニュアンスを持ちます。ウェルギリウスの『アエネーイス』に出てくる言葉で、カルターゴーの女王ディードーが初めてアエネーアースを目にして口にする台詞です。

指示代名詞 īdem「同じもの、同じ」

	男性	女性	中性
単数・主格	īdem	eadem	idem
属格	ējusdem	ējusdem	ējusdem
与格	eīdem	eīdem	eīdem
対格	eundem	eandem	idem
奪格	eōdem	eādem	eōdem
複数・主格	eīdem, iīdem, īdem	eaedem	eadem
属格	eōrundem	eārundem	eōrundem
与格	eīsdem, īsdem	eīsdem, īsdem	eīsdem, īsdem
対格	eōsdem	eāsdem	eadem
奪格	eīsdem, īsdem	eīsdem, īsdem	eīsdem, īsdem

īdem, eadem, idem はすでに紹介した is, ea, id に -dem がついた形です。相違する部分はいずれも音韻上の変化が生じた結果とみなせます（is-dem → īdem, id-dem → idem, eum-dem → eundem, eōrum-dem → eōrundem）。

> 16. Amor omnibus **īdem**.　Verg.Geo.3.244
>   愛はすべてにとって同じである。
> 17. **Eadem** probāmus, **eadem** reprehendimus.　Sen.Vit.1.5
>   我々は同じことを是認し、同じことを糾弾する。
>   （probō, -āre 是認する　reprehendō, -ere 糾弾する）

16の īdem はこの文の補語です。主語の amor と性・数・格を一致させるため、男性・単数・主格になっています。omnibus は omnis の男性・複数・与格です。出典はウェルギリウスの『農耕詩』で、元の文脈では「すべての生き物にとって」(omnibus animālibus) という意味です（animālibus

が省略)。ただし、この1文だけを取り出すと、omnibus hominibus（すべての人間にとって）と理解してもかまいません。

17の eadem は中性・複数・対格で、probāmus と reprehendimus の目的語です。「我々は同じことを是認したかと思うと、今度は糾弾する」という内容です。

強意代名詞

●強意代名詞 ipse「それ自身」

	男性	女性	中性
単数・主格	ipse	ipsa	ipsum
属格	ipsīus	ipsīus	ipsīus
与格	ipsī	ipsī	ipsī
対格	ipsum	ipsam	ipsum
奪格	ipsō	ipsā	ipsō
複数・主格	ipsī	ipsae	ipsa
属格	ipsōrum	ipsārum	ipsōrum
与格	ipsīs	ipsīs	ipsīs
対格	ipsōs	ipsās	ipsa
奪格	ipsīs	ipsīs	ipsīs

ipse の語尾は、基本的に ille の語尾と同じになります。異なる点は、中性・単数・主格と対格です（ille の同形は illud ですが、ipse は ipsum となり、語尾の -ud と -um が異なります）。ipse は、名詞や代名詞を強調する時に用いられます（なくても意味は通る）。

> 18 **Ipse** dīxit.　彼自身がいった。　Cic.N.D.1.10

ipse が強調する名詞や代名詞は、それが主格の場合省略可能です（この文では代名詞 ille が省略されている）。dīxit は dīcō の直説法・能動態・完了です。主語の「彼」とは哲学者ピュータゴラースのことです。その弟子たちと議論して「なぜそうなるのか？」と質問すると決まって Ipse dīxit. という答えが返ったといいます。「なぜかはわからない。でも、先生がそういったのだから（正しいのだ）」という意味です。

19. Cognosce tē **ipsum**.　汝自らを知れ。
（cognoscō, -ere 知る　tē＜tū［人称代名詞］）

　cognosce は命令法で、2人称単数の人称代名詞 tē を目的語に取ります。それを強調する ipsum は tē と同じ男性・単数・対格です。

20. Multī multa sapiunt, et sē **ipsōs** nesciunt.
　　多くの者は多くのことを知っているが、自分自身については何も知らない。
（multus, -a, -um 多くの　sapiō, -ere 知る　nesciō, -īre 知らない）

　ipsōs は再帰代名詞 sē（男性・複数・対格）を強めています。19の ipsum もそうですが、この文の ipsōs を省略しても文の意味は通ります。

疑問代名詞と疑問形容詞

　疑問代名詞とは、英語の who や what に相当し、「誰が〜するのか？」や「何が〜であるか？」といった疑問文を作る際に用います。疑問代名詞は疑問形容詞との区別が重要です。

　　疑問代名詞：quis 誰が　quid 何が
　　疑問形容詞：quī, quae, quod どの〜が、どのような〜が

　いずれも単数・主格の形です。疑問代名詞の quis は男性と女性の形、quid は中性形です。疑問形容詞には3つの形があり3性の区別を示します。まずは用例をご覧下さい。

21. **Quis** dīcit?　誰がいうのか？
22. **Quī** homō dīcit?　どの人がいうのか？
（homō, -minis c. 人、人間）
23. **Quid** exspectās?　君は何を期待するのか？
（exspectō, -āre 期待する）
24. **Quod** auxilium exspectās?　君はいかなる援助を期待するのか？
（auxilium, -ī n. 援助）

　21と23が疑問代名詞、22と24が疑問形容詞の用例です。21の Quis と22の Quī はどちらも男性・単数・主格です。23の Quid と24の Quod は

ともに中性・単数・対格です。

　疑問代名詞の単数形は男性と女性の変化が同じですが、疑問形容詞は両者を区別します。一方、複数の変化は疑問代名詞も疑問形容詞もまったく同じです。このような点に注意しながら、それぞれの変化表を見てみましょう。

疑問代名詞 quis

	男性	女性	中性
単数・主格	quis	quis	quid
属格	cūjus	cūjus	cūjus
与格	cuī	cuī	cuī
対格	quem	quem	quid
奪格	quō	quō	quō
複数・主格	quī	quae	quae
属格	quōrum	quārum	quōrum
与格	quibus	quibus	quibus
対格	quōs	quās	quae
奪格	quibus	quibus	quibus

疑問形容詞 quī

	男性	女性	中性
単数・主格	**quī**	**quae**	**quod**
属格	cūjus	cūjus	cūjus
与格	cuī	cuī	cuī
対格	quem	**quam**	**quod**
奪格	quō	**quā**	quō

　繰り返しになりますが、疑問形容詞の複数形は疑問代名詞と同一なので省いています。では、それぞれの単数変化のどこが同じでどこが違うでしょうか？　太字にした部分が相違箇所です。ご自分の目でしっかり確認して下さい。なお、後で学ぶ関係代名詞は疑問形容詞と同じ形です。

疑問代名詞 quis の用例

> 25．**Quis** sēparābit?　誰が（我々を）引き離すだろうか？
> （sēparō, -āre 引き離す）

　この文は「誰も引き離さない」という強い主張を行うための修辞的疑問文です。sēparābit は未来形で、目的語の nōs が省略されています。組織の団結力を象徴する言葉として、様々な団体のモットーになっています。

> 26．**Quid** Rōmae faciam?　私はローマで何をなせばよいか？　Juv.3.41
> （faciō, -ere 行う、なす）

　quid は faciam の目的語です。Rōmae は単数・属格の形ですが、文法では地格（locative）とみなします。この 1 語で「ローマで」と訳せます。faciam は faciō の接続法・能動態・現在で、「懐疑・反問」の用例です。ローマの風刺詩人ユウェナーリスの言葉です。

疑問形容詞 quī の用例

> 27．Ignōrantī **quem** portum petat, nullus ventus est.　Sen.Ep.71.3
> どの港を目指すかを知らない人に順風は吹かない。
> （ignōrō, -āre 知らない　portus, -ūs m. 港　petō, -ere 目指す　nullus, -a, -um 英語の no, not any に相当［代名詞的形容詞］　ventus, -ī m. 風）

　quem は疑問形容詞 quī の男性・単数・対格で portum にかかり、「どの港を目指すか」という内容の間接疑問文を導きます。ラテン語では間接疑問文に接続法を使うため、petat は接続法・現在になっています。ignōrantī は ignōrō の現在分詞、男性・単数・与格です。この文では名詞として用いられ、「知らない人には」と訳せます。

> 28．**Quibus** nunc sollicitor rēbus!　Ter.Ad.36
> 今私はなんという不安に苦しめられていることか！
> （nunc 今　sollicitō, -āre 悩ませる、苦しめる　rēs, -eī f. こと、もの）

　sollicitor は直説法・受動態・現在、1 人称単数です。quibus は rēbus にかかる疑問形容詞です。ともに女性複数・奪格ですが、これは「行為者の

奪格」とみなせます（受動態の文では、誰によってその行為がなされるかを奪格で表す）。「なんという（quibus）事柄によって（rēbus）」が直訳です。

練習問題17　和訳しなさい。

1. Hoc opus, hic labor est.　Verg.Aen.6.129
2. Informīs hiemēs redūcit Juppiter, īdem summovet.
   Hor.Carm.2.10.15-17
3. Sed tibi quī cursum ventī, quae fāta dedēre?　Verg.Aen.3.337
   ※ dedēre は dō（与える）の直説法・能動態・完了、3人称複数。
4. Quis custōdiet ipsōs custōdēs?　Juv.6.347-348
5. Hic labor extrēmus, longārum haec mēta viārum.　Verg.Aen.3.714

語　彙

hoc＜hic［指示代名詞］　opus, -eris n. 仕事　labor, -ōris m. 苦労、労働　informis, -e 惨めな、みっともない　hiems, -is f. 冬　redūcō, -ere 連れ戻す　Juppiter, Jovis m. ユピテル（ローマ神話の最高神）　īdem［指示代名詞］　summoveō, -ēre 取り除く　sed しかし　tibi＜tū［人称代名詞］　quī いかなる［疑問形容詞］　cursus, -ūs m. 旅路、行路　ventus, -ī m. 風、嵐　quae いかなる［疑問形容詞］　fātum, -ī n. 運命　dedēre（与えた）＜dō［完了］　quis 誰が［疑問代名詞］　custōdiō, -īre 見張る　ipsōs＜ipse［強意代名詞］　custōs, -ōdis c. 見張り人　hic［指示代名詞］　labor, -ōris m. 労苦　extrēmus, -a, -um 最後の　longus, -a, -um 長い　haec＜hic［指示代名詞］　mēta, -ae f. 終着点　via, -ae f. 旅路、道

ヒント

1. hoc と opus、hic と labor はそれぞれ性・数・格が一致しています。前者はともに中性・単数・主格、後者はともに男性・単数・主格です。
2. informīs hiemēs は redūcit の目的語です（どちらも女性・複数・対格）。īdem は Juppiter を指します。
3. quī（いかなる）は疑問形容詞（男性・複数・主格）で ventī（嵐）にかかります。quae も疑問形容詞（中性・複数・主格）で fāta にかかります。dedēre は dō の直説法・能動態・完了、3人称複数です。「与えた」

と訳せます。
4. quis（誰が）は疑問代名詞でこの文の主語です。動詞 custōdiet は未来形です（直説法・能動態・未来、3人称単数）。ipsōs custōdēs がこの文の目的語です（男性・複数・対格）。
5. 前半の主語は hic で、補語は labor です。extrēmus は labor を修飾します（ともに男性・単数・主格）。後半の主語は haec で補語が mēta です（どちらも女性・単数・主格）。longārum ... viārum が mēta にかかります。

3　代名詞的形容詞

代名詞的形容詞

　第1・第2変化形容詞の中には、「代名詞的形容詞」と呼ばれるものがあります。次の9つですが、いずれも散文・韻文を問わずに頻出する重要単語ぞろいです。

　1．alius, -a, -ud　　　　　　　他の（other）
　2．alter, -era, -erum　　　　　（2つのうち）他方の（other of two）
　3．neuter, -tra, -trum　　　　（2つのうち）どちらも〜ない（neither）
　4．nullus, -a, -um　　　　　　誰（何）も〜ない（no）
　5．sōlus, -a, -um　　　　　　　ただ1人（1つ）の（only）
　6．tōtus, -a, -um　　　　　　　全体の（whole）
　7．ullus, -a, -um　　　　　　　いかなる人（もの）も（any）
　8．ūnus, -a, -um　　　　　　　1人（1つ）の（one）
　9．uter, -tra, -trum　　　　　（2つのうちの）どちら（which of two?）

　これらの形容詞は、**単数の属格と与格**で代名詞の特徴を示す変化形を持ちます（属格が -īus で終わり、与格が -ī で終わる）。
　上の9つに次の合成語を加えることもできます。どちらも頻出語です。
　10．nōnnullus, -a, -um　　　　いく人かの、いくつかの（several）
　11．uterque, utraque, utrumque　2つのうちどちらも（each of two）

alius と ūnus の変化

　代名詞的形容詞は、bonus, -a, -um（よい）や līber, -era, -erum（自由な）といった第1・第2変化形容詞とほぼ同じ変化をしますが、単数・属格に -īus、単数・与格に -ī という代名詞の特徴となる変化形を持ちます。代表として、alius（他の）と ūnus（1つの）の変化を見ることにします。

● alius（他の）

	男性	女性	中性
単数・主格	alius	alia	aliud
属格	**alīus**	**alīus**	**alīus**
与格	**aliī**	**aliī**	**aliī**
対格	alium	aliam	aliud
奪格	aliō	aliā	aliō
複数・主格	aliī	aliae	alia
属格	aliōrum	aliārum	aliōrum
与格	aliīs	aliīs	aliīs
対格	aliōs	aliās	alia
奪格	aliīs	aliīs	aliīs

※性を問わず、単数の属格と与格で代名詞の特徴を示す変化形を持つ（太字部分）。

● ūnus（1つの）

単数	男性	女性	中性
主格	ūnus	ūna	ūnum
属格	**ūnīus**	**ūnīus**	**ūnīus**
与格	**ūnī**	**ūnī**	**ūnī**
対格	ūnum	ūnam	ūnum
奪格	ūnō	ūnā	ūnō

※ ūnus には複数はない。

代名詞的形容詞の用法

　上に挙げた代名詞的形容詞は、形容詞として名詞や代名詞を修飾したり、単独で代名詞として用いられます。ただし nullus と ullus はもっぱら形容詞として使われます。nullus の代名詞形は、後で見る nēmō（英語の nobody）と nihil（英語の nothing）です。一方、ullus の代名詞形は、quisquam（m.f.）と quicquam（n.）になります（→不定代名詞）。quisquam は英語

の anybody、quicquam は anything に相当する語です。

> 1. **alter** īdem　第2の自分　Cic.Amic.80
> 　（alter, -era, -erum 第2の　īdem 同じ人）

alter が形容詞として代名詞を修飾する例です。

> 2. Miserum est arbitriō **alterīus** vīvere.　Syr.412
> 　他人の思惑にしたがって生きることは惨めである。
> 　（miser, -era, -erum 惨めな　arbitrium, -iī n. 思惑　vīvō, -ere 生きる）

alius の属格は本来 alīus ですが、実際には alter の属格 alterīus を用いることが一般的です。この文では「他人」という名詞として使われています。

> 3. **Alter alterīus** auxiliō eget.
> 　一方は他方の助けを必要とする。
> 　（auxilium, -ī n. 援助、助け　egeō, -ēre〈奪格〉を必要とする）

alter は主格で文の主語、alterīus は属格で auxiliō にかかります。

> 4. Ignōtī **nulla** cupīdō.　Ov.A.A.3.397
> 　知らないものにはいかなる欲望も（生じ）ない。
> 　（ignōtus, -a, -um 知られていない　nullus, -a, -um いかなる～もない
> 　cupīdō, -inis f. 欲望）

nulla は形容詞として cupīdō を修飾します。ignōtī は完了分詞の名詞的用法（単数・属格）で、直訳は「知られていないもの（に対する）」です（目的語的属格）。主語 cupīdō にかかります。動詞 est が省略されています。

> 5. Nōn fert **ullum** ictum inlaesa fēlīcitās.　Sen.Prov.2.6
> 　損なわれたことのない幸福は、いかなる打撃にも耐えられない。
> 　（fert<ferō 耐える［不規則動詞］　ictus, -ūs m. 打撃　inlaesus, -a, -um
> 　損なわれていない　fēlīcitās, -ātis f. 幸福）

ullus は否定文で英語の any のように用いられます。この例文で ullum は ictum を修飾しています。

6. **Uter** ex hīs tibi sapiens vidētur?　Sen.Ep.90.14
これら（2人）のどちらが君には賢者に見えるのか？
（sapiens, -entis m. 賢者　vidētur 見える：videō の受動態・現在、3人称単数）

uter は疑問代名詞として用いられ、文の主語になっています。

7. Flōs **ūnus** nōn facit hortum.　1輪の花が庭を作るのではない。
（flōs, -ōris m. 花　faciō, -ere 作る　hortus, -ī m. 庭）

ūnus は主語の flōs を修飾しています（ともに男性・単数・主格）。

8. **Ūnus** prō omnibus, omnēs prō **ūnō**.
1人はみんなのために、みんなは1人のために。
（prō〈奪格〉のために　omnibus＜omnis すべての）

ūnus が代名詞として使われる例です。omnibus と omnēs は、どちらも形容詞の名詞的用法です。

9. Frūmentī cōpiam legiōnāriī **nōnnullam** habēbant.　Caes.B.C.1.78
軍団兵はいくらかの穀物の蓄えを持っていた。
（frūmentum, -ī n. 穀物　cōpia, -ae f. 豊富、蓄え　legiōnārius, -iī m. 軍団兵）

nōnnullam は cōpiam を修飾しています（女性・単数・対格）。habēbant は habeō（持つ）の未完了過去（3人称複数）です。

10. ad **utrumque** cāsum parātus　Verg.Aen.2.61-62
どちらの状況に対しても覚悟のできた
（parātus, -a, -um 準備のできた、覚悟のできた　cāsus, -ūs m. 状況、立場、条件）

utrumque は形容詞として cāsum にかかっています（男性・単数・対格）。

> 11. **Utrumque** enim vitium est, et omnibus crēdere et **nullī**.
> Sen.Ep.3.4
> というのも、誰であれ信用することも、誰をも信用しないことも、どちらも間違っているからだ。
> (enim というのは　vitium, -iī n. 過ち　crēdō, -ere 〈与格〉を信じる)

　utrumque は「（2つの）両方が」を意味します。ここでは代名詞として使われ、主語の働きをします。動詞 est を見るとわかるとおり、utrumque は単数扱いになります。nullī は nullus の与格で、代名詞として使われています。

nēmō と nihil

　先にふれたように、nullus の代名詞形は nēmō（英語の nobody）と nihil（英：nothing）です。このうち nēmō の変化は次の通りです。
　　主 nēmō　属 nullīus　与 nēminī　対 nēminem　奪 nullō
　属格と奪格は nullus から補っています。

> 12. **Nēmō** in amōre videt.　恋する者は誰も（ものが）見えない。
> 　　(amor, -ōris m. 恋　videō, -ēre 見る)

　nēmō が主語で videt が動詞です。目的語は省かれています。
　nihil は nēmō の中性形です。主格と対格以外は nulla rēs の変化で補っています。rēs（物）は第5変化名詞です。
　　主 nihil　属 nullīus reī　与 nullī reī　対 nihil　奪 nullā rē

> 13. Industriae **nihil** impossibile.
> 勤勉にとって不可能なものは何もない。
> 　　(industria, -ae f. 勤勉　impossibilis, -e 不可能な)

　この nihil は主格の例です。est が省かれています。impossibile は nihil と同格（中性・単数・主格）で文の補語です。industriae は与格です（判断者の与格）。

14. Chrȳsippus āit sapientem **nullā rē** egēre.　Sen.Ep.9.14
クリューシッポスはいう、賢者はいかなるものも欠いていない、と。
（āit<āiō　いう　egeō, -ēre〈属格〉または〈奪格〉を欠いている）

不定法 egēre が奪格を取るため、nihil が nullā rē（奪格）の形になっています。「無を欠いている」とは「すべてを手に入れている」ということです。

15. Dē nihilō **nihil**.　無から何も生じない。
（dē〈奪格〉から　nihilō<nihilum 無）

文末の nihil が主語です。nihilō は nihilum（nihil とは別の単語）の奪格で、前置詞 dē とともに「無から」を意味します。直訳すると「無から無が」としか書かれていません。不規則動詞 fīō（生じる）の3人称単数 fit を補うと意味が通ります。

練習問題18　和訳しなさい。

1. Patria mea tōtus hic mundus est.　Sen.Ep.28.4
2. In amīcitiā autem nihil fictum est, nihil simulātum.　Cic.Amic.26
3. Proximō diē Caesar ē castrīs utrīsque cōpiās suās ēdūcit.　Caes.B.G.1.50
4. Nōn est consuētūdō populī Rōmānī, ullam accipere ab hoste armātō condiciōnem.　Caes.B.G.5.41
5. Multōs fortūna līberat poenā, metū nēminem.　Sen.Ep.97.16

語　彙

patria, -ae f. 祖国　mea<meus 私の　tōtus, -a, -um 全体の　hic この［指示形容詞］　mundus, -ī m. 世界　amīcitia, -ae f. 友情　autem ところで　fictus, -a, -um 偽りの　simulātus, -a, -um 見せかけの　proximus, -a, -um 次の　diēs, -ēī m. 日　Caesar, -aris m. カエサル　ē〈奪格〉から　castra, -ōrum n.pl. 陣営　cōpia, -ae f. 豊富 pl. 部隊　suās<suus 自分の［所有形容詞］　ēdūcō, -ere 進軍させる　consuētūdō, -dinis f. 習慣、慣習　populus Rōmānus m. ローマ国民　accipiō, -ere 受け取る

hostis, -is c. 敵　armātus, -a, -um 武装した　condiciō, -ōnis f. 条件
multus, -a, -um 多くの　fortūna, -ae f. 運命　līberō, -āre 解放する
poena, -ae f. 罰　metus, -ūs m. 恐怖　nēmō 誰も〜ない

> ヒント

1. tōtus は男性・単数・主格なので、patria でなく mundus にかかります。指示代名詞 hic も mundus にかかります。patria mea が文の補語です（この文に関しては、patria を主語、mundus を補語にしても意味は通じる）。
2. 前半、後半とも nihil が主語です。動詞は est で fictum ならびに simulātum が補語です。後半の文に est が省かれています。
3. utrīsque は castrīs にかかり（中性・複数・奪格）、suās は cōpiās を修飾します（女性・複数・対格）。
4. accipere が主語で、consuētūdō が補語です。populī Rōmānī（男性・単数・属格）は consuētūdō にかかります。ullam 以下は、「武装した（armātō）敵（hoste）から（ab）何らかの（ullam）条件を（condiciōnem）受理すること（accipere）」です。そのようなことはローマ国民の慣習ではない、という内容です。
5. 前半の poenā は奪格で、この1語で「罰から」と訳せます（分離の奪格）。後半の主語は前半の fortūna を補います。metū も分離の奪格で「恐怖から」と訳せます。

4　不定代名詞

不定代名詞の変化と用例

　ラテン語で不特定の人やものを表す代名詞を以下、順に紹介します。英語の some や any などに当たる代名詞です。変化の仕方を学ぶ上で、疑問代名詞、疑問形容詞の知識が不可欠です。それぞれの変化表と見くらべながら以下の説明を読むと効果的です。

● aliquis（m.f.）　誰かある人　aliquid（n.）　何かあるもの

　肯定文で用います。英語の somebody, something に相当します。ali- の部分は不変化で、ali- 以下は疑問代名詞 quis の変化と基本的に同じです（中性の複数・主格と対格が -ae でなく -a で終わる点のみ不規則）。

	男性	女性	中性
単数・主格（呼格）	aliquis	aliquis	aliquid
属格	alicūjus	alicūjus	alicūjus
与格	alicuī	alicuī	alicuī
対格	aliquem	aliquem	aliquid
奪格	aliquō	aliquō	aliquō
複数・主格（呼格）	aliquī	aliquae	aliqua
属格	aliquōrum	aliquārum	aliquōrum
与格	aliquibus	aliquibus	aliquibus
対格	aliquōs	aliquās	aliqua
奪格	aliquibus	aliquibus	aliquibus

> 1. **Aliquis** ex vōbīs crystallinum frēgit.
>   あなたたちのうち誰かが水晶の器を壊した。
>   （crystallinum, -ī n. 水晶の器　frangō, -ere, -ēgī 壊す）
> 2. Dēclāmābam cum **aliquō** cotīdiē.　Cic.Brut.310
>   私は毎日誰かと弁論の練習をした。
>   （dēclāmō, -āre 弁論の練習をする　cum〈奪格〉と一緒に　cotīdiē 毎日）

　例文 1 の aliquis は男性・単数・主格、例文 2 の aliquō は男性・単数・

奪格です。

次に、今見た aliquis、aliquid の形容詞形（不定形容詞）の変化を紹介します。ali- 以下は疑問形容詞 quī の変化と基本的に同じです（女性・単数・主格が aliquae でなく aliqua となる点のみ不規則）。太字の部分が不定代名詞と異なる箇所です。なお、複数形は不定代名詞と同じなので省略しています。

単数	男性	女性	中性
主格（呼格）	**aliquī**	**aliqua**	**aliquod**
属格	alicūjus	alicūjus	alicūjus
与格	alicuī	alicuī	alicuī
対格	aliquem	**aliquam**	**aliquod**
奪格	aliquō	**aliquā**	aliquō

> 3. Solve metūs; feret haec **aliquam** tibi fāma salūtem.
> Verg.Aen.1.463
> 恐れを解け。この名声はおまえに何らかの救済をもたらすだろう。
> (solvō, -ere 解く　metus, -ūs m. 恐れ　feret＜ferō, ferre 運ぶ、もたらす　fāma, -ae f. 名声　salūs, -ūtis f. 救済)

aliquam は形容詞として salūtem にかかります（女性・単数・対格）。feret は ferō の未来形で、aliquam ... salūtem を目的語に取ります。

aliquis は sī などの後では ali- を取った quis の形で代用されます。例えば「もし誰かが」という場合、sī quis と表現されます。

> 4. Sī **qua** piōs respectant nūmina,　Verg.Aen.1.603
> もし何らかの神の力が敬虔な者たちを重んじるのなら、
> (sī もしも　pius, -a, -um 敬虔な　respectō, -āre 重んじる　nūmen, -minis n. 神の力)

不定形容詞 qua は nūmina にかかります（中性・複数・主格）。piōs は pius の複数・対格で respectant の目的語です（形容詞の名詞的用法）。

● quisquam (m.f.) 誰も　quidquam (n.) 何も

単数でのみ使われ、主に否定文で用いられます。英語の anybody, anything

に相当します。疑問代名詞に -quam がついた形です。中性形 quidquam は別形として quicquam の形も見られます。形容詞形はなく、代名詞的形容詞 ullus, ulla, ullum でこれを補います。

> 5．Nec mortem effugere **quisquam** nec amōrem potest. Syr.478
> 誰も死と愛から逃れることはできない。
> （mors, -tis f. 死　effugiō, -ere 逃れる　amor, -ōris m. 愛）

　主語は quisquam（男性・単数・主格）で動詞は potest です。effugere の目的語は mortem と amōrem ですが、これら2つの名詞を nec A nec B（A も B も～ない）が否定しています。

● quīdam, quaedam, quiddam　ある人、あるもの

　男性、女性は疑問形容詞に -dam がついた形、中性は疑問代名詞の中性変化に -dam がついた形です。形容詞形は quīdam, quaedam, quoddam になり、3性とも疑問形容詞に -dam をつけた形になります。-dam の前で m は n に変わります（quendam のように）。

> 6．Ratiō quasi **quaedam** lux lūmenque vītae.　Cic.Acad.2.8.26
> 理性は人生のいわば光、光明のようなものである。
> （ratiō, -ōnis f. 理性　quasi いわば　lux, -ūcis f. 光　lūmen, -minis n. 光明）

　quaedam は lux にかかり「或る」（英語の certain）を意味します。「或る光」とは「光のようなもの」と訳せます。この文に動詞はありませんが、est を vītae の次に補うとよいでしょう。

● quisque (m. f.) 各人誰でも　quidque (n.) めいめい何でも

　疑問代名詞に -que がついた形です。形容詞形は疑問形容詞に -que をつけます（男性・単数・主格が quisque になる点のみ例外）。

> 7．Sē **quisque** fugit.　誰もがみな自分から逃げようとする。
> Lucr.3.1068
> （fugiō, -ere 逃げる）

quisque（男性・単数・主格）が主語になる例です。文頭の sē は 3 人称の再帰代名詞（単数・対格）で動詞 fugit の目的語です。

> 8．Suus **cuīque** mōs.　誰にでも自分の習慣がある。　Ter.Ph.454
> （suus, -a, -um 自分の［所有形容詞］　mōs, -ōris m. 習慣）

cuīque は quisque の単数・男性・与格です。est が省略されています。〈主語〉は〈与格〉に〈ある〉という構文です。この与格を文法では「所有の与格」と呼びます。

> 9．Quintō **quōque** annō Sicilia tōta cēnsētur.　Cic.Verr.2.139
> 5 年目ごとに（＝ 4 年に一度）シキリア全土で戸口調査が行われる。
> （quintus, -a, -um 5 番目の　annus, -ī m. 年　tōtus, -a, -um 全体の　cēnseō, -ēre 戸口調査を行う）

不定形容詞 quisque の単数・奪格が序数詞とともに annō を修飾しています。このように形容詞の最上級や序数詞とともに用いられる時、英語の each の意味を表します。

● quīvīs, quaevīs quidvīs　誰でも、何でも

　quī-dam, quae-dam, quid-dam（ある人、あるもの）の語尾 -dam を -vīs に変えた変化をします。形容詞も quī-dam, quae-dam, quod-dam の語尾を -vīs に変えます。

> 10．**Cuīvīs** dolōrī remedium est patientia.　Syr.111
> 忍耐はあらゆる悲しみの救済である。
> （dolor, -ōris m. 悲しみ、痛み　remedium, -iī n. 救済　patientia, -ae f. 忍耐）

cuīvīs は形容詞として用いられ、dolōrī にかかります（男性・単数・与格）。「どんな悲しみにとっても、忍耐が救済としてある」というのが直訳です。

(練習問題19)　和訳しなさい。

1．Mens cūjusque, is est quisque. Cic.Rep.6.26
2．Est quaedam flēre voluptās.　Ov.Tr.4.3.37

3．Suum cuīque pulchrum est.　　Cic.Tusc.5.63
4．Faber est suae quisque fortūnae.
5．Librī quōsdam ad scientiam, quōsdam ad insāniam dēdūxēre.

語彙

mens, mentis f. 精神　quaedam＜quīdam　fleō, -ēre 泣く　voluptās, -ātis f. 喜び　suum＜suus, -a, -um［所有形容詞］　cuīque＜quisque［不定代名詞］　pulcher, -chra, -chrum 美しい、素晴らしい　faber, -brī m. 職人、作者　fortūna, -ae f. 運命　liber, -brī m. 本　scientia, -ae f. 学識　insānia, -ae f. 狂気　dēdūxēre＜dēdūcō, -ere 導く

ヒント

1．cūjusque は quisque（各人）の男性・単数・属格で Mens にかかります。指示代名詞 is は補語の quisque に牽引されて男性・単数・主格になっています。
2．quaedam は不定形容詞 quīdam の女性・単数・主格で voluptās にかかります。「ある種の」といった意味を添えます。主語は不定法 flēre です。
3．Suum は3人称の所有形容詞 suus, -a, -um の中性・単数・主格で、この文の主語です。cuīque は不定代名詞 quisque の男性・単数・与格です。pulchrum は pulcher の中性・単数・主格で、この文の補語になります。主語の Suum と性・数・格が一致します。
4．suae...fortūnae は Faber にかかります。主語は quisque、Faber が補語です。
5．Librī が主語、quōsdam が目的語、動詞は dēdūxēre（dēdūcō の直説法・能動態・完了、3人称複数）です。この完了は「格言的完了」とみなせます（現在で訳せばよい）。

第7章　動詞3

1　直説法・能動態・完了

ラテン語の「完了」は、英文法の「過去」と「現在完了」をカバーします。基本的に「～した」「～してしまった」と訳すことができます。

> 1. **Vēnī**, vīdī, vīcī.　私は来た、見た、勝った。　Suet.Caes.37
> （veniō, -īre, vēnī 来る　videō, -ēre, vīdī 見る　vincō, -ere, vīcī 勝つ）

3つの動詞の完了形からなるこの文は、「ウェーニー・ウィーディー・ウィーキー」と声に出しても調子よく聞こえます。出典はローマの歴史家スエートーニウスの伝えるユリウス・カエサルの言葉で、ポントス戦の凱旋式で披露された戦勝報告文とされます。

完了の作り方

完了は、「完了幹＋人称語尾」の組み合わせで作られます。辞書には、不定法の右横に完了の形（完了、1人称単数）が見つかります。不定法の形から現在幹がわかるように（語尾から -re を取る）、完了の形から完了幹がわかります（完了の語尾から母音を取る）。例えば amō の完了、1人称単数は amāvī ですが、この語尾から母音の -ī を除いた形、すなわち amāv- が完了幹です。後は、完了幹に完了の人称語尾をつけることで、正しく活用させることができます。

完了の人称語尾は次のとおりです。3人称複数には2つの形があります。

	単数	複数
1人称	-ī	-imus
2人称	-istī	-istis
3人称	-it	-ērunt または -ēre

第1変化動詞から第4変化動詞までの活用変化は次の通りです。

第1変化動詞 amō（愛する）の変化：amāvī, amāvistī, amāvit, amāvimus, amāvistis, amāvērunt（または amāvēre）
　第2変化動詞 videō（見る）の変化：vīdī, vīdistī, vīdit, vīdimus, vīdistis, vīdērunt（または vīdēre）
　第3変化動詞 agō（行う）の変化：ēgī, ēgistī, ēgit, ēgimus, ēgistis, ēgērunt（または ēgēre）
　第3変化動詞 B capiō（つかむ）の変化：cēpī, cēpistī, cēpit, cēpimus, cēpistis, cēpērunt（または cēpēre）
　第4変化動詞 audiō（聞く）の変化：audīvī, audīvistī, audīvit, audīvimus, audīvistis, audīvērunt（audīvēre）

　これらの活用変化を注意深くたどると、わかったようなわからないような感覚にとらわれます。完了幹さえわかればこれらを正しく活用させることはわけはないのですが、それぞれの動詞の「元の形」（amō, videō, agō, capiō, audiō）と「完了幹」（amāv-, vīd-, ēg-, cēp-, audīv-）との間に何ら法則性が見出せない気がしてくるのです。実はそのとおりで、ラテン語の動詞の完了は、第3変化名詞と並び「暗記」がものをいいます。

完了幹の作り方

　完了幹の作り方には、いくつかの方法があります。詳述してもすべてを網羅できませんし、細かな文字の変化を目で追うのは煩雑です。今は「いろいろあるのだな」程度の認識で結構です。大事なことは、動詞を辞書で引いたら「能動態・完了（1人称単数）」の形を必ず確認することです。「この動詞の完了はこの形！」という情報が何度も頭にインプットされるうちに、やがて正しい形が記憶されるでしょう。

1.　現在幹（不定法から -re を落とした形）に -v をつける例

　第1、第4変化の大部分がこの例に属します。例として amō を再び取り上げましょう。現在幹 amā- に -v をつけた amāv- が完了幹です。これに人称語尾を加えると、次のような活用表が得られます。

	単数	複数
1人称	amāv-ī	amāv-imus
2人称	amāv-istī	amāv-istis
3人称	amāv-it	amāv-ērunt または amāv-ēre

　第4変化動詞 audiō（不定法は audī-re）を例に取ると、完了幹は audīv-で、完了の1人称単数は audīv-ī となります。

第2変化動詞の例：

dēleō（滅ぼす）→ dēlēv-（完了幹）→ dēlēv-ī（完了、1人称単数）
fleō（泣く）→ flēv-（完了幹）→ flēv-ī（完了、1人称単数）

第3変化動詞の例：

noscō（知る）→ nōv-（完了幹）→ nōv-ī（完了、1人称単数）
※この完了幹の形成法は不規則。

2．動詞幹（現在幹から幹末母音を落とした形）に -u をつける例

　第2変化動詞の大部分がこの型に属します。moneō（注意する）を例に取ると、現在幹 monē から幹末母音 ē を落として mon- を得ます。この動詞幹に -u をつけるので、完了幹は monu-、完了の1人称単数は monu-ī となります。第2変化以外の例は次の通りです。

第1変化動詞の例：

domō（飼い慣らす）→ domu-（完了幹）→ domu-ī（完了、1人称単数）

第3変化動詞の例：

rapiō（奪う）→ rapu-（完了幹）→ rapu-ī（完了、1人称単数）

第4変化動詞の例：

aperiō（開く）→ aperu-（完了幹）→ aperu-ī（完了、1人称）

3．動詞幹に -s をつける例

　第3変化動詞の多くがこの型に属します。ただし、-s をつける際に様々な音韻変化が生じるので、その点に注意します。例えば dīcō（いう）の場合、現在幹 dīce- から幹末母音 e を取って dīc- とし、この動詞幹に -s をつけるので完了幹は dīcs- となるはずです。しかし、c と s の組み合わせが x に変化するため、完了幹は dīx- になります。

	完了幹	完了、1人称単数
dīcō（いう）	dix-	dixī
lūdō（遊ぶ）	lūs-（＜lūds-）	lūsī
scrībō（書く）	scrips-（＜scrībs-）	scripsī

4. 動詞幹の母音を長くする例

第3変化動詞に多いです。母音交替（a → e）を伴うこともあります。

	動詞幹	完了幹	完了、1人称単数
agō（行う）	ag-	ēg-	ēgī
capiō（つかむ）	cap-	cēp-	cēpī
faciō（なす）	fac-	fēc-	fēcī
legō（読む）	leg-	lēg-	lēgī

5. 動詞幹の頭に語頭の子音を重ね、それに母音（e の場合が多い）を加える例

これを畳音（じょうおん）（reduplication）と呼びます。これも第3変化動詞に多いです。幹母音の a が i に変わる場合もあります。cadō（倒れる）を例に取ると、動詞幹 cad- の頭に c を重ね、母音 e を加えて cecad- を作ります。このうち幹母音 -a- は -i- に変化し、結果として cecid- という完了幹が得られます。

	動詞幹	完了幹	完了、1人称単数
canō（歌う）	can-	cecin-	cecinī
currō（走る）	curr-	cucurr-	cucurrī
poscō（求める）	posc-	poposc-	poposcī

6. 動詞幹が完了幹になる例

第3変化動詞に見られます。文字どおり動詞幹がそのまま完了幹になる例です。metuō（恐れる）を例に取ると、不定法 metuere から -re を取った metue- の幹末母音 -e を落とし、動詞幹 metu- を得ます。この形がそのまま完了幹になるため、metuō の完了、1人称単数は metuī です。

	動詞幹	完了幹	完了、1人称単数
arguō（議論する）	argu-	argu-	arguī
bibō（飲む）	bib-	bib-	bibī
occīdō（殺す）	occīd-	occīd-	occīdī
solvō（解く）	solv-	solv-	solvī

7．現在幹のない動詞

ラテン語には完了系時称（完了、過去完了、未来完了）でのみ現れる動詞があり、「不完全動詞」と呼ばれます。完了で現在、未来完了で未来、過去完了で過去を表します。

完了	未来完了	過去完了
coepī（始める）	coeperō	coeperam
meminī（覚えている）	meminerō	memineram
ōdī（憎む）	ōderō	ōderam

> 2. **Ōdī** et amō. 私は憎み、そして愛する。 Catul.85.1
> （amō, -āre 愛する）

ōdī だけで「私は憎む」という意味になります。この動詞は現在形を持たず、完了形で現在の意味（＝憎む）を表します。

Meminī.（私は覚えている、思い出す）も現在形を持たない動詞です。過去の意味で使うなら、Memineram（私は覚えていた）とします。これは後で学ぶ過去完了の形（完了幹＋ sum の未完了過去）です。

確認問題

次の動詞の能動態・完了、1人称単数を答えなさい。
1．vincō（勝つ）　　2．dīcō（いう）　　3．gignō（生む）
4．tangō（さわる）　5．jaciō（投げる）

ヒント

すでに紹介した単語も含まれますが、知らなければお手上げの問題です。ただし、辞書を使えば全部答えは載っています。今後動詞を辞書で引く際には、単語の意味だけでなく、完了（1人称単数）の形もしっかり確認す

る癖をつけて下さい。

解答
1. vīcī 2. dīxī 3. genuī 4. tetigī 5. jēcī

不規則動詞の完了幹

	完了幹	完了、1人称単数
dō（与える）	ded-	dedī
eō（行く）	i-	iī
ferō（運ぶ）	tul-	tulī
sum（ある、である）	fu-	fuī
volō（望む）	volu-	voluī

不規則動詞も完了幹がわかれば、あとは完了の人称語尾をつけるだけです。試しに sum の完了を活用させると、fuī, fuistī, fuit, fuimus, fuistis, fuērunt（fuēre）となります。

確認問題
次の不規則動詞について、直説法・能動態・完了の活用をさせなさい。
1. dō 2. eō 3. ferō 4. volō

解答
1. dedī, dedistī, dedit, dedimus, dedistis, dedērunt（dedēre）
2. iī, iistī, iit, iimus, iistis, iērunt（iēre）
3. tulī, tulistī, tulit, tulimus, tulistis, tulērunt（tulēre）
4. voluī, voluistī, voluit, voluimus, voluistis, voluērunt（voluēre）

能動態・完了の用例

ラテン語の（直説法・能動態）「完了」は大づかみにしていえば、英語の「過去」と「現在完了」の働きが基本で、それにラテン語特有の「格言的完了」という用法が加わります。

歴史的完了

英語の「過去」に相当し、「〜した」と訳せます。

> 3. Sophoclēs ad summam senectūtem tragoediās **fēcit**.　Cic.Sen.22
> ソポクレースは晩年になって悲劇を書いた。
> （Sophoclēs, -is m. ギリシャの著名な悲劇作家　ad〈対格〉の頃に　summus, -a, -um 最高の、最後の　senectūs, -ūtis f. 老年　tragoedia, -ae f. 悲劇）

fēcit は faciō（作る）の完了で、過去の行為を表します。

現在完了

過去の行為や出来事の現在における結果を示す用例です。「〜してしまった」「〜し終えた」と訳せます。例えば、Vixit. は「彼は生きた」と訳せますが、生き終えた結果は死を意味するので、「彼は死んだ」と訳します。

> 4. **Fuimus** Trōes, **fuit** Īlium et ingens glōria Teucrōrum. Verg.Aen.2.325
> 我々は（もはや）トロイヤ人ではない。イーリウムとテウクリア人の大いなる栄光も過去のもの。
> （Trōs, -ōis m. トロイヤ人　ingens, -gentis 大きい　glōria, -ae f. 栄光　Īlium, -iī n. イーリウム（トロイヤの詩的名称）　Teucrī, -ōrum m.pl. テウケルの子孫、トロイヤ人）

fuimus は sum の完了、1人称複数です。Trōes がこの文の補語で「我々はトロイヤ人であった」と訳せます。しかし、この言葉を語る者は、祖国トロイヤを滅ぼされた結果、自分たちはもはやトロイヤ人ではない、と述べているのです。過去の出来事の現在における結果を表す「現在完了」の用例です。トロイヤ戦争の落ち武者アエネーアースが、カルターゴーの女王ディードーにトロイヤ崩壊の場面を語る際の言葉です。

格言的完了

完了が普遍的な格言的内容を伝える用法です。それに気づかず「過去」または「現在完了」で訳そうとするとうまくいかないので、注意が必要で

す。

> 5. Expertus **metuit**. 経験者は恐れる。 Hor.Ep.1.18.87
> （expertus, -a, -um 経験のある　metuō, -ere, -tuī 恐れる）

　形容詞 expertus は名詞的に使われています。直訳すると「経験者は恐れた」となりますが、この表現は格言的内容を述べていると判断し、上のように現在形で訳します。出典はローマの詩人ホラーティウスの詩句で、原文に即して言葉を補うと、「権力ある者との交際を経験した者はその怖さを知っているが、経験のない者は裏にある怖さを知らず舞い上がる」という意味になります。

不定法・能動態・完了

　完了の能動態は、完了幹＋isse で表します。「～したこと」と訳せます。amō を例に取ると、不定法・能動態・現在 amāre は「愛すること」、不定法・能動態・完了の amāvisse は「愛したこと」となります。

	完了幹	不定法・能動態・完了
第１変化動詞 amō	amāv-	amā**visse**
第２変化動詞 moneō	monu-	monu**isse**
第３変化動詞 agō	ēg-	ēg**isse**
第４変化動詞 audiō	audīv-	audī**visse**

> 6. In magnīs et **voluisse** sat est.　Prop.2.10.6
> 偉大なことにおいては、志しただけでも十分だ。
> （magnus, -a, -um 偉大な　et たとえ～でも　volō, velle, voluī 望む、志す　sat = satis 十分）

　voluisse は不規則動詞 volō の不定法・能動態・完了で、この文の主語です。magnīs（偉大な、大きい）は中性・複数・奪格で、この文では名詞として使われています。

練習問題20　和訳しなさい。

1. Abiit, excessit, ēvāsit, ērūpit.　Cic.Cat.2.1

2. Omnem crēde diem tibi dīluxisse suprēmum.　Hor.Ep.1.4.13
3. Virtūs est vitium fugere et sapientia prīma stultitiā caruisse.　Hor.Ep.1.1.41
4. Operam et oleum perdidit.　Cic.Fam.7.1
5. Nihil sine magnō vīta labōre dedit mortālibus.　Hor.Sat.1.9.59-60

語彙

abeō, -īre, -iī 去る　excēdō, -ere, -essī 出て行く　ēvādō, -ere, -āsī 逃れる　ērumpō, -ere, -rūpī 飛び出す　omnis, -e すべての　crēdō, -ere 信じる　diēs, -ēī m. 日　tibi<tū あなた［人称代名詞］　dīlūcescō, -ere, -luxī 輝き始める　suprēmus, -a, -um 最後の　virtūs, -ūtis f. 美徳　vitium, -iī n. 悪徳　fugiō, -ere 避ける　sapientia, -ae f. 知恵　prīmus, -a, -um 最初の　stultitia, -ae f. 愚かさ　careō, -ēre, -uī〈奪格を〉欠いている　opera, -ae f. 労力、骨折り　oleum, -ī n. 油　perdō, -ere, -didī 浪費する、無駄にする　nihil: 英語の nothing　sine〈奪格〉なしに　magnus, -a, -um 大きい　vīta, -ae f. 人生　labor, -ōris m. 労苦　dō, dare, dedī 与える　mortālis, -is m. 人間

ヒント

1. ほぼ同じ意味を表す4つの動詞が並んでいます。いずれも時称は完了です。主語は明示されていないので「彼は」と訳せばよいですが、原文ではローマ転覆を企てたカティリーナを指しています。キケローは彼の悪行を糾弾し、国から追い出すことに成功しました。
2. dīluxisse（輝き始めたこと）は dīlūcescō の不定法・完了です。この不定法の意味上の主語が omnem diem（単数・対格）です（対格不定法）。「すべての日（omnem diem）が最後の1日として（suprēmum）あなたに（tibi）輝き始めたことを（dīluxisse）信じよ（crēde）」とは、朝日が輝き出したら、それが最後の1日の始まりだと信じよ、という意味です。
3. caruisse は careō の不定法・完了です。文字どおりに訳すと「欠いたこと」ですが、「欠いた」結果が今に影響を及ぼしているととらえ、「欠いていること」と訳します（現在完了としての用法）。なお careō は奪

格を目的語に取ります。stultitiā（単数・奪格）が目的語に当たります。
4. perdidit は perdō の完了（3人称単数）です。operam と oleum はその目的語です。「労力と油を無駄にした」ということですが、油はランプをともす油のことです。
5. 主語は vīta、動詞は dedit（dō の完了、3人称単数）、nihil（英語の nothing）は dedit の直接目的語で mortālibus が間接目的語です。形容詞 magnō は labōre にかかります。dedit は完了ですが、内容から判断して格言的完了とみなせます。

2　直説法・能動態・未来完了

未来のある時点で完了している行為や現象を表すのが未来完了です。

未来完了の作り方

英語の未来完了は〈will + have +過去分詞〉の3語から成り立ちますが、ラテン語の場合、完了幹に sum の未来変化をつけるだけです。sum の未来変化は、erō, eris, erit, erimus, eritis, erunt でした。ただし、未来完了の3人称複数は -erunt でなく -erint を加えるので、その点にのみ注意します。

第1変化動詞 amō（愛する）を例に取ると、未来完了の活用表は次のようになります。完了幹（amō の場合は amāv-）に -erō, -eris, -erit, -erimus, -eritis, -erint を加えるという手続きは、完了幹を持つすべての動詞に当てはまります。

	単数	複数
1人称	amāverō	amāverimus
2人称	amāveris	amāveritis
3人称	amāverit	amāverint

確認問題

次の動詞の未来完了の活用を答えなさい。
1．videō（見る）　　2．agō（行う）　　3．audiō（聞く）
4．sum（～である）　5．ferō（運ぶ）

ヒント

それぞれの完了幹は次のとおりです。
　1．vīd-　2．ēg-　3．audīv-　4．fu-　5．tul-
これらに、-erō, -eris, -erit, -erimus, -eritis, -erint を加えます。

解答

1．vīderō, vīderis, vīderit, vīderimus, vīderitis, vīderint

2. ēgerō, ēgeris, ēgerit, ēgerimus, ēgeritis, ēgerint
3. audīverō, audīveris, audīverit, audīverimus, audīveritis, audīverint
4. fuerō, fueris, fuerit, fuerimus, fueritis, fuerint
5. tulerō, tuleris, tulerit, tulerimus, tuleritis, tulerint

未来完了の用法

大別して2つの用法があります。
(1) 未来のある時点である行為が完了していることを表します。
(2) 直説法・能動態・未来の代わりとして用いられます。その場合、命令のニュアンスを帯びることもあります。

未来完了の例文

> 1. Ubi Rōmam adveniēs, epistulam **scrīpserō**.
> あなたがローマに着く頃には、私は手紙を書き終えているだろう。
> (ubi 〜の時　adveniō, -īre 着く　epistula, -ae f. 手紙　scrībō, -ere, -psī 書く)

adveniēs は adveniō の未来形です。その時点で「私は手紙を書き終えている」と述べるので、主文には未来完了が使われています。

> 2. Nullum **putāveris** esse locum sine teste.
> 証人のいない場所はどこにもないと考えなさい。
> (putō, -āre 考える　locus, -ī m. 場所　testis, -is c. 証人)

putāveris は putō の未来完了ですが、この文では命令のニュアンスを帯びます。nullum は代名詞的形容詞 nullus（英語の no に相当）の男性・単数・対格で、locum にかかります。sum の不定法 esse の意味上の主語に当たるため、nullum と locum は対格になっています（対格不定法）。「いかなる場所も sine teste（証人なし）ではないこと」と訳せます。前置詞 sine（〜なしに）は奪格を取るので、testis は teste（単数・奪格）になります。

> 3. Ea vitia quī **fūgerit**, is omnia ferē vitia **vītāverit**.　Cic.Or.231
> その欠点を逃れた者は、ほとんどすべての欠点を避けることができよう。
> (ea<is［指示代名詞］　vitium, -ī n. 欠点　quī ～するところの［関係代名詞］　fūgerit<fugiō, -ere, fūgī 逃れる　ferē ほとんど　vītō, -āre, -āvī 避ける)

主文と従属文の両方に未来完了が使われています（関係代名詞 quī の導く従属文に fūgerit、主文に vītāverit）。未来の行為に関して、主文と従属文の内容が同時に起きることを強調する用法ですが、日本語に訳す上では特に意識する必要はありません。

【練習問題21】　和訳しなさい。

1. Dum loquimur, fūgerit invida aetās: carpe diem.　Hor.Carm.1.11.8
2. Quī prior strinxerit ferrum, ējus victōria erit.　Liv.24.38
3. Carmina tum melius, cum vēnerit ipse, canēmus.　Verg.Ecl.9.67
4. Sī haec in animō cōgitāre volēs, et mihi et tibi et illīs dempseris molestiam.　Ter.Ad.817-819
5. Cum autem Carthāginem dēlēveris, triumphum ēgeris censorque fueris et obieris lēgātus Aegyptum, Syriam, Asiam, Graeciam, dēligēre iterum consul absens bellumque maximum conficiēs, Numantiam exscindēs.　Cic.Rep.6.11

【語彙】

dum ～する間　loquor, -quī 話す　fugiō, -ere, fūgī 逃げる　invidus, -a, -um 悪意ある、意地悪な　aetās, -ātis f. 時、時代　carpō, -ere 摘む　diēs, -ēī m. 日　quī ～するところの［関係代名詞］　prior, prius より早い、先の　stringō, ere, strinxī（剣を）抜く　ferrum, -n. 剣　ējus<is［指示代名詞］　victōria, -ae f. 勝利　erit<sum［不規則動詞］　carmen, -minis n. 詩、歌　tum その時　melius よりよく　veniō, -īre, vēnī 来る　ipse［強意代名詞］　canō, -ere 歌う　sī もし　haec<hic［指示代名詞］　animus, -ī m. 心　cōgitō, -āre 考える　volō, velle 望む　mihi<ego［人

称代名詞］　tibi＜tū［人称代名詞］　illīs＜ille［人称代名詞］　dēmō, -ere, -mpsī 取り去る　molestia, -ae f. 煩わしさ、困り事　autem さらに　Carthāgō, -ginis f. カルターゴー　dēleō,-ēre,-ēvī 破壊する　triumphus, -ī m. 勝利、凱旋式　ēgeris＜agō. 行う、挙行する　censor, -ōris m. 監察官　fueris＜sum　obeō, -īre, -iī 向かっていく　lēgātus, -ī m. 使節　Aegyptus, -ī f. エジプト　Syria, -ae f. シリア　Asia, -ae f. 小アジア　Graecia, -ae f. ギリシャ　dēligō, -ere 選ぶ　iterum 再び　consul, -sulis m. 執政官　absens, -entis 不在の　bellum, -ī n. 戦争　maximus, -a, -um 最大の　conficiō, -ere, -ēcī 終結させる　Numantia, -ae f. ヌマンティア　exscindō, -ere 滅ぼす

ヒント

1. loquimur は後で学ぶ形式受動態動詞です。fūgerit は fugiō（逃げる）の未来完了です。carpe diem. は「第5変化名詞」の練習問題で登場済みです。

2. quī の先行詞は後半の ējus（その者の）です。「剣を（ferrum）先に（prior）抜いた（strinxerit）ところの（quī）その者の（ējus）」と訳せます。strinxerit は stringō の未来完了で、主文の動詞「以前」の行為を示します。主文の主語は victōria で動詞は erit（sum の未来）です。簡単に見えて訳し方に工夫が必要です。ējus は所有の属格で victōria にかかります。「その者の勝利があるだろう」というのが直訳です。一方、ējus を SVC の C として訳すことができます（属格の述語的用法）。「勝利はその者に属するだろう」となります。意味をくんで、「その者が勝利を手にするだろう」と訳すことは可能です。

3. 主文の動詞 canēmus は canō の未来、1人称・複数です。carmina は canēmus の目的語です。cum vēnerit ipse は時を表す従属文で、この内容を tum（その時）が受けています。vēnerit は veniō の未来完了なので、未来に「彼自身が来る」という行為が完了すること、もっといえば、目の前で立ち止まる様子まで暗示しています。「その時点で（tum）私たちはより上手に（melius）歌を（carmina）歌うだろう（canēmus）」といっています。

4. 主文の dempseris は dēmō の未来完了です。sī は条件を表す副詞節を

導きます。「もし、あなたがこれらのことを（haec）心の中で（in animō）考えることを（cōgitāre）欲するなら（volēs）」が直訳です。

5．キケローの「スキーピオーの夢」の一部です。押さえるべきは、文頭の cum が時を表す従属文を導くことで、主文は dēligēre から文末までです。従属文で用いられている動詞は4つあり（dēlēveris、ēgeris、fueris、obieris）、いずれも未来完了です。主文の動詞は3つあり（dēligēre、cōnficiēs、exscindēs）、すべて未来です。このうち dēligēre は未来時称の受動態です（dēligēris の別形）。

3　直説法・能動態・過去完了

過去のある時点で何らかの行為がすでに完了している場合、その行為は過去完了で表されます。

過去完了の作り方

過去完了は、完了幹に sum の未完了過去を加えて作ります。sum の未完了過去は、eram, erās, erat, erāmus, erātis, erant でした。amō の過去完了（能動態）の活用表は次のようになります（完了幹は amāv-)。

	単数	複数
1人称	amāv**eram**	amāv**erāmus**
2人称	amāv**erās**	amāv**erātis**
3人称	amāv**erat**	amāv**erant**

太字の部分が sum の未完了過去の変化になっている点に気づけば、全体の暗記は容易です。

確認問題

次の動詞の過去完了の活用を答えなさい。
1. videō（見る）　　2. agō（行う）　　3. audiō（聞く）
4. sum（～である）　5. ferō（運ぶ）

ヒント

それぞれの完了幹（1. vīd-　2. ēg-　3. audīv-　4. fu-　5. tul-）に eram, erās, erat, erāmus, erātis, erant を加えます。

解答

1. vīd**eram**, vīd**erās**, vīd**erat**, vīd**erāmus**, vīd**erātis**, vīd**erant**
2. ēg**eram**, ēg**erās**, ēg**erat**, ēg**erāmus**, ēg**erātis**, ēg**erant**
3. audīv**eram**, audīv**erās**, audīv**erat**, audīv**erāmus**, audīv**erātis**, audīv**erant**

4. fueram, fuerās, fuerat, fuerāmus, fuerātis, fuerant
5. tuleram, tulerās, tulerat, tulerāmus, tulerātis, tulerant

過去完了の例文

> 1. Num quid simile populus Rōmānus **audīverat** aut **vīderat**?
>   似たようなことをローマ国民は、今まで聞いたり見たりしたことがあっただろうか？　Cic.Amic.41
>   (similis, -e 似た　populus, -ī m. 国民　Rōmānus, -a, -um ローマの　audiō, -īre, -īvī 聞く　aut あるいは　videō, -ēre, vīdī 見る)

　num は否定の答えを想定した疑問文を導きます。過去完了が用いられているのは、この文に先行する箇所で完了時称が用いられるためです。すなわち、Ti. Gracchus regnum occupāre cōnātus est.（ティトゥス・グラックスは王権を手に入れようと試みた）と表現されています（cōnātus est は形式受動態動詞 cōnor の完了時称）。ローマ国民は一度たりともそのような暴挙を経験したことはない、というのがキケローが作中の人物に語らせている内容です。

> 2. Vixī et quem **dederat** cursum fortūna perēgī.　Verg.Aen.4.653
>   私は生きた。そして運命が与えた道のりを最後まで歩き通した。
>   (vīvō, -ere, vixī 生きる　dō, -are, dedī 与える　cursus, -ūs m. 行路、道のり　fortūna, -ae f. 運命　peragō, -ere, -ēgī 果たす、終える)

　最初の vixī は vīvō の完了です。「生きた」とは「生き終えた」こと、すなわち「生を全うした」ことを表します。例文は『アエネーイス』の表現で、今まさに命を絶とうとする女王ディードーの台詞として知られます。et 以下は複文になっています。quem は関係代名詞で、先行詞は cursum <cursus（道のり）です。従属文の主語は fortūna で、動詞は dō（与える）の過去完了の dederat です。「運命がすでに（私に）与えてくれた道のりを」と訳せます。現代語に慣れた人にとって、語順が cursum quem fortūna dederat となっていればわかりやすいと思います。

> 3. Torquātus fīlium suum quod is contrā imperium in hostem **pugnāverat** necārī jussit.　Sall.Cat.52
> トルクアートゥスは、命令に背いて敵に戦闘を仕掛けたという理由から、自分の息子を殺すよう命じた。
> (fīlius, -iī m. 息子　quod ～ので　contrā〈対格〉に背いて　imperium, -iī n. 命令　hostis, -is c. 敵　pugnō, -āre, -āvī 戦う　necō, -āre 殺す　jubeō, -ēre, jussī 命じる)

接続詞 quod は理由文を導きます。quod の内容は主文の動詞（jussit：完了時称）「以前」の行為を指しますので、過去完了になります。fīlium suum は necārī の意味上の主語ゆえ対格になります（対格不定法）。これに注意すると主文の直訳は、「自分の息子が（fīlium suum）殺されることを（necārī）トルクアートゥスは命じた（jussit）」となります。

練習問題22　和訳しなさい。

1. Helvētiī jam per angustiās et fīnēs Sēquanōrum suās cōpiās trāduxerant.　Caes.B.G.1.11
2. Magnī saepe ducēs, magnī cecidēre tyrannī, et Thēbae steterant altaque Trōja fuit.　Prop.2.8.9-10
3. Erat enim in illō virō cōmitāte condita gravitās, nec senectūs mōrēs mūtāverat.　Cic.Sen.10
4. Ille avidus pugnae sūrās inclūserat aurō.　Verg.Aen.12.430
5. Prōgeniem sed enim Trōjānō ā sanguine dūcī audierat Tyriās ōlim quae verteret arcēs.　Verg.Aen.1.19-20

語彙

Helvētiī, -ōrum m.pl. ヘルウェーティイー族　jam すでに　per〈対格〉を通じて　angustiae, -ārum f.pl. 狭い場所、隘路　fīnis, -is m. 境界　pl. 領土　Sēquanī, -ōrum m.pl. セークァニー族　cōpiae, -ārum f.pl. 軍隊　trādūcō, -ere, -duxī 連れて行く、導く　magnus, -a, -um 偉大な　saepe しばしば、何度も　dux, ducis m. 指導者　cadō, -ere, cecidī 倒れる　cecidēre＜cadō［完了］　tyrannus, -ī m. 僭主　Thēbae, -ārum f. テーバ

エ（都市名） stō, -āre, stetī 立つ　steterant＜stō［過去完了］　altus, -a, -um 高い　Trōja, -ae f. トロイヤ（都市名）　fuit＜sum［完了］　enim というのも　vir, virī m. 男、人物　cōmitās, -ātis f. 親切、好意　condiō, -īre, -dīvī, -ditum 味をつける　gravitās, -ātis f. 威厳　nec そして〜でない　senectūs, -ūtis f. 老年　mōs, -ōris m. 性格　mūtō, -āre, -āvī 変える　ille［人称代名詞］　avidus, -a, -um〈属格〉に心がはやる　pugna, -ae f. 戦い　sūra, -ae f. ふくらはぎ　inclūdō, -ere, -sī 包み込む　aurum, -ī n. 黄金　prōgeniēs, -ēī f. 子孫　sed しかし　enim 実際には　Trōjānus, -a, -um トロイヤの　ā〈奪格〉から　sanguis, -inis m. 血、血統　dūcō, -ere 引く、導く　audiō, -īre, -īvī (-iī) 聞く　Tyrius, -a, -um テュロスの　※テュロスはカルターゴーの都。　ōlim やがて、将来　quae＜quī［関係代名詞］　vertō, -ere 回す、倒す、破壊する　arx, arcis f. 城塞

> [!NOTE] ヒント

1. 主語は Helvētiī で動詞は trāduxerant（過去完了）、目的語は suās cōpiās です。前置詞 per は2つの対格を伴い副詞句を作ります。「隘路（angustiās）とセークァニー族の（Sēquanōrum）領土（fīnēs）を通り（per）」と訳せます。

2. 1行目の動詞 cecidēre（完了、3人称複数）の主語は ducēs と tyrannī です（両単語を形容詞 magnī が修飾）。saepe（数多く）は、数多の英雄たちが命を落とした様子を表します。et 以下は、全体で et A et B「A かつ B」（英語の both A and B に相当）の構文になっています（2つ目の et は -que で表されています）。A に当たるのが Thēbae steterant. で、B が alta Trōja fuit. です。字句どおりに訳すと、「テーバエは立っていたし、トロイヤもあった」となりますが、意味が不鮮明です。「テーバエが立っていた（過去完了）」とは、トロイヤに先立ちテーバエが栄えていた（＝もう滅びた）ということです。

3. 前半の主語は gravitās（単数・主格）で、動詞は erat（sum の未完了過去、3人称単数）です。condita は condiō の完了分詞で gravitās を修飾しています。cōmitāte は「〜によって」と訳す「手段の奪格」で condita にかかります。後半は nec が示すとおり否定文になります。senectūs が主語で、mōrēs が目的語、mūtāverat（過去完了、3人称単

数）が動詞です。前半の gravitās で示されるその人物の性格は未完了過去（erat）で表されています。一方、後半は過去完了（mūtāverat）が使われることによって、それ以前から忍び寄る老齢（senectūs）が彼の性格を変えることはなかったと述べています。

4．ille が主語ですが、形容詞 avidus がこれを修飾しています。avidus は属格（pugnae）を取ります。sūrās が動詞 inclūserat（過去完了）の目的語で、aurō は「手段の奪格」です。過去のある時点において、ille は心がはやるあまり（avidus）もうすでに「包み込むことを終えていた」（inclūserat＝過去完了）というニュアンスになります。

5．主語が省かれた文ですが、audierat（audiō の過去完了 audīverat の別形、3人称単数）から「彼」または「彼女」を主語として補います（元の文ではカルターゴーを偏愛する女神ユーノーが主語）。prōgeniem は単数・対格で、不定法・受動態の dūcī（導かれること）の意味上の主語になります。「トロイヤの血から子孫が導かれること（＝トロイヤの血を引く後裔が誕生すること）」というのが audierat の内容です。Tyriās 以下は関係代名詞 quae が導く形容詞節で、prōgeniem を修飾します。この従属文の中での動詞 verteret の時称は（接続法の）未完了過去になっています。詳しくは後で学びますが、主文の動詞 audierat が（直説法の）過去完了（第2時称）であるため、従属文の動詞も第2時称（未完了過去か過去完了の接続法）に置かれます。audierat の時点から見て verteret の行為は未来の出来事に当たるため、接続法の未完了過去になっています。今の時点では未習事項が含まれますが、過去完了の例文としてぜひ記憶していただきたい1文です。

第 8 章　分詞・動名詞・動形容詞

1　分詞（現在分詞・完了分詞・目的分詞・未来分詞）

　分詞は動詞を元にして作られる形容詞です。ラテン語の分詞を時称に即して大別すると、現在分詞、完了分詞、未来分詞の 3 つに分かれます。このうち完了分詞から派生した目的分詞にも注意する必要があります。

現在分詞
　下の例 1 について、「輝く」に当たる micat は動詞ですが、例 2 の「輝く」（micans）は、「星」という名詞を修飾する現在分詞です。

> 1. Stella **micat**.　　　星は輝く。
>   （stella, -ae f. 星　micō, -āre 輝く）
> 2. Stella **micans** est.　輝く星がある。
>   （sum, esse ～がある）

　現在分詞は形容詞ですから、修飾する名詞（この文の場合 stella）の性・数・格と一致します（女性・単数・主格）。

> 3. Stellam **micantem** videō.
>   私は輝く星を見る。／私は星が輝くのを見る。
>   （videō, -ēre 見る）

　micantem は stellam を修飾する現在分詞です（女性・単数・対格）。

FAQ
Q. **Stella micans est.** について、「星は輝いている」と訳してもよいですか？
A. 英語の感覚でいえば、sum ＋現在分詞は「現在進行形」になると思われがちですが、ラテン語にそのような用例はありません。文法的に見て、現在分詞が SVC の C（補語）として使われることはまれです。「輝いてい

る状態の (micans) 星が (stella) ある (est)」と訳すのが基本です。もちろん、この構文をふまえた上で文脈に合わせて意訳することは可能です。

一方、Stellam **micantem** videō. については、いわゆる SVOC の構文とみなすことができます。すなわち、stellam = O、micantem = C、videō = S ＋ V ととらえ、「私は星が輝くのを見る」と訳せます。

現在分詞の作り方

現在分詞は、不定法から語尾（-āre、-ēre、-ere、-īre）を取り、第1変化動詞は -ans、第2変化動詞と第3変化動詞は -ens、第3変化 B 動詞と第4変化動詞は -iens を加えて作ります。

規則動詞の現在分詞

amō (1)	愛する	amans, amantis
videō (2)	見る	videns, videntis
agō (3)	行う	agens, agentis
capiō (3 B)	つかむ	capiens, capientis
audiō (4)	聞く	audiens, audientis

amō を例に取ると、amans の単数・属格が amantis です。-is の語尾からわかるとおり、現在分詞は第3変化形容詞（i 幹形容詞）の変化をします。ただし、単数・奪格は -e で終わり（-ī でない）、複数の男性・女性対格は -ēs で終わります（-īs でない）。

不規則動詞の現在分詞

dō	与える	dans, dantis
eō	行く	iens, euntis
ferō	運ぶ	ferens, ferentis
volō	望む	volens, volentis
sum	である	なし
absum	いない	absens, absentis

不規則動詞 sum の現在分詞はありませんが、absum や possum などの合成動詞には現在分詞があります（absum → absens、possum → potens）。

現在分詞の形容詞的用法

> 4. **Tacens** vōcem verbaque vultus habet.　Ov.A.A.1.574
> 沈黙した顔は声と言葉を持つ。
> （taceō, -ēre 沈黙する　vōcem<vox, vōcis f. 声　vultus, -ūs m. 顔）

　tacens は taceō の現在分詞（男性・単数・主格）で、vultus にかかります。tacens ... vultus の直訳は「沈黙している状態の顔は」です。vōcem と verba は habet の目的語です。

> 5. Eunt annī mōre **fluentis** aquae.　Ov.A.A.3.62
> 歳月は流れる川のように進む。
> （eō, īre 進む　annus, -ī m. 年　mōs, mōris m. 仕方、方法　fluō, -ere 流れる　aqua, -ae f. 水、川）

　fluentis は、fluō の現在分詞（女性・単数・属格）です。aquae と「性・数・格」が一致します。これらの属格は mōre（単数・奪格）にかかります。mōre＋属格で「〈属格〉のやり方で、〈属格〉のように」と訳せます。

現在分詞の名詞的用法

> 6. **Amantēs** āmentēs.　恋する者たちは正気でない。　Ter.And.218
> （amō, -āre 愛する　āmens, -entis 正気でない）

　amantēs は amō の現在分詞（男性・複数・主格）です。ここでは「恋する者たちは」と訳せます。この文には動詞 sunt が省略されています。

> 7. Dūcunt **volentem** fāta, **nōlentem** trahunt.　Sen.Ep.107.11
> 運命は望む者を導き、拒む者を引きずる。
> （dūcō, -ere 導く　volō, velle 望む　fātum, -ī n. 運命　nōlō, nolle 望まない　trahō, -ere 引きずる）

　volentem と nōlentem はどちらも現在分詞の男性・単数・対格で、名詞的に使われています（それぞれ「望む者を」「望まぬ者を」と訳せる）。いずれも dūcunt と trahunt の目的語になります。

> 8. Multa **petentibus** dēsunt multa.　Hor.Carm.3.16.42
> 多くを求める者には多くが欠乏する。
> （multus, -a, -um 多くの　petō, -ere 求める　dēsum, dēesse 欠乏する）

　petō の現在分詞 petentibus は「求める者たちに」と訳せます（男性・複数・与格）。動詞 dēsunt に対する主語は文末の multa（中性・複数・主格）です。「多くのものが（multa）〈与格〉に欠乏する（dēsunt）」という構文を取ります。この〈与格〉に当たるのが現在分詞 petentibus です。

完了分詞

　英語の過去分詞に相当します。「〜された（状態の）」という受動の意味を表す形容詞として名詞を修飾したり、sum の変化と組み合わせて受動態を作ったりします。

　完了分詞は名詞として使われる場合もあり（完了分詞の名詞的用法）、その場合「〜されたもの、こと」と直訳すると意味が取れます。factum（なされたこと→行為）のように名詞として定着した完了分詞は多数あります（factum は faciō［なす、行う］の完了分詞、中性・単数・主格）。

完了分詞の作り方

　第1・第4変化動詞と第2変化動詞の一部は、現在幹（不定法語尾から -re を取った形）に -tus, -a, -um を加えます。この語尾でわかるとおり、完了分詞は、第1・第2変化形容詞 bonus と同じ活用をします。

	不定法	完了分詞
amō（愛する）	amā-re	amā-tus, -a, -um
dēleō（滅ぼす）	dēlē-re	dēlē-tus, -a, -um
audiō（聞く）	audī-re	audī-tus, -a, -um

　第2変化動詞の大部分の動詞は、現在幹の幹末母音 -ē を i に変えて -tus, -a, -um を加えます。

	不定法	完了分詞
moneō（忠告する）	monē-re	moni-tus, -a, -um

第 3 変化動詞、第 3 変化 B 動詞の多くは、動詞幹（現在幹から幹末母音を落とした形）に -tus, -a, -um をつけます。

	不定法	完了分詞
canō(歌う)	cane-re	can-tus, -a, -um
faciō(なす)	face-re	fac-tus, -a, -um

完了分詞に不規則形はつきものです。手っ取り早く覚える方法はないので、1つ1つ辞書で確認して下さい。ちょうど英語で write, wrote, written と暗記したのと同じことです。

完了分詞の例文

> 9. Graecia **capta** ferum victōrem cēpit.　Hor.Ep.2.1.156
> 征服されたギリシャは野蛮な勝利者を征服した。
> （capiō, -ere, -ēpī, captum　征服する、魅了する　ferus, -a, -um 野蛮な　victor, -ōris m. 勝利者）

capta は第 3 変化 B 動詞 capiō の完了分詞で、主語の Graecia と「性・数・格」が一致します（ともに女性・単数・主格）。動詞 cēpit は同じ capiō の完了で、ferum victōrem（男性・単数・対格）を目的語に取ります。ギリシャは「野蛮な勝利者」ローマに征服されましたが、文化的にローマを魅了（征服）しました。同じ動詞の capiō が完了と完了分詞で使われる点に言葉遊びが見られます。

> 10. Ālea **jacta** est.　賽(さい)は投げられた。　Suet.Caes.32
> （ālea, -ae f. さいころ　jaciō, -ere, jēcī, jactum 投げる）

jacta は第 3 変化動詞 jaciō の完了分詞、女性・単数・主格です。主語の ālea と「性・数・格」が一致します。「さいころは『投げられた』状態である」、つまり、「さいころは投げられてしまった」という意味になります。このように完了分詞と sum の現在変化（例文では est）を組み合わせると、「受動態の完了」（過去、ならびに現在完了の受け身）を表します。

> 11. **Victī** vīcimus.　我々は負けて勝ったのだ。　Pl.Cas.510
> 　（vincō, -ere, vīcī, victum　勝つ、打ち負かす）

　この文で用いられる動詞は vincō だけです。「負けて」と訳した victī は vincō の完了分詞、男性・複数・主格です。vīcimus は vincō の完了、1人称複数です。主語に当たる「我々」は、「（相手によって）打ち負かされて」（victī）、「勝利した」（vīcimus）と表現されています。

動詞の基本形

　ラテン語には「動詞の基本形」と呼ばれる4つの形があります。これがわかれば、動詞の変化形のすべてが導けるので、辞書にはこれらの形を載せています。

　　　　amō　　amāre　　amāvī　　amātum

　左から順に、①直説法・能動態・現在、1人称単数、②不定法・能動態・現在、③直説法・能動態・完了、1人称単数、④目的分詞（スピーヌムとも呼ばれる）です。このうち①から③は既習事項です。

　今回「完了分詞」との関連で学ぶのが、④の「目的分詞」です。いきなり「目的分詞」といわれると、言葉にとまどいを覚えるかもしれません（英文法にない用語）。しかし amātum のつづりを見ると、「おや？　今見た完了分詞じゃないの？」と気づくでしょう。実はそのとおりで、目的分詞 amātum は完了分詞の中性・単数・主格（または対格）の形です。語尾を -us に変えれば、完了分詞、男性・単数・主格の形が得られることに注目して下さい。つまり、辞書で完了分詞の形を確認するには、この「目的分詞」の形を見ればよいわけです。

目的分詞の対格形

　目的分詞は、一般にその対格形を指します。この形は、「行く」や「来る」といった移動を表す動詞とともに用いられ、その目的を表します。「〜するために」と訳せます。例えば、cubō（寝る）の目的分詞は cubitum ですが、Cubitum eō. といえば、「私は寝に行く」という意味です。辞書の見出しには cubō, cubāre, cubuī, cubitum と載っていて、cubō の目的分詞が cubitum だとわかります。

> 12. Haeduī lēgātōs ad Caesarem mittunt auxilium **rogātum**.
> Caes.B.G.1.11
> ハエドゥイー族は援助を乞うため、カエサルに使者を送る。
> (lēgātus, -ī m. 使者　auxilium, -ī n. 援助　rogō, -āre 乞う)

　rogātum は rogō の完了分詞ですが、ここでは目的分詞として使われています。auxilium を目的語に取り、「援助を乞うために」と訳せます。

目的分詞の奪格形

　目的分詞には -um で終わる対格形とともに、-ū で終わる奪格形もあります。これは形容詞とともに用いられ、「〜することにおいて」と訳します。例えば、dīcō（いう）の目的分詞の奪格は dictū になりますが、facilis dictū は「いうのは簡単な」（＝いうことにおいて容易な）、miserābile dictū は「いうも惨めな」（＝いうことにおいて惨めな）という意味になります。

> 13. Id est facile **dictū**, sed difficile **factū**.
> いうは易く行うは難し。
> (facilis, -e 容易な　difficilis, -e 困難な　faciō, -ere, fēcī, factum 行う)

　主語は指示代名詞 id（中性・単数・主格）で動詞は est、補語は形容詞 facile です。sed 以下の主語と動詞は省かれていますが、id est を補います。dictū と factū が目的分詞の奪格形で、それぞれ直前の形容詞の意味を限定しています（どういう場合にその形容詞の性質を帯びるかを説明している）。

未来分詞

　主文の時称より後に起きる出来事について、「〜しようとするところの」という意味を表す能動分詞です。未来分詞は、完了分詞の語尾（-us, -a, -um）を -ūrus, -ūra, -ūrum に変えて作ります。この語尾でわかるとおり、未来分詞は bonus,-a,-um のように変化します。

	完了分詞	未来分詞
amō	amātus, -a, -um	amātūrus, -a, -um
videō	vīsus, -a, -um	vīsūrus, -a, -um
agō	actus, -a, -um	actūrus, -a, -um
capiō	captus, -a, -um	captūrus, -a, -um
audiō	audītus, -a, -um	audītūrus, -a, -um

時称について補足すると、未来分詞は「今」を基準とした「未来」ではありません。例えば、Amātūrus sum. は「私は（今）愛そうとしている」となりますが、Amātūrus eram. は「私は（過去のある時点で）愛そうとしていた」という意味になります（eram は sum の未完了過去）。

> 14. Disce quasi semper **victūrus**, vīve quasi crās **moritūrus**.
> 永遠に生きるかのように学び、明日死ぬかのように生きよ。
> (discō, -ere 学ぶ　quasi まるで〜のように　semper 永遠に　morior, morī 死ぬ)

2つの未来分詞（victūrus と moritūrus）は、この命令文で想定される2人称単数・主格（= tū）を修飾します。victūrus は vīvō（生きる）の完了分詞 victus の語尾を -ūrus に変えて得られます（男性・単数・主格）。一方 moritūrus の元になる動詞 morior（死ぬ）は、形式受動態動詞です（形は受動態で意味は能動態となる動詞）。辞書を引くと、その完了分詞は mortuus, -a, -um だとわかります。ただし、morior の未来分詞は若干不規則で、moritūrus, -a, -um となります（辞書に特記）。quasi がわかりづらい時は、一度 quasi なしで訳してみます。「（おまえは）永遠に（semper）生きようとする者として（victūrus）学べ（disce）。明日（crās）死にゆく者として（moritūrus）生きよ（vīve）」となります。これが基本です。quasi（あたかも）を加えると、「あたかも永遠に生きるかのように」「あたかも明日死ぬかのように」と訳せます。

> 15. Quō **moritūre** ruis?　Verg.Aen.10.811
> どこに急ぐのだ、死にゆく者よ。
> (quō どこに　ruō, -ere 急ぐ)

moritūre は今見た morior（死ぬ）の未来分詞、男性・単数・呼格で、「死にゆく者よ」と訳せます（分詞の名詞的用法）。ruis は第 3 変化動詞 ruō（急ぐ）の直説法・能動態・現在、2 人称単数です。

不定法・能動態・未来

未来分詞は esse（sum の不定法・能動態・現在）とともに、不定法・能動態・未来を作ります。esse が省略されることもあるので、注意が必要です。

> 16. Crās tē **victūrum**, crās dīcis, Postume, semper. Mart.5.58.1
> ポストゥムスよ、明日自分は生きるだろう、明日になれば、といつも君はいう。
> （crās 明日　vīvō, -ere, vixī, victum 生きる　dīcō, -ere いう　semper いつも）

victūrum は vīvō の未来分詞で、形は男性・単数・対格です。人称代名詞 tē と性・数・格が一致しています。この tē は不定法の意味上の主語としての対格で、この文には esse が省略されています。その esse と未来分詞の組み合わせで不定法・能動態・未来を表すと解釈します。目の前の問題を先送りし、いつも「明日になったら（やる）」と口にする人物（ポストゥムス）をからかう表現になっています。マルティアーリスの詩に見られる言葉です。

練習問題23　和訳しなさい。
1. Parātus exīre sum.　Sen.Ep.61.2
2. Quis fallere possit amantem?　Verg.Aen.4.296
3. Audentēs Fortūna juvat.　Verg.Aen.10.284
4. Jūcundī actī labōrēs.　Cic.Fin.2.105
5. Crēdēbās dormientī haec tibi confectūrōs deōs?　Ter.Ad.693

語彙

parātus, -a, -um〈不定法〉の準備ができた　exeō, -īre 出て行く、死ぬ　quis 誰が　fallō, -ere 欺く　possit: possum の接続法・能動態・現在、

3人称単数　amantem＜amō 愛する［現在分詞］　audeō, -ēre あえて行う、果敢に振る舞う　Fortūna, -ae f. 運命の女神　juvō, -āre 助ける　jūcundus, -a, -um 心地よい　actī＜agō, -ere, ēgī, actum 行う　labor, -ōris m. 労働、苦労　crēdō, -ere〈不定法句〉を信じる　dormientī＜dormiō, -īre 眠る　haec: hic（これ）の中性・複数・対格　tibi: tū の与格　cōnficiō, -cere, -fēcī, -fectum やり遂げる、完成する　deus, -ī m. 神

ヒント

1. parātus は parō（準備する）の完了分詞ですが、ここでは「準備の整った（状態の）」という意味の形容詞として使われています。不定法 exīre に対して「覚悟のできた（状態の）」と意訳してもよいでしょう。
2. amantem は amō の現在分詞、単数・対格です。形の上で男性か女性か区別はつきませんが、原文では女王ディードーを指しています。possit は否定の答えを想定した疑問文で用いられる接続法です。「誰が〈不定法〉をできようか？」という構文です。
3. audentēs は audeō の現在分詞、男性・複数・対格です。この文では名詞的に用いられ、「果敢に振る舞う者たちを」と訳せます。
4. actī は agō（なす、行う）の完了分詞、男性・複数・主格で、labōrēs にかかります。「なされた労働（苦労）は心地よい」でも、「労働（苦労）はなされると（＝終えると）心地よい」でも、どちらの解釈も可能です。動詞の sunt が省略されています。
5. 原文は父が息子に問いかける場面の台詞です。crēdēbās?（おまえは信じていたのか？）の内容が不定法句（対格＋不定法・未来）で表されています。直訳すると、「これらのことを（haec）神々が（deōs）眠っている（dormientī）おまえのために（tibi）成し遂げるだろうことを（cōnfectūrōs）」というのが、その内容に当たります。不定法・未来は cōnfectūrōs esse とすべきところ、esse が省略されています。

2 動名詞

動名詞について

　ラテン語の動名詞は、現在分詞の語尾 -ns を -ndum に変えて作ります（amō → ama<u>ns</u> → ama<u>ndum</u>）。英語と同じく「～すること」と訳せます。ただし、ラテン語の動名詞は文中での役割に応じて語尾の形を変えます。変化のスタイルは、第2変化の中性名詞（verbum など）と同じですが、主格（呼格）を除いた単数のみで使われます（複数形はない）。

属格	docendī	教えることの
与格	docendō	教えることに
対格	docendum	教えることを
奪格	docendō	教えることによって

動名詞の属格

　動名詞の属格は「～することの」という意味を持ち、一般名詞の属格と同じ働きをします。

> 1. **Scrībendī** rectē sapere est et principium et fons.　Hor.A.P.309
> 　　知恵を持つことは、正しく書くことの始まりであり、源泉である。
> 　　(scrībō, -ere 書く　rectē 正しく　sapiō, -ere 知恵を持つ　principium, -iī n. 始まり　fons, fontis m. 泉)

　scrībendī（書くことの）は動名詞の属格で、principium と fons にかかります。主語は sapere（知恵を持つこと）で、principium と fons が補語です。

動名詞の与格

　動名詞の与格は「～することに」と訳すのが基本です。

> 2. Ego relictīs rēbus Epidicum operam **quaerendō** dabō.　Pl.Ep.605
> 　　私は万事後回しにし、エピディクスを探すことに全力を尽くそう。
> 　　(relictīs＜relinquō, -ere, -līquī, -lictum 放棄する　rēbus＜rēs, -eī f. 業務、仕事　opera, -ae f. 労力　dabō＜dō, -are 与える)

quaerendō は動名詞の与格で、dabō の間接目的語になります。relictīs rēbus は「絶対的奪格」と呼ばれる用法です。「仕事が（rēbus）放棄された状態で（relictīs）」、すなわち「仕事を放棄して」という意味の副詞句を作ります（訳例は意訳）。

動名詞の対格

動名詞の対格形は常に前置詞と一緒に用います。ad とともに副詞句を作る例はよく見られます。

> 3. Ego nullam aetātem ad **discendum** arbitror immātūram.
> 私は、いかなる年齢も学ぶのに若過ぎることはないと信じる。
> （nullus, -a, -um いかなる〜も〜ない　aetās, -ātis f. 年齢　discō, -ere 学ぶ　arbitror, -ārī 信じる［形式受動態動詞］　immātūrus, -a, -um 若過ぎる、未熟な）

この文は英語で学ぶ SVOC の構文になっています。すなわち、ego が S、arbitror が V、aetātem が O で immātūram が C です。ad discendum（学ぶのに）は immātūram にかかる副詞句です。

動名詞の奪格

本来なら動名詞の単数・主格を使うような場合、ラテン語では不定法を用います。例えば、「教えることは学ぶことである」という日本語を英語とラテン語で訳すと次のようになります。

（ラテン語）　**Docēre** est **discere**.　　教えることは学ぶことである。
（英語）　　　**Teaching** is **learning**.　　教えることは学ぶことである。

ラテン語の不定法（docēre と discere）が英語の動名詞（teaching と learning）にぴったり対応しています。一方、ラテン語で同じ内容を動名詞を使って表す場合、次のように奪格（〜することによって）を使う手があります。

> 4. **Docendō** discimus.　私たちは教えることによって学ぶ。
> （doceō, -ēre 教える　discō, -ere 学ぶ）

docendō は動名詞の単数・奪格です。このように動名詞の奪格は「〜

することによって」と訳せます。動名詞の用法で最も多いのが、この奪格表現です。

> 5. Nihil **agendō** hominēs male agere discunt.　Col.11.1.26
> 人は何もしないことによって、悪い行いを学ぶ。
> （nihil 無、英語の nothing　homō, hominis c. 人間　male 悪く）

agendō は動名詞 agendum の奪格です。nihil は単数・対格で agendum の目的語です。細かい話ですが、このように動名詞が目的語を取るのは、動名詞の属格か前置詞を伴わない奪格に限られます（動名詞の対格や与格、または前置詞を伴う奪格で目的語を表す場合、あとで学ぶ「動形容詞」を用いる）。

不規則動詞の動名詞

合成動詞も含め sum には動名詞はありません。ferō（運ぶ）の動名詞は ferendum、eō（行く）の動名詞は eundum になります。

> 6. Fāma crescit **eundō**.　噂は進むにつれて大きくなる。
> （fāma, -ae f. 噂　crescō, -ere 大きくなる）

eundō は eō の動名詞 eundum の奪格です。「進むことによって」と訳せます。この例文の直訳は「噂は進むことによって大きくなる」です。

練習問題24　和訳しなさい。

1. Dēfessus sum ambulandō.　Ter.Ad.713
2. Audendō virtūs crescit, tardandō timor.　Syr.43
3. In jūdicandō crīminōsa est celeritās.　Syr.293
4. Dēsine fāta deum flectī spērāre precandō.　Verg.Aen.6.376
5. Breve enim tempus aetātis satis longum est ad bene honestēque vīvendum.　Cic.Sen.70

語彙

dēfessus, -a, -um 疲れた　ambulō, -āre あちこち歩く　audeō, -ēre あえて行う、果敢に振る舞う　virtūs, -ūtis f. 勇気　crescō, -ere 成長する、

大きくなる　tardō, -āre ためらう　timor, -ōris m. 恐怖　jūdicō, -āre 裁く　crīminōsus, -a, -um 罪になる　celeritās, -ātis f. すばやさ、拙速　dēsinō, -ere やめる　fātum, -ī n. 運命　deus, -ī m. 神（deum は複数・属格の別形）　flectō, -ere 変える　spērō, -āre 望む　precor, -ārī 祈る　brevis, -e 短い　enim というのは　tempus, -oris n. 時間　aetās, -ātis f. 生涯　satis 十分　longus, -a, -um 長い　bene 立派に　honestē 気高く、高潔に　vīvō, -ere 生きる

> [!ヒント]
> 1. ambulandō は ambulō の動名詞（奪格）で、「あちこち歩くことによって」と訳せます。
> 2. 2つの動名詞 audendō と tardandō が対比されています。どちらも奪格です。timor の次に動詞 crescit を補って理解します。
> 3. 前置詞 in ＋動名詞（奪格）で、「～するに際して、～する時に」と訳せます。
> 4. dēsine は不定法 spērāre を目的語に取ります。spērāre（望むこと）の内容が対格不定法（fāta が対格、flectī が不定法・受動態）で表されています。precandō は動名詞の奪格で flectī にかかります。
> 5. 主語は tempus で longum が補語、動詞は est です。ad と動名詞の組み合わせは「～するために」と訳せます。

3　動形容詞

動形容詞の意味と用法

　動詞でありながら形容詞の働きをする動詞、それが動形容詞です。日本語の「愛すべき友」という言い方を思い出して下さい。「愛する」というのは動詞ですが、「愛すべき」という形になると「友」という名詞にかかる形容詞に早変わりします。それと同じ用法です。

　　　amīcus **amandus**　　　愛すべき友（男性）

　太字の部分が動形容詞です。形容詞なので修飾する名詞の性・数・格と一致します。「愛すべき友」が女性の場合、次のように変化します。

　　　amīca **amanda**　　　愛すべき友（女性）

　動形容詞の形は動名詞の語尾 -um を -us, -a, -um に変えるだけです。第1・第2変化形容詞の変化と同じです。単数・主格以外の用例はあとで紹介するとして、ここで動形容詞の日本語訳について一言ふれておきます。

　日本語の「愛すべき友」という表現を考察すると、この「友」を「愛する」のは「友」本人ではありません。「友」から見れば、他人が自分を愛するのであって、彼自身は他人によって「愛される」立場です。したがって、上で述べた「愛すべき友」という言葉をより正確に表現すると、「（他人によって）愛されるべき友」ということになります。

　動形容詞は名詞とともに用いられ、受動的な意味を持ちます。この「受動」という要素は動形容詞を理解する上で重要です。上で紹介した2つのラテン語の直訳は、次のようになります。

　　　amīcus **amandus**　　　愛されるべき友（男性）
　　　amīca **amanda**　　　愛されるべき友（女性）

　ただし、動形容詞は本来受動の意味を持つことをふまえた上で、「〜すべき」と訳すことは自由です。例えば、liber **legendus** は「読まれるべき本」の意味ですが、「読むべき本」と訳す方が自然です。

動形容詞の述語的用法

　では、その本は誰が読むべきものなのか。これを言い表す場合どのような表現になるでしょうか。次に示すのは動形容詞を用いた重要な構文で、

「動形容詞の述語的用法」と呼ばれます。

> 1．Hic liber **vōbīs** legendus est.
> この本はあなた方にとって読まれるべきものである。

　この文の vōbīs は人称代名詞 vōs の与格で「行為者の与格」と呼ばれます。受動の文に登場する「行為者の奪格」ではありません。「誰によって」（奪格）ではなく、「誰にとって」（与格）その本が読まれるべき状態であるのかが sum とともに示されています。この構文をまとめると次のようになります。

　　主語＋ sum ＋動形容詞（＋行為者の与格）
　　（S）　（V）　　　（C）

　この文型において動形容詞は S（主語）の性質を説明する C（補語）の役目を果たしているため「述語的用法」と呼ばれます。動形容詞は形容詞の一種ですから、主語の名詞と「性・数・格」は一致し、sum は主語に応じて形を変えます。

　例えば、主語が女性名詞の単数・主格の場合、次のようになります。

> 2．Vēna **tangenda** est.　　Sen.Ep.22.1
> 血管は触れられるべきである。
> （vēna, -ae f. 血管　tangō, -ere 触れる）

　これはローマの哲人セネカの言葉で、「脈はじっさい手でさわらないといけない」（机上の空論ではいけない）という意味ですが、行為者の与格（例えば tibi など）は省略されています。vēna（血管）は女性・単数・主格なので、tangō（触れる）の動形容詞は tangenda の形を取ります。

> 3．Carthāgō **dēlenda** est.　　Plin.15.20.74
> カルターゴーは滅ぼされるべきである。
> （dēleō, -ēre 滅ぼす）

　この表現は、ローマの政治家大カトーの言葉として知られます（演説の最後をこの言葉で締めくくるのが常であった）。Carthāgō と dēleō の動形容詞 dēlenda は性・数・格が一致します（女性・単数・主格）。なおこれらの構文では、動形容詞の元になる他動詞（例文では legō や tangō や dēleō）が主語の名詞（liber や vēna や Carthāgō）を目的語に取ることができるた

め、「あなた方はこの本を読まねばならない」「血管は触れねばならない」「カルターゴーは滅ぼさねばならない」といった訳を行う方が自然です。

動形容詞の非人称表現

今見たのは、sum と一緒に動形容詞が人称的に用いられる例でした。その一方、主語を持たずに動形容詞が単独で用いられ、ある行為がなされねばならないという意味を表す非人称的な用法もあります。この場合、動形容詞は中性・単数形にし、sum の3人称単数形 est とともに用います。

> 4. Dē omnibus **dubitandum** est. あらゆる事柄について疑うべきである。
>   (dē〈奪格〉について　omnis, -e すべての　dubitō, -āre 疑う)
> 5. **Exeundum** ad lībertātem est.　自由に向かって出発すべきである。
>   (exeō, -īre 出発する　lībertās, -ātis f. 自由)

これらの例のように行為者を省略することもできますが、それを明示する場合は与格が添えられます（行為者の与格）。例えば例文5に nōbīs を添えると次のようになります。

> 6. **Exeundum** nōbīs ad lībertātem est.
>   私たちは自由に向かって出発すべきである。

少し無理をして直訳すると、「私たちにとって、自由に向かって出発すべき状況が存在する」となるでしょう。

ただし与格支配の自動詞の動形容詞が用いられる場合、行為者は ā ＋奪格で表されます。

> 7. Lēgibus ā cīvibus **pārendum** est.　市民は法律に従うべきである。
>   (pāreō, -ēre〈与格〉に従う)

ā ＋奪格の代わりに与格を用いた場合、1つの文に与格が2つ存在することになり混乱が生じます。ラテン語は語順が自由なので、Lēgibus cīvibus pārendum est. とあれば、「法律は市民に従うべきである」という主張と誤読されかねません。それを避けるために行為者は ā ＋奪格で表されます。あくまでも基本構文は例文の6であり、例文7は苦肉の策です。

FAQ

Q. **自動詞の動形容詞には受動の意味があるのですか？**
A. いいえ。上の例文5でいえば、exeundum は自動詞 exeō（出発する）の動形容詞ですが、この言葉は「出発させられるべき」という意味ではなく、「出発すべき状況」を表しています。これが est とともに用いられると、そのような状況が存在するという意味、すなわち非人称的な意味を表すことになります。

動名詞の代用としての用法

動名詞が目的語を取ることはまれです。動名詞自体が属格か、前置詞を伴わない奪格の場合に限られます。先に紹介した、Nihil **agendō** hominēs male agere discunt.（人は何もしないことによって、悪い行いを学ぶ）は後者の例に当たります。これを補うのが動形容詞です。

属格としての動形容詞

ラテン語で「本を読む時間」は tempus librum **legendī** と表現します。この legendī は legō（読む）の動名詞ですが、属格なので librum という目的語を取ることが可能です。ただし、この場合でも動形容詞を使って tempus librī **legendī** のように表すことができます。librī と legendī はともに男性・単数・属格になり tempus にかかります。動形容詞は形容詞なので名詞と「性・数・格」を一致させるわけです。「本を」読む時間といいたいのに、「本の」ではおかしいのではないか？　と思うのが自然ですが、このような表現が実にラテン語らしいところです。直訳すると「読まれるべき本の（時間）」となるわけですが、違和感はぬぐえません。ただ、これがわかると次のサッルスティウス（ローマの歴史家）の表現も理解できます。

> 8. lubīdō reī pūblicae **capiendae**　Sall.Cat.5
> 国家を手に入れる欲望（手に入れられるべき国家への欲望）
> (lubīdō, -inis f. 欲望　rēs pūblica 国家　capiō, -ere 手に入れる)

capiō の動形容詞 capiendae は reī pūblicae と同じく女性・単数・属格です（rēs は第5変化名詞）。これは動名詞を用いて、lubīdō rem pūblicam capiendī とすることも可能です。ただし、ラテン語ではサッルスティウス

が示したように、これを動形容詞で表すのが普通です。

与格としての動形容詞

　動形容詞が目的語を取り、なおかつ与格を取る形容詞とともに使われる例があります。この場合、動形容詞も目的語も与格になります。言葉で書くとわかりにくいので、実例を挙げましょう。

> 9. Vēr tamquam adulescentiam significat ostenditque fructūs fūtūrōs, reliqua autem tempora **dēmetendīs** fructibus et **percipiendīs** accommodāta sunt.　Cic.Sen.70
> 春はいわば青春時代を表し、来るべき収穫を約束する一方、残りの季節は、収穫を刈り取り、取り入れるのにふさわしい。
> (vēr, -ēris n. 春　tamquam ～のように　adulescentia, -ae f. 青春時代　significō, -āre 表す　ostendō, -ere 期待させる、約束する　fructus, -ūs m. 収穫　fūtūrus, -a, -um 来るべき、将来の　reliquus, -a, -um 残りの　autem 一方　tempus, -oris n. 季節　dēmetō, -ere 刈り取る　percipiō, -ere 取り入れる　accommodātus, -a, -um〈与格〉にふさわしい)

　この文では dēmetendīs と percipiendīs が動形容詞になります。形は男性・複数・与格です。fructibus はこれらの目的語ですが、対格でなく与格になるところがポイントです。これらの単語が与格になる理由は、形容詞 accommodāta が与格を支配するためです。

対格としての動形容詞

　対格としての用例は動名詞にもありますが、目的語を伴わない場合に限られます（例10）。目的語を伴う場合は動形容詞の出番です（例11）。

> 10. Breve tempus aetātis satis longum est ad bene honestēque **vīvendum**.
> 生涯のわずかの時間でも、立派に気高く生きるには十分に長い。
> Cic.Sen.19
> (brevis, -e 短い、わずかの　tempus, -oris n. 時間　aetās, -ātis f. 生涯　satis 十分に　bene 善く、立派に　honestē 気高く、高潔に)

この vīvendum は動名詞です。ad と動名詞の組み合わせは「～するために」という目的を表します。bene と honestē はどちらも副詞であり、目的語ではありません。一方、動名詞が目的語を必要とする文脈では、動形容詞が代わりを務めます。

> 11. Hoc praeceptum ad **tollendam** amīcitiam valet.　Cic.Amic.60
> この教えは、友情を損なう力を持つ。
> (praeceptum, -ī n. 教え　tollō, -ere 壊す、損なう　amīcitia, -ae f. 友情　valeō, -ēre 力を持つ)

「この教えは、友情を損なうために力を持つ」というのが直訳です。ad に続く tollendam が動形容詞ですが、その形は女性・単数・対格です。amīcitiam と「性・数・格」が同じになるわけです。強いて動名詞でこれを表現すると、ad tollendum amīcitiam となりますが、動名詞に目的語を取る用法はないため、動形容詞が代わりに用いられます。

奪格としての動形容詞

動形容詞が目的語を取り、なおかつ奪格を支配する前置詞とともに用いられる場合があります。動名詞にその用例はなく、動形容詞が代わりに用いられます。この場合、動形容詞も目的語も奪格になります。

> 12. Simul in spem veniēbant ējus adfirmātiōne dē reliquīs **adjungendīs** cīvitātibus.　Caes.B.G.7.30
> 同時に彼らは、他の部族を味方につけることについての彼の信念によって希望を抱くに至った。
> (simul 同時に　spēs, -eī f. 希望　veniō, -īre 来る　ējus<is [指示代名詞]　adfirmātiō, -ōnis f. 信念　reliquus, -a, -um 残りの、その他の　adjungō, -ere 味方につける　cīvitās, -ātis f. 部族)

前置詞 dē は奪格を取り、「～について」という意味を与えます。「～」に当たる部分が、この文では動形容詞とその目的語で表されています。reliquīs cīvitātibus は動形容詞 adjungendīs の目的語ですが、対格でなく奪格にすることによって「性・数・格」を一致させます。なお、in spem venīre は熟語です。「希望の中に来ること」とは「希望を抱くこと」です。

練習問題25 和訳しなさい。

1. Quod sī cūram fugimus, virtūs fugienda est.　Cic.Amic.47
2. Nunc est bibendum, nunc pede līberō pulsanda tellūs.　Hor.Carm. 1.37.1
3. Facta fugis, facienda petis.　Ov.Her.7.15
4. Superanda omnis fortūna ferendō est.　Verg.Aen.5.710
5. Aliēnō mōre vīvendum est mihi.　Ter.And.152

語彙

quod sī しかしもし　cūra, -ae f. 不安、心労　fugiō, -ere 逃げる、逃れる　virtūs, -ūtis f. 美徳、勇気　nunc 今　bibō, -ere 飲む　pēs, pedis m. 足　līber, -era, -erum 自由な　pulsō, -āre たたく　tellūs, -ūris f. 土地、地面　factum, -ī n. 事実、出来事、行為　faciō, -ere 行う　petō, -ere 求める　superō, -āre 克服する　omnis, -e すべての　fortūna, -ae f. 運命　ferō, ferre 耐える［不規則動詞］　aliēnus, -a, -um 別の、他人の　mōs, -ōris m. 方法、仕方　vīvō, -ere 生きる　mihi<ego［人称代名詞］

ヒント

1. quod sī は「たとえ～でも」と訳します。fugienda は、主文の主語 virtūs と性・数・格が一致します。動形容詞の人称表現です。
2. 文の前半は動形容詞の非人称表現、後半は人称表現になります。後半の pede līberō は「～によって」と訳します（手段の奪格）。pulsanda は tellūs と性・数・格が一致し、「大地はたたかれるべき」と表現しています。
3. facienda は動形容詞の名詞的用法で「なすべき事柄」を意味します。動形容詞の中性・複数・対格で、petis の目的語です。
4. 動形容詞の人称表現です。主語 fortūna と動形容詞 superanda（克服されるべき）は、性・数・格が一致しています（女性・単数・主格）。ferendō（耐えることによって）は動名詞の奪格です。
5. 行為者の与格（mihi）を伴った動形容詞の非人称表現です。aliēnō mōre は「～によって」と訳します（手段の奪格）。

第9章 動詞4

1　直説法・受動態（1）現在、未完了過去、未来

現在、未完了過去、未来の受動態

受動態の文はいわゆる受け身の文のことです。現在、未完了過去、未来の受動態は、いずれも現在幹（不定法から -re を取った形）を元にして作られます。以下、受動態の現在時称から順に見ていきます。

直説法・受動態・現在

現在幹に受動態の人称語尾をつけます。人称語尾の変化は次のとおりです。

受動態の人称語尾

	単数	複数
1人称	-or	-mur
2人称	-ris(-re)	-minī
3人称	-tur	-ntur

第1変化動詞 amō の受動態・現在

	単数	複数
1人称	am**or**	amā**mur**
2人称	amā**ris** (amā**re**)	amā**minī**
3人称	amā**tur**	ama**ntur**

1人称単数の amor の形が原則と若干異なること（ama-or の縮約形が am-or）、3人称複数の幹末母音が短くなること（ā → a）に注意します。また、2人称単数は amāre の形もあります（不定法・能動態・現在と同じ

つづり)。

　第2変化動詞以下の受動態・現在の変化は次のとおりです。

第2変化

　　videor, vidēris(-re), vidētur, vidēmur, vidēminī, videntur

第3変化

　　agor, ageris(-re), agitur, agimur, agiminī, aguntur

第3変化B

　　capior, caperis(-re), capitur, capimur, capiminī, capiuntur

第4変化

　　audior, audīris(-re), audītur, audīmur, audīminī, audiuntur

　現在幹に人称語尾をつける際、幹末母音の揺れが見られます（顕著なのが第3変化と第3変化 B）。

不規則動詞の直説法・受動態・現在

　不規則動詞のうち dō（与える）と ferō（運ぶ）は受動態の形を持ちます。ただし、dō は1人称単数の形を欠いています。

　　dō：　　―, daris(-re), datur, damur, daminī, dantur
　　ferō：　feror, ferris(-re), fertur, ferimur, feriminī, feruntur

受動態の文

　受動態の文は、他動詞を含む能動態の文を基本として作られます（他動詞を受動態に直し、目的語を主語にする）。基本的な考え方は英語と同じですが、ラテン語の場合、受動態の「行為者」（agent）の表し方に若干の注意が必要です。行為者とは誰（何）によってその行為がなされるかを明らかにする語のことで、元の能動態の文の主語に当たります。

> 1. Dī ā nullō **videntur**, ipsī autem omnia vident.
>   神々は誰にも見られないが、自身はすべてを見ている。
>   （dī＜deus 神　nullō＜nullus［代名詞的形容詞］英語の nobody に相当　autem 一方　omnia＜omnis すべての）
> 2. Ignis nōn **exstinguitur** igne.　火は火によって消えない（消されない）。
>   （ignis, -is m. 火　exstinguō, -ere 消す）
> 3. Probitās **laudātur** et alget.　Juv.1.74
>   正直は称えられ、そして凍える。
>   （probitās, -ātis f. 正直　laudō, -āre 称える　algeō, -ēre 凍える）
> 4. Eae rēs in Galliam transalpīnam celeriter **perferuntur**. Caes.B.G.7.1
>   これらの事柄はただちにアルプスの向こう側のガリアに報告される。
>   （eae＜is［指示代名詞］　rēs, -eī f. 事柄　transalpīnus, -a, -um アルプスの向こう側の　celeriter ただちに　perferō, -ferre 伝える）

　行為者が人間の場合 ā ＋奪格で表し（例文1）、人間以外の場合、前置詞なしの奪格のみで表します（例文2）。この奪格を「行為者の奪格」と呼びます。また、英語同様、行為者が一般的な人を意味する場合には省略されることもあります（例文3）。例文4の動詞は、ferō の合成動詞 perferō の受動態です。

不定法・受動態・現在

　不定法の受動態・現在は現在幹に -rī をつけて作ります。ただし、第3変化と第3変化B は、現在幹から幹末母音 e を取り -ī をつけます。不定法・現在の能動態と受動態を比較すると次のようになります。

	不定法・能動態	不定法・受動態
amō(1)	amāre	amārī
videō(2)	vidēre	vidērī
agō(3)	agere	agī
capiō(3B)	capere	capī
audiō(4)	audīre	audīrī

不定法・受動態・現在の例文

> 5. Sī vīs **amārī**, amā.　愛されたいなら、愛しなさい。　Sen.Ep.9.5
>   （sī もしも　vīs＜volō 欲する［不規則動詞］　amā: amō の命令法）
> 6. Fās est et ab hoste **docērī**.　　Ov.Met.4.428
>   敵からも教わる（学ぶ）ことは正しい。
>   （fās est ＋不定法：〜は正しい　hostis, -is c. 敵　doceō, -ēre 教える）

　例文5は行為者が省かれる例、例文6は ab ＋奪格でそれが明示される例です。

自動詞の受動態

　自動詞の受動態（3人称単数）は非人称的に用いられます。「誰が（何が）〜される」という形（人称的）ではなく、「その動作や行為が一般になされる」という意味で使われます。例えば、eō は「行く」という意味ですが、ītur（現在幹 ī ＋ tur）は「行くことがなされる」、すなわち「人は行く」という意味です（この「人」は一般的な「人」の意味）。

> 7. Sīc **ītur** ad astra.　人はこのようにして星々に向かう。
>   Verg.Aen.9.641
>   （sīc このように　ad〈対格〉に　astrum, -ī n. 星）
> 8. Ācriter **pugnātum est**.　激しく戦いが行われた。
>   （ācriter 激しく　pugnō, -āre, -āvī, -ātum 戦う）

　pugnātum est は pugnō の受動態・完了（3人称単数）です。完了時称の時はこのように完了分詞を中性・単数・主格にします。

自動詞的に使われる受動態

　他動詞の受動態が自動詞的な意味を表す例があります。

> 9. Tempora **mūtantur**, et nōs **mūtāmur** in illīs.
>   時は移ろいゆく。我々もその中で移ろいゆく。
>   （tempus, -oris n. 時　mūtō, -āre 変える　illīs＜ille［指示代名詞］）

　Tempora mūtantur. は、「時は変えられる」ではなく「時は変わる（移ろ

いゆく)」と訳します（tempora は tempus の複数・主格）。mūtantur は mūtō（変える）の受動態・現在、3人称複数ですが、この文では自動詞的に使われています。

> 10. Omnia **vertuntur**: certē **vertuntur** amōrēs:
>   vinceris aut vincis, haec in amōre rota est.　Prop.2.8.7-8
>   万物は流転する。確かに愛は流転する。
>   負かされたり負かしたり。これが愛の車輪である。
>   (omnia<omnis すべての　vertō, -ere 回す、回転させる　certē 確かに
>   amor, -ōris m. 愛　vincō, -ere 打ち負かす　aut または　rota, -ae f. 車輪)

1行目の vertuntur は vertō の受動態・現在（3人称複数）ですが、「回転させられる」ではなく「回転する、流転する」と訳します。これも、先の mūtantur と同じく自動詞的に使われる受動態の例です。2行目の vinceris は vincō の受動態・現在で、「あなたは負かされる」という意味です。指示代名詞 haec は、直前の vinceris aut vincis の内容を指すので、一般的には中性・単数・主格の hoc を用いるところですが、後続する文の補語である rota の性・数・格に一致させるため、女性・単数・主格になっています。これを「牽引」(attraction) と呼びます。

直説法・受態態・未完了過去

受動態・未完了過去は、現在幹に -ba-（または -bā-）をつけ、受動態の人称語尾を加えて作ります。第1変化動詞 amō を例に取ると活用は次のようになります（2人称単数の語尾は -re の別形もあります）。

　単数　amā-ba-r, amā-bā-ris, amā-bā-tur
　複数　amā-bā-mur, amā-bā-minī, amā-ba-ntur

第2変化動詞以下は次のとおりです。第3変化 B は第4変化と同じです。ba/bā 以下の形はすべて第1変化動詞と同一です。

　第2変化：　vidē-ba-r, vidē-bā-ris, vidē-bā-tur, ...
　第3変化：　agē-ba-r, agē-bā-ris, agē-bā-tur, ...
　第4変化：　audiē-ba-r, audiē-bā-ris, audiē-bā-tur, ...

それぞれの変化の続きがどうなるか？　答え合わせも兼ねて、受動態・未完了過去の活用を表で確認します。

	第1変化	第2変化	第3変化	第4変化
単1	amābar	vidēbar	agēbar	audiēbar
単2	amābāris	vidēbāris	agēbāris	audiēbāris
単3	amābātur	vidēbātur	agēbātur	audiēbātur
複1	amābāmur	vidēbāmur	agēbāmur	audiēbāmur
複2	amābāminī	vidēbāminī	agēbāminī	audiēbāminī
複3	amābantur	vidēbantur	agēbantur	audiēbantur

不規則動詞の変化は次のとおりです。

dō：dabar, dabāris, dabātur, dabāmur, dabāminī, dabantur
ferō：ferēbar, ferēbāris, ferēbātur, ferēbāmur, ferēbāminī, ferēbantur

直説法・受動態・未来

直説法・能動態・未来と同じく、作り方には2通りあります。第1、第2変化と第3、第4変化では作り方が違いました。ピンとこない方は、受動態・未来の勉強をする前に能動態・未来の復習をしておきましょう。

第1、第2変化動詞の受動態・未来

能動態の第1、第2変化動詞の未来形は、現在幹に -bi- と能動態の人称語尾が加えられるのでした（ただし -bi- の i は落ちたり u に変わったりする）。受動態の未来も、現在幹に -bi- と受動態の人称語尾を加えて作ります（ただし -bi- は -bo-、-be-、-bu- にも変わる）。

第1変化動詞 **amō** の受動態・未来
　　単数　　amā-bo-r, amā-be-ris, amā-bi-tur
　　複数　　amā-bi-mur, amā-bi-minī, amā-bu-ntur
第2変化動詞 **videō** の受動態・未来
　　単数　　vidē-bo-r, vidē-be-ris, vidē-bi-tur
　　複数　　vidē-bi-mur, vidē-bi-minī, vidē-bu-ntur

第3、第4変化動詞の受動態・未来

第3、第4変化の能動態・未来の作り方は、現在幹と人称語尾の間に -a-（1人称単数）または -e- をはさむのでした（現在幹＋ -a-/-e- ＋人称語尾）。

第3変化動詞 agō の能動態・未来は、agam, agēs, aget ...となります。同様に、受動態の未来形も、現在幹と受動態の人称語尾の間に -a-（1人称単数）または -e- をはさんで作ります。なお、第3変化 B は第4変化と同じです。

第3変化動詞 **agō** の受動態・未来
　　単数　　ag-a-r, ag-ē-ris, ag-ē-tur
　　複数　　ag-ē-mur, ag-ē-minī, ag-e-ntur

第4変化動詞 **audiō** の受動態・未来
　　単数　　audi-a-r, audi-ē-ris, audi-ē-tur
　　複数　　audi-ē-mur, audi-ē-minī, audi-e-ntur

整理を兼ねて直説法・受動態・未来の活用を表にまとめます。まず自分で表を作り、あとで照合して下さい。

	第1変化	第2変化	第3変化	第4変化
単1	amābor	vidēbor	agar	audiar
単2	amāberis	vidēberis	agēris	audiēris
単3	amābitur	vidēbitur	agētur	audiētur
複1	amābimur	vidēbimur	agēmur	audiēmur
複2	amābiminī	vidēbiminī	agēminī	audiēminī
複3	amābuntur	vidēbuntur	agentur	audientur

不規則動詞の変化は次のとおりです。
dō：dabor, daberis, dabitur, dabimur, dabiminī, dabuntur
ferō：ferar, ferēris, ferētur, ferēmur, ferēminī, ferentur

直説法・受動態・未来の例文

> 11. **Vocābitur** hic quoque vōtīs.　　Verg.Aen.1.290
> 彼もまた祈願の際にその名を口にされることになるだろう。
> （vocō, -āre 名をとなえる、祈る　hic［指示代名詞］　quoque 〜もまた
> vōtum, -ī n. 祈り、祈願）

vocābitur は未来の受動態です。主語の hic（この者は）は、原文ではユリウス・カエサルを指します。vōtīs は奪格ですが、「〜の際に」と訳す、すなわち「時の奪格」と取ることができます。

命令法・受動態

　命令法の受動態を紹介します。amōを例に取ると次のような形になります。

　　現在・2人称単数　　amāre　　　現在・2人称複数　　amāminī
　　未来・2人称単数　　amātor　　　未来・2人称複数　　—
　　　　3人称単数　　　amātor　　　　　3人称複数　　　amantor

　命令法・受動態・現在の2人称単数は、不定法（能動態・現在）と同じ形です。2人称複数は、受動態の現在、2人称複数の形と同じです。Amāre.は不定法として用いられる場合は「愛すること」ですが、文として出てきたら、「（あなたは）愛されよ」と訳すことになります。一方、Amāminī.は「あなた方は愛される」（直説法・受動態・現在、2人称複数）とするか、「（あなた方は）愛されよ」（命令法・受動態・現在、2人称複数）とするのかは、文脈によって判断することになります。

　命令法・受動態・未来は、現在幹（不定法の語尾から -re を取った形）に -tor や -ntor を加えて作ります。ただし、第3変化の場合は、現在幹の末尾の母音 e を i や u に変えます。例えば、第3変化 agō の未来・2人称（3人称）の単数は agitor、3人称複数は aguntor です（能動態・現在、3人称複数の語尾に -or をつけた形と覚えたら早い）。なお、命令法・受動態・未来は、2人称複数の形を欠いています。

　今述べたことは不規則動詞にも当てはまります。dō の命令法・受動態・現在、2人称単数は dare、2人称複数は daminī、未来の2人称および3人称単数は dator、3人称複数は dantor です。ferō は同じ順に ferre、feriminī、fertor、feruntor となります。

練習問題26　和訳しなさい。

1．Fortūna vitrea est; tum, cum splendet, frangitur.　　Syr.219
2．Exstinctus amābitur īdem.　　Hor.Ep.2.1.14
3．Oculī pictūrā tenentur, aurēs cantibus.　　Cic.Acad.2.7.20
4．Hūjus facta, illīus dicta laudantur.　　Cic.Amic.10
5．Esse quam vidērī bonus mālēbat.　　Sall.Cat.54

語彙

fortūna, -ae f. 幸運　vitreus, -a, -um ガラスでできた　tum その時　cum 〜の時　splendeō, -ēre 輝く　frangō, -ere 壊す　exstinguō, -ere, -nxī, -nctum 消す、（受動態で）死ぬ　īdem 同じ　oculus, -ī m. 目　pictūra, -ae f. 絵　teneō, -ēre, tenuī, tentum とらえる　auris, -is f. 耳　cantus, -ūs m. 歌　factum, -ī n. 行為　dictum, -ī n. 言葉　laudō, -āre ほめる、賞賛する　esse<sum　quam 〜よりも　videō, -ēre 見る　bonus, -a, -um 善い、立派な　mālō, malle 〈不定法〉をむしろ望む［不規則動詞］

ヒント

1. splendet と frangitur の主語は fortūna です。tum は cum splendet を指し、「それが輝く時（cum）、その時（tum）」と訳します。frangitur は受動態ですが、「壊れる」と自動詞的に訳してよいでしょう。
2. exstinctus は exstinguō の完了分詞で、主語 īdem（同じ人）を修飾します。amābitur は amō の受動態・未来、3人称単数です。
3. 前半の oculī と後半の aurēs がそれぞれ主語として、また pictūrā と cantibus がそれぞれ行為者の奪格として対比されています。後半の文には述語動詞 tenentur（teneō の受動態）が省略されています。
4. hūjus は指示代名詞 hic の単数・属格、illīus は ille の単数・属格です。hic と ille は日本語の「これ」と「あれ」の違いに相当します。ここでは両者とも名詞的に使われ、それぞれ「この者の」と「あの者の」と訳すことができます。主語は facta と dicta で、動詞は laudantur（laudō の受動態）です。
5. mālēbat は mālō の未完了過去、3人称単数です。esse は sum の不定法・能動態・現在で「〜であること」と訳せます。vidērī は videō の不定法・受動態・現在で、「〜と見られること」と訳せます。解釈の鍵は bonus です。これは今挙げた2つの不定法の補語になります。全体をまとめると、「彼は、bonus vidērī（立派だと見られること）よりも bonus esse（立派であること）を望んでいた」という訳になります。原文におけるこの文の主語は、小カトーです。

2　直説法・受動態（2）完了、未来完了、過去完了

完了、未来完了、過去完了の受動態

　直説法・受動態・完了、直説法・受動態・未来完了、直説法・受動態・過去完了は、完了分詞と sum の変化を組み合わせて作ります。

　　完了の受動態：　　　完了分詞＋ sum の現在
　　未来完了の受動態：　完了分詞＋ sum の未来
　　過去完了の受動態：　完了分詞＋ sum の未完了過去

　amō の完了・受動態は次のように活用します。完了分詞は形容詞なので、主語の性・数・格に合わせて変化します。

　　amātus, -a, -um　　＋　　sum, es, est
　　amātī, -ae, -a　　　＋　　sumus, estis, sunt

> 1. **Amātus est.**　　　彼は愛された。
> 2. **Amāta est.**　　　　彼女は愛された。
> 3. **Amātī sumus.**　　私たちは愛された。

　amō の未来完了・受動態は次のように活用します。

　　amātus, -a, -um　　＋　　erō, eris, erit
　　amātī, -ae, -a　　　＋　　erimus, eritis, erunt

> 4. **Amātus erō.**　　　私は愛されてしまうだろう。
> 5. **Amātī erunt.**　　　彼らは愛されてしまうだろう。

　amō の過去完了・受動態は次のように活用します。

　　amātus, -a, -um　　＋　　eram, erās, erat
　　amātī, -ae, -a　　　＋　　erāmus, erātis, erant

> 6. **Amātus erās.**　　　あなたは（すでに）愛されていた。
> 7. **Amātī erātis.**　　　あなたたちは（すでに）愛されていた。

完了の受動態の例文

> 8. Ālea **jacta est**.　Suet.Caes.32
> 賽は投げられた。
> （ālea, -ae f. さいころ　jaciō, -ere, jēcī, jactum 投げる）

jacta est は受動態・完了で、現在完了の意味で使われています。一方、次の例のように、自動詞の受動態は非人称的表現になります。

> 9. Frustrā, cum ad senectam **ventum est**, repetās adulescentiam.　Syr.215
> 老年に至って青春時代を再び求めても無駄である。
> （frustrā 無駄に　cum ～する時　senecta, -ae f. 老年　veniō, -īre, vēnī, ventum 来る　repetō, -ere 再び求める　adulescentia, -ae f. 青春）

ventum est は自動詞 veniō の完了・受動態です。自動詞の受動態は非人称的表現となり、「その行為が行われる（行われた）」という意味を表します。ventum est の場合は「来ることが行われた」となりますが、要は「至った」ということです。なお、repetās は接続法・能動態・現在です。

練習問題27　和訳しなさい。

1. Factus est consul bis.　Cic.Amic.11
2. Ducis in consiliō posita est virtūs mīlitum.　Syr.159
3. Mihi quidem Scīpiō, quamquam est subitō ēreptus, vīvit tamen semperque vīvet.　Cic.Amic.102
4. Aliēnīs perīmus exemplīs: sānābimur, sī sēparāmur modo ā coetū.　Sen.Vit.1.4
5. Ita enim senectūs honesta est, sī sē ipsa dēfendit, sī jūs suum retinet, sī nēminī ēmancipāta est, sī usque ad ultimum spīritum dominātur in suōs.　Cic.Sen.38

語彙

faciō, -ere, fēcī, factum 選ぶ　consul, -ulis m. 執政官　bis 2度　dux, -cis c. 指揮官　in〈奪格〉の中に　consilium, -ī n. 思慮　pōnō, -ere, posuī, positum 置く　virtūs, -ūtis f. 勇気　mīles, -itis c. 兵士　mihi＜ego［人称代名詞］　quidem たしかに　Scīpiō, -ōnis m. スキーピオー　quamquam ～にもかかわらず　subitō 突然　ēripiō, -ere, -ripuī, -reptum〈与格〉から～を奪う　vīvō, -ere 生きる　tamen しかし　semper いつも、永遠に　aliēnus, -a, -um 他の　pereō, -īre 滅びる、死ぬ　exemplum, -ī n. 模範、手本　sānō, -āre 癒やす、健康にする　sī もしも　sēparō, -āre 離す、分ける　modo 単に　ā〈奪格〉から　coetus, -ūs m. 集団　ita そのようであれば　enim たしかに　senectūs, -ūtis f. 老年　honestus, -a, -um 尊敬すべき　sē［3人称の再帰代名詞・対格］　ipsa＜ipse［強意代名詞］　dēfendō, -ere 守る　jūs, jūris n. 権利　suus, -a, -um 自分の　retineō, -ēre 保つ　nēmō, nullīus: 英語の nobody に相当　ēmancipō, -āre〈与格に〉隷属させる　usque ad ～までずっと　ultimus, -a, -um 最後の　spīritus, -ūs m. 息　dominor, -ārī (in＋対格を) 統治する、支配する　suōs＜suī, suōrum m.pl. 家族、一族

> ヒント

1. factus est は受動態・完了、3人称単数。主語として「彼は」を補います。consul は文の補語に当たります。consul を主語とすると、「（その）執政官は2度作られた（選ばれた）」と訳せますが、日本語自体意味がやや不鮮明になります。「彼は執政官に……」とすると、うまくいきます。
2. 主語は virtūs で posita est が述語動詞（受動態・完了、3人称単数）です。
3. quamquam の従属文は譲歩の意味を表します。主語は Scīpiō を補います。est ... ēreptus で、受動態の完了になります。
4. 1つ目の文の動詞は perīmus です。aliēnīs ... exemplīs（他人の模範によって）とは、「（自分の生き方を確立せず）他人を模倣することによって」という意味で理解できます。sānābimur は未来の受動態、sēparāmur は現在の受動態です（どちらも1人称複数）。sī 以下は、「もし我々が単に集団から分けられるならば」というのが直訳です。
5. ita は sī 以下の内容を指します。「sī 以下のようであれば」と訳せます。sē ipsa dēfendit の ipsa は senectūs を指します。

3 形式受動態動詞

英語の文法用語では deponent verb と呼ばれます。日本語訳は「形式所相動詞」「能動欠如動詞」「形式受動相動詞」「異態動詞」などいくつかの呼び方がありますが、本書では「形式受動態動詞」と呼ぶことにします（授業などでは発音しやすいので単に「デポーネント」と呼ぶことが多い）。

形式受動態動詞について

ラテン語の動詞の中には、形は受動で意味は能動というものがあります。絶対数は少ないのですが、どれも頻出語なので注意が必要です。

	不定法・現在	完了	意味
1.	opīnor	opīnārī	opīnātus sum	推測する
2.	vereor	verērī	veritus sum	恐れる
3.	loquor	loquī	locūtus sum	語る
3B.	morior	morī	mortuus sum	死ぬ
4.	orior	orīrī	ortus sum	昇る

変化の種類は不定法・現在の形で区別します。第1変化は -ārī、第2変化は -ērī、第3変化は -ī、第4変化は -īrī で終わります。辞書を引くと一般的な動詞と同じく、それぞれの不定法の形が記されています。

---

1. Nīl **admīrārī**.　何にも驚かないこと。　Hor.Ep.1.6.1
   （nīl = nihil 英語の nothing に相当　admīror, -ārī 驚く）
2. Nescit vox missa **revertī**.　Hor.A.P.390
   放たれた言葉は戻ることを知らない。
   （nesciō, -īre 知らない　vox, -ōcis f. 声　mittō, -ere, mīsī, missum 放つ　revertor, -ī 戻る）

ただし、morior（死ぬ）など第3変化の一部の単語（3B）は第4変化のように変化します。

> 3. Quī sapienter vixerit aequō animō **moriētur**.
> 賢明に生きた人は平静な心で死ぬだろう。
> (quī ところの［関係代名詞］　sapienter 賢明に　vixerit：vīvō の直説法・能動態・未来完了　aequus, -a, -um 平静な　animus, -ī m. 心)

　形式受動態動詞の変化は、一般的な動詞の受動態と同じです。この例文で moriētur は morior（死ぬ）の受動態・未来の形です（3 人称単数）。

形式受動態動詞の活用
　今ふれたように、形式受動態動詞の変化の仕方は一般的な受動態と同じです。上の例文とその説明がのみ込みにくい場合は、受動態の復習をして下さい。

【確認問題】
　指示に従い、活用させなさい。
1．opīnor, -ārī（推測する）の直説法・現在
2．vereor, -ērī（恐れる）の直説法・未完了過去
3．loquor, -ī（語る）の直説法・未来
4．orior, -īrī（昇る）の直説法・完了
5．patior, -ī（受ける、被る）の直説法・未来

【ヒント】
　不定法の語尾に注意して下さい。番号順に第 1 変化、第 2 変化の動詞になります。5 は第 3 変化 B の単語です。

【解　答】
1．opīnor, opīnāris(-re), opīnātur, opīnāmur, opīnāminī, opīnantur
2．verēbar, verēbāris(-re), verēbātur, verēbāmur, verēbāminī, verēbantur
3．loquar, loquēris(-re), loquētur, loquēmur, loquēminī, loquentur
4．ortus sum, ortus es, ortus est, ortī sumus, ortī estis, ortī sunt
5．patiar, patiēris(-re), patiētur, patiēmur, patiēminī, patientur

形式受動態動詞の例文

太字が形式受動態動詞です。

> 4．Cor ad cor **loquitur**.　心が心に語りかける。
>   （cor, cordis n. 心　ad〈対格〉に　loquor, -ī 語る）
> 5．Spem metus **sequitur**.　Sen.Ep.5.7
>   恐怖が希望のあとを追う。
>   （spēs, -eī f. 希望　metus, -ūs m. 恐怖　sequor, -ī 後を追う）
> 6．Dum **loquor**, hōra fugit.　Ov.Am.1.11.15
>   私がおしゃべりする間、時は逃げる。
>   （dum 〜の間　hōra, -ae f. 時、時間　fugiō, -ere 逃げる）
> 7．Rēs **loquitur** ipsa.　Cic.Mil.20.53
>   事実そのものが語る。
>   （rēs, -eī f. 事実　ipse, -sa, -sum 〜自身［強意代名詞］）
> 8．**Indignor** quandōque bonus dormītat Homērus.　Hor.A.P.359
>   立派なホメールスが居眠りするたび私は憤慨する。
>   （indignor, -ārī 憤慨する　quandōque 〜するたび　bonus, -a, -um 立派な　dormītō, -āre 居眠りする　Homērus, -ī m. ホメールス、ギリシャの詩人）

半形式受動態動詞

若干の動詞は、現在、未完了過去、未来の時称では普通の動詞のように活用し、完了系時称（完了、未来完了、過去完了）で形式受動態動詞のように活用するものがあります。

	不定法・現在	完了	意味
audeō	audēre	ausus sum	あえて行う
fīdō	fīdere	fīsus sum	信頼する
gaudeō	gaudēre	gāvīsus sum	喜ぶ
soleō	solēre	solitus sum	習慣としている

> 9. Saepius Andromachē sē ferre incomitāta **solēbat** ad socerōs.
> アンドロマケーは、従者を連れず夫の両親の元に足繁く通う習わしであった。　Verg.Aen.2.456-457
> (saepius＜saepe しばしば［比較級］　Andromachē, -ēs f. アンドロマケー、ヘクトルの妻　sē ferō 進む　incomitātus, -a, -um 従者を伴わない、単独の　socer, -erī m. 義理の父、夫の父)

　soleō の未完了過去が不定法（ferre）を伴っています。socer の複数は夫の両親を意味します（socer だけだと夫の父）。ちなみに夫の名はヘクトル、その父親がプリアムス（ギリシャ語でプリアモス）、母親はヘクバ（ギリシャ語でヘカベー）です。

> 10. hīc prīmum Aenēās spērāre salūtem **ausus**, ...
> Verg.Aen.1.451-452
> ここで初めてアエネーアースは勇気をふるって救済の希望を持ち、
> (hīc ここで　prīmum 初めて　Aenēās, -ae m. アエネーアース　spērō, -āre 希望する　salūs, -ūtis f. 救済　ausus＜audeō 勇気を出して〜する)

　ausus は audeō の完了分詞、男性・単数・主格で Aenēās を修飾します。この形は本来受動態の意味を持つはずですが、「audeō は完了系の時称で形式受動態動詞として使われる」ということに注意します。この例文を見ると、たしかに spērāre を目的語に取る他動詞として使われていることが確認できます。

形式受動態動詞の現在分詞と未来分詞

　現在分詞と未来分詞は能動の意味を持ちます。現在分詞は、一般動詞の現在分詞と同じく第1変化動詞には -ans をつけ、それ以外には -ens をつけます。

> 11. Illa manū **moriens** tēlum trahit.　Verg.Aen.11.816
> 彼女は死が迫りながらも手で槍を抜く。
> (manus, -ūs f. 手　morior, -ī 死ぬ　tēlum, -ī n. 槍　trahō, -ere 抜く)

　moriens は morior の現在分詞で illa を修飾します。指示代名詞 illa は、

原文を参照すると女戦士カミラを指すことがわかります（この行は彼女の死を描いた箇所）。moriens は「死にながら」という意味ですが、日本語らしくするには「息も絶え絶えになりながら」など、意訳の工夫が必要です。

> 12. Avē imperātor, **moritūrī** tē salūtant.　Suet.D.C.21
> さらば将軍よ、死にゆく者たちがあなたに（最後の）挨拶をする。
> （avē さようなら　imperātor, -ōris m. 将軍　morior, -ī, mortuus sum 死ぬ　salūtō, -āre 挨拶する）

moritūrī は morior の未来分詞 moritūrus, -a, -um（死のうとしている状態の）の男性・複数・主格です（moritūrus の形は若干不規則）。

形式受動態動詞の完了分詞

> 13. Ipse pater dextram Anchīsēs haud multa **morātus** dat juvenī.
> Verg.Aen.3.610-611
> 父アンキーセース自身は、少しためらってから右手を若者に与える。
> （dextra, -ae f. 右手　Anchīsēs, -ae m. アンキーセース、アエネーアースの父　haud multa 少し　moror, -ārī, morātus sum ためらう　dō, -are 与える　juvenis, -is c. 若者）

morātus は moror の完了分詞で、主語 Anchīsēs を修飾します。形式受動態動詞は完了分詞も能動の意味を持ちます。

> 14. **fīsus** cuncta sibi cessūra perīcula Caesar, ...　Lucan.5.577
> カエサルはあらゆる危険は自分に屈服すると信じつつ、…
> （fīsus<fīdō 信じる　cunctus, -a, -um すべての　sibi 自分に［3人称の再帰代名詞］　cēdō, -ere cessī, cessum〈与格〉に屈する　perīculum, -ī n. 危険）

Caesar を fīsus が修飾しています。fīsus は fīdō の完了分詞でありながら能動の意味を表します。fīdō は半形式受動態動詞の1つで、完了分詞を含む完了系時称で形式受動態動詞になります。この例文において、「信じている内容」は fīsus と比較して「以後」の事柄に相当するため、不定法・能動態・未来が使われています（cessūra esse となるところ、esse は省略

されている）。また、この不定法の意味上の主語に当たる cuncta perīcula は対格（中性・複数）です。

形式受動態動詞の動名詞
一般動詞の動名詞と同じく、現在幹に -ndum をつけて作ります。
1．opīnor:　　opīnandum（推測すること）
2．vereor:　　verendum（恐れること）
3．loquor:　　loquendum（語ること）
3B．morior:　　moriendum（死ぬこと）
4．orior:　　oriendum（昇ること）

> 15．Aegrescit **medendō**.　Verg.Aen.12.46
> 彼はなだめることで感情が激する。
> （aegrescō, -ere 悪化する、感情が激する　medeor, -ērī 治療する、なだめる）

medendō は medeor の動名詞、単数・奪格です。主語は、原文ではアエネーアースの宿敵トゥルヌスですが、この表現はオリジナルの文脈から離れ、「治療によって、かえって病状が悪化する」という意味の格言として知られます。

形式受動態動詞の動形容詞

> 16．Omnibus hominibus **moriendum** est.
> すべての人間は死すべき存在である。

これは、動形容詞の非人称表現の例文になります。moriendum は morior （死ぬ）の動形容詞で、行為者「すべての人間」（omnibus hominibus）は与格で表されています（行為者の与格）。

形式受動態動詞の目的語
形式受動態動詞が他動詞の場合、基本的には対格を目的語に取ります。

17. Dī mē **tuentur**.　神々は私を見守り給う。
　　（deus, -ī m. 神　mē＜ego［人称代名詞］　tueor, -ērī 見守る）

　tuentur（tueor の現在、3人称複数）は、mē（ego の対格）を目的語に取ります。
　一方、属格や奪格の目的語を取る形式受動態動詞もあります。ただし、属格支配の動詞であっても、辞書を引くと対格や奪格支配の例が見つかることもあります（主として時代や作家の好みによって幅が出る）。実際に原文を読む場合は、辞書で1つ1つ用例を確認することが大切です。

属格を目的語に取る例

　oblīviscor（忘れる）や reminiscor（思い出す）など、属格を目的語に取ります。

18. Ita prorsum **oblītus sum** meī.　Ter.Eun.2.3.15
　　こうして私は自分のことをすっかり忘れてしまった。
　　（ita このように　prorsum すっかり　oblītus sum＜oblīviscor 忘れる　meī：ego の属格）
19. Aliī **reminiscēbantur** veteris fāmae.　Nep.Phoc.4
　　昔の名声を思い出す者たちもいた。
　　（aliī＜alius 他の［代名詞的形容詞］　reminiscēbantur＜reminiscor 思い出す　vetus, -eris 昔の　fāma, -ae f. 名声）

　例文18では meī が、例文19では veteris fāmae がそれぞれの動詞の目的語になります。いずれも属格形です。

奪格を目的語に取る例

　fruor（享受する）、potior（手に入れる）、ūtor（用いる）などは奪格を目的語に取ります。

> 20. Beātī aevō sempiternō **fruuntur**.　Cic.Rep.6.13
>   幸福な者たちは永遠の命を享受する。
>   (beātus, -a, -um 幸福な　aevus, -ī m. 生涯、寿命　sempiternus, -a, -um 永遠の　fruuntur＜fruor, -ī 享受する)
> 21. urbe **potīrī**　都市を手に入れること
>   (urbs, -is f. 都市　potior, -īrī 手に入れる)
> 22. Dē rēbus ipsīs **ūtere** tuō jūdiciō.　Cic.Off.1.2
>   事柄そのものについては自分の判断を用いるがよい。
>   (dē〈奪格〉について　rēs, -eī f. 事柄　jūdicium, -iī n. 判断)

　上の例において、aevō, urbe, jūdiciō はいずれも名詞の奪格で、形式受動態動詞の目的語になっています。

形式受動態動詞の命令法

　受動態の命令法と同じです。→「命令法・受動態」

> 23. Vērē ac līberē **loquere**.　ありのまま自由に語れ。
>   (vērē 正しく、ありのままに　ac = atque そして　līberē 自由に　loquor, -ī 語る)
> 24. **Sequere** nātūram.　自然に従え。
>   (sequor, -ī 従う　nātūra, -ae f. 自然)
> 25. Turne, in tē suprēma salūs, **miserēre** tuōrum.　Verg.Aen.12.653
>   トゥルヌスよ、おまえに最後の希望がかかっている。仲間を憐れむがよい。
>   (Turne＜Turnus, -ī m. トゥルヌス　in〈奪格〉に　suprēmus, -a, -um 最後の　salūs, -ūtis f. 安全　misereor, -ērī〈属格〉を憐れむ)

　例文25の tuōrum は2人称の所有形容詞 tuus, -a, -um の男性・複数・属格で miserēre（憐れめ）の目的語です。tuī（男性・複数・主格）は「あなたの者たち」という意味ですが、転じて「あなたの仲間」を意味します。

練習問題28 和訳しなさい。

1. Fugācēs lābuntur annī.　Hor.Carm.2.14.1
2. Glōria virtūtem tamquam umbra sequitur.　Cic.Tusc.1.109
3. Et scelerātīs sōl orītur.　Sen.Ben.4.26.1
4. Cūrae levēs loquuntur, ingentēs stupent.　Sen.Ph.607
5. Nītimur in vetitum semper cupimusque negāta.　Ov.Am.3.4.17

語彙

fugāx, -ācis 逃げ足の速い　lābor, -ī 過ぎる　annus, -ī m. 年　glōria, -ae f. 栄光　virtūs, -ūtis f. 美徳　tamquam あたかも〜のように　umbra, -ae f. 影　sequor, -ī 従う　et 〜もまた　scelerātus, -a, -um 極悪の　sōl, -ōris m. 太陽　orior, -īrī 昇る　cūra, -ae f. 不安、心配　levis, -e 軽い　loquor, -ī 話す　ingens, -gentis 大きい　stupeō, -ēre 呆然とする　nītor, -ī もたれる、in +〈対格〉を得ようと努める　vetō, -āre, -tuī, -titum 禁じる　semper 常に　cupiō, -ere 欲する　negō, -āre 否定する

ヒント

1. 第3変化形容詞 fugācēs は annī にかかります（ともに男性・複数・主格）。「逃げ足速く」と副詞的に訳すとよいでしょう。lābuntur は lābor の現在、3人称複数です。
2. 主語は glōria で、動詞 sequitur は virtūtem を目的語に取ります。
3. orītur は orior の現在（3人称単数）です。scelerātīs（男性・複数・与格）は形容詞の名詞的用法で、et（〜も）とあわせて「極悪人たちにも」と訳せます。
4. 主語＋述語動詞のペアが接続詞なしで併置されています。loquuntur は形式受動態動詞 loquor の現在（3人称複数）です。ingentēs の次に cūrae が省略されています（ともに女性・複数・主格）。
5. nītor は in ＋対格の形で、「〜を得ようと努める」と訳せます。vetitum は vetō の完了分詞、中性・単数・対格で「禁じられたもの」。同じく negāta も negō の完了分詞です（中性・複数・対格）。

4　不定法

不定法の6つの形

不定法は、現在、未来、完了の3つの時称で現れます。それぞれに能動態と受動態があります。つまり全部で6つの形があります。amō を例に取ると、それぞれ次のような形になります。

	能動態	受動態
現在	amāre	amārī
完了	amāvisse	amātus esse
未来	amātūrus esse	amātum īrī

完了の能動態は、完了幹＋isse（～したこと）、完了の受動態は、完了分詞＋esse（～されたこと）です。未来の能動態は、未来分詞＋esse（～するだろうこと）、未来の受動態は、目的分詞（スピーヌム）＋īrī（～されるだろうこと）です。

形式受動態動詞の不定法は能動態の形を持ちません（受動態の3つの時称のみ）。opīnor（推測する）を例に取ると、不定法の現在は opīnārī（推測すること）、完了は opīnātus esse（推測したこと）、未来は opīnātūrus esse（推測するだろうこと）となります。未来の形は、受動態の opīnātum īrī の形でなく、能動態になる点が注意すべきポイントです。

時称に関しては、主文の動詞と比べて「同時」なら現在時称、「以前」なら完了時称、「以後」なら未来時称が使われます。

不定法の基本的用法

ラテン語の不定法は、英語の to 不定詞と同じく名詞として使われます。文の主語にも補語にも、目的語にもなります。その場合、**中性単数の名詞扱い**されます。

> 1. **Vidēre est crēdere.**　　見ることは信じることである。
> 　（videō, -ēre 見る　crēdō, -ere 信じる）

不定法 vidēre が主語、crēdere が補語になっています。

> 2. **Errāre** hūmānum est.　　間違うことは人間らしい。
> 　（errō, -āre 間違う　hūmānus, -a, -um 人間的な）

　主語は不定法 errāre で、補語は形容詞 hūmānum です。これは第1・第2変化形容詞 hūmānus, -a, -um の中性・単数・主格です。つまり、不定法は中性単数の名詞扱いすることが確認できます。

> 3. **Vincere** scīs, Hannibal, victōriā **ūtī** nescīs.　　Liv.22.51
> 　ハンニバルよ、おまえは勝つ術は心得ていても、勝利を生かす法を知らぬ。
> 　（vincō, -ere 勝つ　sciō, -īre 知る　victōria, -ae f. 勝利　ūtor, -ī〈奪格〉を用いる、利用する　nesciō, -īre 知らない）

　scīs は vincere を、nescīs は ūtī を目的語に取ります。不定法が動詞の目的語として使われる例文です。

> 4. Mementō **morī**.
> 　死ぬことを忘れるな。
> 　（meminī, meminisse〈不定法〉を覚えている　morior, -ī 死ぬ）

　mementō は meminī の命令法、2人称単数です。形は未来の命令ですが、意味は現在になります。morī は morior の不定法です。これも不定法が動詞の目的語になっています。

> 5. Brevis **esse** labōrō, obscūrus fīō.　　Hor.A.P.25-26
> 　私は簡潔であろうとし、曖昧になる。
> 　（brevis, -e 短い　labōrō, -āre〈不定法〉を努める　obscūrus, -a, -um 曖昧な　fīō, fierī 〜になる）

　sum の不定法 esse（〜であること）は labōrō の目的語になります。esse の意味上の主語は動詞 labōrō の主語 ego と一致するため、補語に当たる brevis は単数・主格になります。次に見るように、不定法の意味上の主語が主動詞の主語と異なる場合、不定法の主語を対格にし、それに合わせて補語に当たる形容詞も対格にします。これを「対格不定法」と呼びます。

対格不定法（不定法句）

> 6. Intellegō tē **sapere**.
> 私は君が賢明であると理解している。
> (intellegō, -ere 理解する　sapiō, -ere 賢明である)

「A が B であることを理解する（intellegō）」という構文です。この時、主動詞（intellegō）の主語（ego）と、不定法の意味上の主語（上の例では tē）が異なるため、後者を対格にします。この tē という対格が不定法 sapere（賢明であること）の意味上の主語になるわけです。

> 7. Eās rēs **jactārī** nōlēbat.　Caes.B.G.1.18
> 彼は、それらの問題が議論されることを望まなかった。
> (eās<is［指示代名詞］　rēs, -eī f. 問題　jactō, -āre 議論する　nōlō, nolle〈不定法〉を望まない)

この例文で不定法は受動態になりますが、構文自体は対格不定法です。つまり、「A が B されることを望まなかった（nōlēbat）」という構文において、A（eās rēs）が対格になり、B（jactārī）が不定法の受動態になります。

歴史的不定法

不定法が直説法・能動態・未完了過去、または完了の代わりとして用いられることがあります。

> 8. Tum Catilīna **pollicērī** novās tabulās.　Sall.Cat.21
> その時カティリーナは借金の帳消しを約束した。
> (tum その時　polliceor, -ērī, -licitus sum 約束する　novae tabulae f.pl. 借金の帳消し)

pollicērī は形式受動態動詞 polliceor の不定法ですが、完了（pollicitus est）の代わりとして使われています。

練習問題29　和訳しなさい。

1. Vīvere est cōgitāre.　Cic.Tusc.5.111

2. Quī potest esse vīta vītālis?　　Cic.Amic.22
3. Miserīs succurrere discō.　　Verg.Aen.1.630
4. Dulce et decōrum est prō patriā morī.　　Hor.Carm.3.2.13
5. Aequam mementō rēbus in arduīs servāre mentem.　　Hor.Carm.2.3.1

語彙

vīvō, -ere 生きる　cōgitō, -āre 考える　quī どうして　vīta, -ae f. 人生　vītālis, -e 生きるに値する　miser, -era, -erum 惨めな　succurrō, -ere 〈与格〉を助ける　discō, -ere 学ぶ　dulcis, -e 快い、喜ばしい　decōrus, -a, -um 美しい　prō 〈奪格〉のために　patria, -ae f. 祖国　morior, -ī 死ぬ　aequus, -a, -um 平らな、平静な　mementō＜meminī, -isse 記憶している、〈不定法〉を忘れずに行う　rēs, -eī f. 状況　in 〈奪格〉において　arduus, -a, -um 困難な　servō, -āre 保つ　mens, mentis f. 心

ヒント

1. 不定法が2つ使われています。vīvere が主語、cōgitāre を補語とみなして訳します（cōgitāre を主語とみなすことは文法的には可能）。
2. potest の主語は vīta です。これが不定法 esse の主語と一致するので、vīta は主格のままにします（異なれば対格にする）。vītālis は vīta と性・数・格を一致させるので、女性・単数・主格になります。
3. miserīs は miser の複数・与格で、succurrō の目的語です。miserīs はこの文では名詞的に使われています。カルターゴーの女王ディードーが、命拾いしたアエネーアースに最初にかける言葉です。
4. 主語は morī（morior の不定法）で、dulce と decōrum が補語になります。これらが中性・単数・主格になるのは、不定法を中性名詞の単数・主格として扱うためです。
5. mementō（meminī の命令法、2人称単数）は不定法を伴い、「忘れず〜せよ」という命令文を作ります。不定法 servāre は aequam...mentem（平静な心を）を目的語に取ります。arduīs は rēbus を修飾します（ともに、女性複数・奪格）。

第10章　代名詞2・その他

1　関係代名詞

　関係代名詞についての把握の仕方は、英語と同じで大丈夫です。英語の who, whose, whom と同じく、ラテン語の関係代名詞の格は、先行詞の従属文での役割に応じて決定されます。英語と違うのは、先行詞と性と数を一致させる点です。関係代名詞の変化表は次の通りです。この表は、すでに学んだ疑問形容詞の表と同じです。

関係代名詞 quī「ところの人（もの）」

	男性	女性	中性
単数・主格	quī	quae	quod
属格	cūjus	cūjus	cūjus
与格	cuī	cuī	cuī
対格	quem	quam	quod
奪格	quō	quā	quō
複数・主格	quī	quae	quae
属格	quōrum	quārum	quōrum
与格	quibus	quibus	quibus
対格	quōs	quās	quae
奪格	quibus	quibus	quibus

※複数・与格と奪格は quibus の代わりに quīs が使われる場合があります。

関係代名詞の用例

　関係代名詞は、英語と同じく形容詞節を作ります。「～ところの（人・もの）」と訳せばうまくいきます（この「～ところの」という日本語が修飾する「人」や「もの」が先行詞に当たる）。ラテン語で関係代名詞が出てくると、文

の難易度が上がります。初心者が面食らうのは、ラテン語の場合、先行詞が省略される例が実に多いことです。また、省略されない場合でも、先行詞が関係代名詞の後にくることもあり、構文の把握には細心の注意が求められます。

主格の例

> 1．Nēmō līber est **quī** corporī servit.　Sen.Ep.92.33
> 肉体に従う者は誰も自由ではない。
> （nēmō：英語の nobody　līber, -era, -erum 自由な　corpus, -oris n. 肉体　serviō, -īre〈与格に〉従う）

前半の Nēmō līber est. だけで「誰も自由ではない」と訳せます。この文だけで意味が通りますので、この例文における「主文」とみなせます。一方、関係代名詞 quī corporī servit は、「肉体に従うところの」と訳せますが、これだけだと何のことかわかりません。主文の主語 nēmō にかけて（nēmō を修飾するように訳して）初めて意味を持ちます。quī corporī servit の部分は、「主文」に対する「従属文」または「副文」と呼ばれます（形容詞の働きをするので「形容詞節」とも呼ばれる）。

> 2．Deus ille fuit **quī** princeps vītae ratiōnem invēnit.　Lucr.5.8-9
> 人生の原理を最初に発見した彼こそは神であった。
> （deus, -ī m. 神　fuit＜sum［完了］　princeps, -ipis 最初の　vīta, -ae f. 人生　ratio, -ōnis f. 原理　inveniō, -īre, -vēnī, -ventum 発見する）

先行詞は指示代名詞 ille です。主文は Deus ille fuit.（彼は神であった）で、従属文は quī から文末の invēnit までです。quī 以下は、「最初に（princeps）人生の（vītae）原理を（ratiōnem）発見した（invēnit）ところの（quī）」（princeps は形容詞の副詞的用法）。この従属文が代名詞 ille を修飾することになります（形容詞の働きをする）。

一方、ラテン語では先行詞が省略される場合がよくあります。

> 3．Bis vincit **quī** sē vincit in victōriā.　Syr.77
> 勝利の中で己に勝利する者は二度勝利する。
> （bis 二度　vincō, -ere 勝利する　victōria, -ae f. 勝利）

これは quī の先行詞が省かれている例です。主文は Bis vincit.（彼は勝利する）ですが、主語 ille（または is）は省かれています。従属文は quī からピリオドまでで、「勝利において（in victōriā）己に（sē）勝利する（vincit）ところの（quī）」と訳せます。主語 ille を補い、英語の構文風に書き換えると、次のようになります。

[Ille **quī** sē vincit in victōriā] vincit bis.

カッコでくくった部分が主語になります。もちろん、ラテン語は語順が自由なので、こちらの注文どおりに単語は並びません。

4．Deum colit **quī** nōvit.　神を知る者は神を敬う。　Sen.Ep.95.47
（deus, ī m. 神　colō, -ere 敬う　nōvī, -isse 知る）

訳だけ見ると簡単に思えますが、この文は構文的に複雑です。まず、関係代名詞 quī は男性・単数・主格です。先行詞は deum でしょうか？　いいえ違います。deum は colit の目的語ですが、同時に nōvit の目的語でもあります（ただし nōvit の目的語としての deum は省略されている）。実は、quī の先行詞（日本語訳の「者は」に当たる語）も省略されています。補うなら指示代名詞 ille か is（その人は）になります。この語と deum を補い、上の例文を英語風の語順で書き換えると、次のようになります。

Ille **quī** deum nōvit colit deum.

[quī deum nōvit] をカッコでくくり、それが主語 ille にかかること、動詞は colit で、その目的語が文末の deum であること。このように構文を正しく理解する必要があります。

属格の例

5．Ō fortūnātī, **quōrum** jam moenia surgunt!　Verg.Aen.1.437
ああ幸いなるかな、すでにそびえ立つ城壁を持つ者たちは！
（fortūnātus, -a, -um 幸いな　jam すでに　moenia, -ium n.pl. 城壁　surgō, -ere そびえ立つ）

主文の主語 illī（指示代名詞 ille の複数・主格）と動詞の sunt が省かれています。quōrum から surgunt までが形容詞節として（形容詞の働きをする文として）省略された先行詞 illī にかかります。次に、関係代名詞が

なぜ quōrum の形になるかですが、主文で「幸福だ」といわれる「彼ら」は、従属文では、「彼らの城壁はすでにそびえている」という形で組み込まれている、つまり illī は「属格」illōrum の形で従属文中で使われていることがわかります。したがって、選択される関係代名詞の形もこれに合わせ、男性・複数・属格 quōrum の形になるわけです。なお、この例文はローマ建国の祖アエネーアースの言葉であり、ここで「彼ら」と呼ばれる者たちは、ディードーの治めるカルターゴーの人々です。

与格の例

> 6. Numquam est ille miser **cuī** facile est morī.　　Sen.Herc.Oet.111
>   死ぬことがたやすい者は惨めでは決してない。
>   （numquam 決して〜ない　miser, -era, -erum 惨めな　facilis, -e 容易な　morior, -ī 死ぬ）

cuī の先行詞は ille です。この ille は cuī 以下の従属文の中では与格として出てきます。「その人にとって（cuī）、死ぬことが（morī）容易である（facile est）ところの」というのが cuī 以下の訳で、これが ille（その人は）にかかります。

対格の例

先行詞が従属文の中で対格として用いられる例です。

> 7. Age **quod** agis.　あなたのしていることをせよ。
>   （agō, -ere 行う）

主文は age（行え）1 語のみ。他動詞 age の目的語 id（それを）は省略されています。主文だけを訳すと「それを（id）行え」ということですが、何を行えばよいのか、その内容が従属文 quod agis.（あなたが行うところの）で説明されています。省略された指示代名詞 id は、この従属文の中で agis の目的語（ラテン語では対格に相当）になりますので、関係代名詞は中性・単数・対格の形、すなわち quod となります。「目の前のことをやれ」と意訳できます。

奪格の例

> 8. Cārum ipsum verbum est amōris, ex **quō** amīcitiae nōmen est ductum.　Cic.N.D.1.122
> 愛（アモル）という言葉自体魅惑的であり、この言葉から友愛（アミーキティア）の名称も生まれたのである。
> (cārus, -a, -um 愛しい、魅惑的な　ipsum＜ipse［強意代名詞］　verbum, -ī n. 言葉　amor, -ōris m. 愛　ex〈奪格〉から　amīcitia, -ae f. 友愛　nōmen, -minis n. 名称　dūcō, -ere, duxī, ductum 導く)

　主文の主語は verbum で補語は cārum です。従属文中の関係代名詞 quō は中性・単数・奪格で、先行詞は verbum です。ただし、この文で quō は代名詞としての働きをしています（quō は指示代名詞 eō または illō と読み替えて訳せばよい）。英文法の言葉を使うと、関係代名詞の「非制限用法」に当たります。ラテン語の場合は通常の「制限用法」であっても、関係代名詞の直前にカンマを置く場合が多く、英語のようにカンマのあるなしで用法の差が生まれるわけではありません。文脈でどちらの用法かを判断します。なお、amōris と amīcitiae は単数・属格で verbum と nōmen にかかります。この属格は「説明の属格」と呼ばれる用法です。

先行詞が関係代名詞の後にくる例

> 9. Quis est, **quī** complet aurēs, tantus et tam dulcis sonus?　Cic.Rep.6.18
> 耳を満たす、これほど大きく、これほど妙なる調べは一体何なのか？
> (compleō, -ēre 満たす　auris, -is f. 耳　tantus, -a -um これほど大きな　tam これほど～な　dulcis, -e 甘い、妙なる　sonus, -ī m. 音)

　この文の骨組みは Quis est sonus?（その音は何か？）です。tantus と tam dulcis は sonus を形容する修飾語句です。同様に、quī complet aurēs（耳を満たすところの）も sonus を形容します。つまり、先行詞 sonus が関係代名詞 quī の後に置かれています。ラテン語では、このような語順になることも珍しくはありません。

代名詞としての用例

例文8で見たように関係代名詞は代名詞の代わりをすることがあります。また、文頭に置かれ、Et＋代名詞の働きをすることもあります。

> 10. **Quae** dum in Asiā geruntur, ...　Nep.Han.12
> またこれらが小アジアでなされていた間、
> (dum 〜の間　gerō, -ere 行う)

quae は関係代名詞の中性・複数・主格（quod の複数・主格）ですが、Et haec（指示代名詞 hic の中性・複数・主格）の代わりとして用いられています。

関係形容詞

関係代名詞は、そのままの形で関係形容詞としても用いられます。

> 11. **Quam** ob causam summus ille caelī stellifer cursus, ...　Cic.Rep.6.18
> またこの理由により、星を運ぶ最も高いあの天の軌道は、…
> (ob〈対格〉のために　causa, -ae f. 理由　summus, -a, -um 最も高い　ille あの［指示形容詞］　caelum, -ī n. 天　stellifer, -fera, -ferum 星を運ぶ　cursus, -ūs m. 軌道)

quam は causam にかかる形容詞としての働きをしています。したがって、ともに性・数・格が一致します（女性・単数・対格）。また例文10と同じく文頭に置かれることで Et hanc の働きをしているとみなせます。

不定関係代名詞

次の（1）と（2）は、英語の whoever や whatever に相当する不定関係代名詞です。

（1）quisquis (m.f.), quidquid（または quicquid）(n.)

（2）quīcumque (m.), quaecumque (f.), quodcumque (n.)

どちらも「〜する人（もの）は誰（何）でも」を意味します。（1）は疑問代名詞を重ねた形で（quemquem, quōquō など）、代名詞的に用います。（2）は疑問形容詞の語尾に -cumque をつけたもので、代名詞的にも形容

詞的にも用います。

> 12. **Quidquid** praecipiēs, estō brevis.　Hor.A.P.335
> あなたが何を教えるにせよ、短くあれ。
> （praecipiō, -ere 教える　brevis, -e 短い）

　これは（1）の例文で、quidquid は quisquis の中性・単数・対格です。praecipiēs は未来形で、estō は sum の命令法・未来（2人称単数）です。

> 13. **Quaecumque** est fortūna, mea est.　Verg.Aen.12.694
> 運命がどのようなものであれ、それは私のものだ。
> （fortūna, -ae f. 運命　meus, -a, -um 私の）

　これは（2）の例文で、quaecumque は主語 fortūna に対する補語の役目を果たします（ともに女性・単数・主格）。アエネーアースとの決戦に臨むトゥルヌスの台詞です。

関係副詞

　英語の where に相当する語として、ラテン語には ubi や unde、quō や quā といった関係副詞があります。

> 14. Fidēs, ut anima, **unde** abiit, eō numquam redit.
> 信頼は魂と同じく、立ち去ったところに二度と戻らない。
> （fidēs, -eī f. 信頼　ut ～のように　anima, -ae f. 魂　abeō, -īre 立ち去る　eō そこへ　numquam 決して～ない　redeō, -īre 戻る）

　unde は英語で訳すと from which、eō は to the place です。eō を unde の従属文（unde abiit）が修飾します。英語でいえば、to the place from which SV（S が V するところのその場所へ）という構文として理解できます。「（信頼が）そこから立ち去ったところのその場所へ」というのが直訳です。

> 15. **Ubi** amīcī ibīdem sunt opēs.　Pl.Truc.885
> 友のいるところ、そこに富がある。
> （ubi 〜の場所に　amīcus, -ī m. 友　ibīdem そこに　opēs, opum f.pl. 富、財産）

主文の主語と動詞は sunt opēs（富がある）で、添えられた副詞 ibīdem（そこに）の内容を ubi の導く従属文が説明しています。amīcī の次に動詞 sunt が省略されています。ubi amīcī sunt で、「友のいる場所に」という意味を表します。

> 16. **Ubicumque** homō est, ibi beneficiī locus est.　Sen.Vit.24.3
> 人間のいるところはどこであれ、そこには善行の機会がある。
> （ubicumque 〜するところはどこであれ　homō, -minis c. 人間　ibi そこに　beneficium, -iī n. 善行　locus, -ī m. 場所、機会）

ubicumque は、英語の wherever に置き換えるとイメージがつかめると思います。構文としては例文15と同じです。

練習問題30　和訳しなさい。

1. Quem dī dīligunt adulescens moritur.　Pl.Bac.816-817
2. Rīdētur, chordā quī semper oberrat eādem.　Hor.A.P.356
3. Fēlix quī potuit rērum cognoscere causās.　Verg.Geo.2.490
4. Nōn convalescit planta quae saepe transfertur.　Sen.Ep.2.3
5. Libenter hominēs id quod volunt crēdunt.　Caes.B.G.3.18

語彙

deus, -ī m. 神　dīligō, -ere 愛する　adulescens, -entis 若い　morior, -ī 死ぬ　rīdeō, -ēre 笑う　chorda, -ae f.（楽器の）弦　semper いつも　oberrō, -āre 間違う　eādem＜īdem［指示代名詞］　fēlix, -īcis 幸福な　possum, posse, potuī 〜できる　rēs, -eī f. 事物　cognoscō, -ere 知る、認識する　causa, -ae f. 原因　convalescō, -ere 強くなる　planta, -ae f. 植物　saepe しばしば　transferō, -ferre 場所を変える、移植する　libenter 喜んで　homō, -minis c. 人間　id＜is［指示代名詞］　volō, velle, voluī

望む、〈不定法〉を望む　crēdō, ere　信じる

> **ヒント**

1. quem の先行詞 ille（その者は）は省略されています。関係代名詞が対格になるのは、従属文中で先行詞が dīligunt の目的語になるためです。adulescens は、quem の先行詞として省略されている ille を述語的に説明しています。「quem dī dīligunt で形容される ille（その者）は、adulescens な者として moritur する」という構文です。
2. rīdētur（受動態・現在）の主語は、関係代名詞 quī（男性・単数・主格）の先行詞 ille です（ただし ille は省略）。quī の導く従属文の動詞は oberrat で、chordā ... eādem は「同じ弦で」を意味する副詞句を作ります。
3. 「quī（男性・単数・主格）以下の者は fēlix だ」という構文です。動詞 est と quī の先行詞 ille は省かれています。従属文の動詞 potuit（possum の完了）は不定法 cognoscere を取ります。
4. 主語は planta で動詞は convalescit です。関係代名詞 quae（女性・単数・主格）の導く従属文が planta を修飾しています（planta は関係代名詞の先行詞）。
5. id quod を英語の the thing which、または what に置き換えると、構文が理解しやすいです。この文の volunt の後に不定法 crēdere を補うと意味がはっきりします。id は従属文の中では crēdere の目的語になります。

2 副詞

副詞は、形容詞を基にして作られる場合と、それ以外の方法で作られる場合に分けることができます。

副詞の分類
1 第1・第2変化形容詞から作られる副詞
(**1**) 男性・単数・属格の語尾 -ī を -ē に変える例：

形容詞		副詞	
certus	たしかな	certē	きっと、少なくとも
lentus	遅い	lentē	ゆっくりと
līber	自由な	līberē	自由に
rectus	正しい	rectē	正しく
vērus	真実の	vērē	真実のままに

> 1. Festīnā **lentē**.　ゆっくり急げ。　Suet.Aug.25
> （festīnō, -āre 急ぐ　lentē ゆっくりと）

lentē は festīnā にかかる副詞です。festīnā は festīnō の命令法・現在、2人称単数です。スエートーニウスが伝えるアウグストゥスのモットーの1つですが、原文にはギリシャ語で出てきます。それをラテン語に翻訳したものが Festīnā lentē. です。

> 2. **Pulchrē, bene, rectē.**　美しく、善く、正しく。　Hor.A.P.428

3つの副詞が並んでいます。pulchrē（美しく）は形容詞 pulcher の単数・属格 pulchrī の語尾 ī を -ē に変えてできた副詞です（作り方は rectē と同様）。

(**2**) 男性・単数・属格の語尾 -ī を -ō に変える例：

形容詞		副詞	
certus	たしかな	certō	たしかに、正確に
falsus	誤った	falsō	誤って
rārus	まれな	rārō	まれに
vērus	真実の	vērō	本当に、まったく、しかし

vērus から作られる副詞は vērō（本当に、まったく、しかし）以外（1）で挙げた vērē（真実のままに）もあり、意味の使い分けが見られます（あとで紹介する vērum を入れると厳密には3つ）。certus も同様で、certē（きっと、少なくとも）と certō（たしかに、正確に）は意味が異なります。

(3) 例外：

形容詞		副詞	
bonus	よい	bene	よく
malus	悪い	male	悪く

bene と male は頻出語で、熟語にもよく顔を出します。bene dīcere alicuī で「〈与格〉をほめる」、male dīcere alicuī で「〈与格〉をけなす」といった具合に。

余談ですが、与格を目的語に取る場合、辞書ではその与格を alicuī と記載します。alicuī は「誰か」を意味する aliquis の単数・与格です（→不定代名詞）。同様に、bene facere alicuī で、「〈与格〉に親切にする」。一方、bene agere cum aliquō で「〈奪格〉に親切にする」となります。aliquō は aliquis の単数・奪格です。なお、辞書の用例では dīcere や facere のように不定法の形で載せるのが一般です。

2　第3変化形容詞から作られる副詞

単数・属格の語尾 **-is** を **-iter**（または **-ter**）にかえる例：

形容詞		副詞	
celer, -eris	速い	celeriter	速く、速やかに
fortis, -is	力強い	fortiter	力強く
prūdens, -entis	賢明な	prūdenter	賢明に

3　形容詞の中性形から作られる副詞

形容詞の中性・単数・対格が副詞として使われるようになった例：

男性・単数・主格		中性・単数・対格＝副詞	
multus	多くの	multum	おおいに
nimius	過度の	nimium（nimis）	過度に、あまりに
parvus	少ない	parum	不十分に
prīmus	第一の	prīmum	第一に

vērus	真実の	vērum	本当に
difficilis	難しい	difficile	難しく
dulcis	甘い	dulce	甘く
facilis	容易な	facile	容易に

4 名詞、代名詞から作られる副詞

名詞、代名詞の単数・奪格が副詞として使われるようになった例：

jūre	正当に	（jūs, jūris, n. 法、正義）
forte	たまたま	（fors, fortis f. 運命）
modo	ただ、単に	（modus, -ī m. 方法、量、大きさ）
vulgō	一般に	（vulgus, -ī n. 大衆）

> 3．Nēmō fortūnam **jūre** accūsat.　誰も運命を正当に非難できない。
> （nēmō 誰も〜ない　fortūna, -ae f. 運命　accūsō, -āre 非難する）

Nēmō が主語で accūsat が動詞、fortūnam が目的語です。jūre は accūsat にかかります。

5 その他の副詞

etiam　〜さえ

> 4．**Etiam** hostī est aequus quī habet in consiliō fidem.　Syr.188
> （自分の）考えに信念を持つ者は、敵に対してさえ公正である。
> （hostis, -is c. 敵　aequus, -a, -um 公正な　consilium, -iī n. 考え
> fidēs, -eī f. 信頼、信念）

関係代名詞 quī の先行詞は省略されています。文の主語にあたる名詞節は quī からピリオドまでで、動詞が est、aequus が補語になります。etiam は hostī にかかります。

haud　まったく〜でない

> 5．**Haud** ignōta loquor.　Verg.Aen.2.91
> 私は誰もが知っていることを語っている。
> （ignōtus, -a, -um 未知の　loquor, -ī 語る）

haud は ignōta（中性・複数・対格）にかかります。haud ignōta は loquor の目的語で、「まったく未知ではない事柄を」というのが直訳です。ただし、ラテン語ではこのように否定の意味を含む語をもう一度否定すると、強い肯定の意味が出てくる場合があります。「まったく未知ではない事柄」は、「誰もが当然のように知っている事柄」という意味になります。

nunc 今

> 6．**Nunc** aut numquam.　今（やる）か、決して（やら）ないか。
> 　（numquam　決して〜ない　aut あるいは）

　この例文に対応する英語表現に Now or never. があります。英語の never と同じく、ラテン語の numquam も頻度の高い副詞です。
　時に関した副詞は nunc のほか、hodiē（今日）や crās（明日）など多数あります。

hodiē　今日、**crās**　明日

> 7．**Hodiē**, nōn **crās**.　今日こそ、明日ではなく。

　3つの単語のすべてが副詞です（nōn も副詞）。A, nōn B は「B でなく A」と訳せます。

> 8．Vīve **hodiē**.　今日生きよ。

　hodiē は vīve にかかります。vīve は vīvō（生きる）の命令法・能動態・現在です。

saepe　しばしば、何度も

> 9．Dēlīberandō **saepe** perit occāsiō.　Syr.163
> 　何度も熟考することによって好機は失われる。
> 　（dēlīberō, -āre 熟考する　saepe しばしば、何度も　pereō, -īre 消える、失われる　occāsiō, -ōnis f. 好機）

　dēlīberandō は dēlīberō の動名詞で奪格です。「熟考することによって」と訳せます。saepe が修飾する語は、dēlīberandō か perit か判断に迷います。ここは dēlīberandō にかけて訳しましたが、perit にかけると、「熟考することによって、好機はしばしば失われる」となります。両方の解釈が

可能です。

vix ほとんど〜ない

> 10. Amāre et sapere **vix** deō concēditur.　Syr.22
> 恋することと賢明であることは、神によってほとんど認められていない。
> （amō, -āre 愛する　sapiō, -ere 賢明である　deus, -ī m. 神　concēdō, -ere 許す、認める）

amāre と sapere はともに不定法・能動態・現在で、この文の主語になります。動詞 concēditur は受動態・現在、3人称単数です。これが単数になるのは、主語の2つの不定法が「同時に」行われる場合を想定しているからです。

nusquam どこにも〜ない

> 11. **Nusquam** est quī ubīque est.　Sen.Ep.2.2
> どこにでもいる者はどこにもいない。
> （ubīque どこにでも）

主語は quī ubīque est. ですが、quī の先行詞は省かれています。

形容詞の副詞的用法

　形容詞が副詞のように使われる場合があり、これを形容詞の副詞的用法（または述語的用法）と呼びます。ややこしそうですが、基本は直訳を心がけることです。Mārcus prīmus vēnit. をどう訳すか考えてみましょう。prīmus は形容詞で、「最初の」という意味です。vēnit は veniō（来る）の完了です。prīmus を Mārcus にかけると、「最初のマールクスはやって来た」となります。2番目のマールクスがいるかのようです。いればよいのですが、いないとします。ここで、形容詞は名詞を修飾するという原則を思い出します。つまり、Mārcus = prīmus という関係を念頭に置く時、「マールクス＝最初の者として」という直訳ができます。「マールクスは最初の者としてやって来た」とはすなわち、「マールクスは最初にやって来た」という意味です。「最初の」という形容詞を「最初に」と訳すとうまくいきます。

> 12. Dōna praesentis cape **laetus** hōrae.　Hor.Carm.3.8.27
> 今ここに流れる「時」の贈り物を喜んで受け取るがよい。
> (dōnum, -ī n. 贈り物　praesens, -entis 今の、今ここにある　capiō, -ere 取る、受け取る　laetus, -a, -um 喜んでいる、うれしい　hōra, -ae f. 時間、時)

　laetus（男性・単数・主格）をどう訳すかがポイントです。それ以外の単語を先に整理しましょう。dōna（複数・対格）は cape（capiō の命令法）の目的語で、praesentis ... hōrae（女性・単数・属格）がこれを修飾します。文の骨組みは、dōna を受け取れ（cape）というものですが、cape は2人称単数に対する命令文を作る点に注意します。この時命令される「あなた」（tū）を laetus が修飾すると考えます（したがって、もし tū が女性なら laeta となる）。この laetus を形容詞の副詞的用法と判断する時、「tū イコール laetus な状態で（＝喜んで）dōna を受け取れ（cape）」と構文を把握することができます。

練習問題31　和訳しなさい。

1. Tardē sed graviter sapiens īrascitur.　Syr.695
2. Omnia, Lūcīlī, aliēna sunt, tempus tantum nostrum est.　Sen.Ep.1.3
3. Ita ancipitī proeliō diū atque ācriter pugnātum est.　Caes.B.G.1.26
4. Improbē Neptūnum accūsat quī iterum naufragium facit.　Syr.331
5. Optima quaeque diēs miserīs mortālibus aevī prīma fugit.　Verg.Geo.3.66-67

語彙

tardē ゆっくりと　sed しかし　graviter 重々しく　sapiens, -entis m. 賢者　īrascor, -ī 怒る　omnis, -e すべての　Lūcīlius, -ī m. ルーキーリウス（ローマ人の氏族名）　aliēnus, -a, -um 他人の　tempus, -oris n. 時間　tantum ただ、単に　noster, -tra, -trum 我々の［所有形容詞］　ita このように　anceps, -cipitis 両側の　proelium, -iī n. 戦闘　diū 長く　atque そして　ācriter 激しく　pugnō, -āre 戦う　improbē 不当に　Neptūnus, -ī m. ネプトゥーヌス（海の神）　accūsō, -āre 非難する　iterum

再び　naufragium, -iī n. 難破　faciō, -ere 作る、引き起こす　optimus, -a, -um 最良の　quaeque＜quisque［不定形容詞］　diēs, -ēī f. 日（一般的には m.）　miser, -era, -erum 惨めな　mortālis, -is m. 死すべき者、人間　aevum, -ī n. 生涯　prīmus, -a, -um 最初の、第一の　fugiō, -ere 逃げる

ヒント

1. sapiens が主語、īrascitur が動詞です。tardē と graviter はともに副詞で īrascitur にかかります。
2. Lūcīlī は呼格です。単数・主格が -ius で終わる第2変化名詞の場合、単数・呼格は -ie でなく -ī となります。セネカの『倫理書簡集』は、友人 Lūcīlius に宛てて手紙を書くという形式を取っています。omnia と tempus が主語で aliēna と nostrum が補語、sunt と est が動詞です。副詞 tantum は英語の only と同じ意味を表します。
3. pugnātum est は pugnō の受動態・完了（3人称単数）です。ここでは非人称的に用いられ、「戦いが行われた」という意味を持ちます（→自動詞の受動態）。副詞 diū と ācriter はこの動詞にかかります。
4. 関係代名詞 quī の先行詞は省かれていますが、指示代名詞 ille を補い、文末までが名詞節を構成する（＝名詞としての文を作る）と解釈します。すなわち、「再び (iterum) 難破を (naufragium) 引き起こす (facit) ところの (quī) 者は (ille)」がこの文の主語になります。動詞は accūsat で、Neptūnum は目的語、improbē は動詞にかかる副詞です。「2度難破する者はネプトゥーヌス（海の神）を不当に非難する」というのが直訳です。2度難破（＝失敗）する者は1度目の失敗から何も学んでいないわけであり、2度目の失敗を海の神のせいにしても不当である、という趣旨です。
5. diēs が主語で fugit が動詞です。optima と quaeque（どちらも女性・単数・主格）は diēs にかかります。aevī は名詞の属格で diēs にかかります。形容詞 prīma も diēs にかかりますが、これは形容詞の副詞的用法とみなせます。prīma を「第一のものとして」ととらえたあと、「いち早く」と意訳するとよいでしょう。miserīs mortālibus は「惨めな人間にとって」と訳します（判断者の与格）。

3　前置詞

　ラテン語の前置詞は名詞の主格（辞書の見出しの形）と組み合わせることはなく、必ず対格や奪格と組み合わせます。格変化が頭に入っていないと、前置詞がどの名詞とペアを組むのかがわからなくなります。第1変化名詞から第5変化名詞までの格変化、特に、それぞれの対格、奪格の形（単数、複数ともに）を整理しておく必要があります。

3つの種類

　前置詞は名詞や代名詞と組み合わせますが、前置詞が支配する格の種類には、（1）対格のみを支配する前置詞、（2）奪格のみを支配する前置詞、（3）対格と奪格を支配する前置詞、の3種類があります。以下、それぞれの順に紹介していきます。

対格支配の前置詞

ad（～まで、～へ、～で）

> 1. Abī **ad** formīcam, ō piger.　蟻の所へ去れ、おお怠惰な者よ。
>   （abī＜abeō　去る　formīca, -ae f. 蟻　piger, -gra, -grum 怠惰な）
> 2. Ab ōvō usque **ad** māla.　卵からリンゴまで。
>   （ab〈奪格〉から　ōvum, -ī n. 卵　usque ずっと　mālum, -ī n. リンゴ）
>   「前菜の卵からデザートのリンゴまで」、「最初から最後まで」の意。
> 3. Per aspera **ad** astra.　苦難を通じて星々（栄光）へ。
>   （per〈対格〉を通じて　asper, -era, -erum 困難な　astrum, -ī n. 星）
> 4. **ad** lūcem　夜明け頃
>   （lux, lūcis f. 光、日光）
> 5. **Ad** multam noctem pugnātum est.　Caes.B.G.1.26
>   夜遅くまで戦いが行われた。
>   （nox, noctis f. 夜　pugnō, -āre 戦う）

ante（〜の前に、以前に）

> 6. Nē sīs miser **ante** tempus.　Sen.Ep.13.4
>   時がくるよりも先に惨めな気持ちになるな（先走りして苦労するな）。
>   （sīs＜sum［接続法］　miser, -era, -erum 惨めな　tempus, -oris n. 時）
> 7. Nē mittātis margarītās vestrās **ante** porcōs.
>   豚の前に汝らの真珠を投げることなかれ。
>   （mittātis＜mittō［接続法］　margarīta, -ae f. 真珠　porcus, -ī m. 豚）

例文7は、『新約聖書』「マタイ伝」7章6節に見られる言葉です。

apud（〜の家で、〜のもとで）

> 8. Numquid **apud** Parthōs Armeniōsque latet?　Mart.5.58.4
>   まさか、それはパルティア人やアルメニア人のところに隠れているのではあるまいね？
>   （numquid［否定の答えを予測して］〜ではないだろうね　Parthī, -ōrum m.pl. パルティア人　Armeniī, -ōrum m.pl. アルメニア人　lateō, -ēre 隠れる）

circum（〜のまわりに）

> 9. Errābant, actī fātīs, maria omnia **circum**.　Verg.Aen.1.32
>   彼ら（トロイヤ人）は運命に翻弄され、あらゆる海をさまよった。
>   （errō, -āre さまよう　agō, -ere, ēgī, actum 翻弄する　mare, -is n. 海　omnis, -e すべての）

この例で circum は支配する名詞（maria）の後に置かれています。ラテン語では珍しくありません。

contrā（〜に反して、敵対して）

> 10. Bellum omnium **contrā** omnēs.　万人の万人に対する戦い。
>   （bellum, -ī n. 戦い）

omnium は omnis の複数・属格、omnēs は omnis の複数・対格で、いずれも形容詞の名詞的用法です。トマス・ホッブズの言葉です。

inter（〜の間の）

> 11. Spemque metumque **inter** dubiī.　Verg.Aen.1.218
> 　　彼らは希望と恐怖の間で揺れている。
> 　　（spēs, -eī f. 希望　metus, -ūs m. 恐怖　dubius, -a, -um 不安な、心が揺れている）
> 12. **Inter** arma silent Mūsae.　戦争の間ムーサたちは沈黙する。
> 　　（arma, -ōrum n.pl. 戦争　sileō, -ēre 沈黙する　Mūsa, -ae f. ムーサ、学問・芸術の女神）
> 13. Magnās **inter** opēs inops.　Hor.Carm.3.16.28
> 　　大きな富の中の欠乏。
> 　　（magnus, -a, -um 大きな　opēs, opum f.pl. 富、財産　inops, -opis 欠乏している）

　例文11のinterはspemとmetum（ともに対格）を支配します。例文13のopēsはops, opis（力）の複数・対格で「富、財産」を意味します。inopsはopsの反対の意味を表しますが、厳密にいえば形容詞です。

ob（〜のために、〜ゆえに）

> 14. **ob** eam causam　　その理由のために
> 15. **ob** stultitiam　　　愚かさゆえに

per（〜を通じて、〜によって）

> 16. Longum est iter **per** praecepta, breve et efficax **per** exempla.　Sen.Ep.6.5
> 　　教えによる道のりは長い。手本による道のりは短く効果的。
> 　　（iter, itineris n. 道のり　praeceptum, -ī n. 教え　brevis, -e 短い　efficax, -ācis 効果的な　exemplum, -ī n. 手本、模範）

post（〜の後に）

17. Ede, bibe, lūde, **post** mortem nulla voluptās.
    食べよ、飲めよ、遊べ。死後に快楽なし。
    (edō, esse 食べる　bibō, -ere 飲む　lūdō, -ere 遊ぶ　mors, -tis f. 死　nullus, -a, -um いかなる〜もない　voluptās, -ātis f. 快楽)

18. **Post** nūbila Phoebus.　雨の後に太陽。
    (nūbilum, -ī n. 雨、雨雲　Phoebus, -ī m. 太陽、太陽神)

prope（〜の近くに）

19. Est ingens gelidum lūcus **prope** Caeritis amnem.　Verg.Aen.8.597
    大きな聖林が、カエレの冷たい川のそばにある。
    (ingens, -tis 大きな　gelidus, -a, -um 冷たい　lūcus, -ī m. 聖林　Caere, -itis n. カエレ、古いエトルリアの都市名　amnis, -is c. 川)

propter（〜の近くに、〜のゆえに）

20. **propter** amōrem virtūtis　美徳への愛ゆえに
    (amor, -ōris m. 愛　virtūs, -ūtis f. 美徳)

trans（〜を横切って、越えて）

21. Caelum nōn animum mūtant quī **trans** mare currunt.
    海を越えて行く者たちは、心でなく空を変える。　Hor.Ep.1.11.27
    (caelum, -ī n. 空　animus, -ī m. 心　mūtō, -āre 変える　mare, maris n. 海　currō, -ere 走る、進む)

例文21は、旅をしても空間を移動するだけで、精神を変えることはできないという趣旨の言葉です。

奪格支配の前置詞

ā, ab（母音とhの前ではab）（～から、～によって）

> 22. **ā** capite ad calcem　頭からかかとまで、徹頭徹尾
>   （caput, -pitis n. 頭　calx, calcis f. かかと）
> 23. **ab** incūnābulīs　揺りかごから、幼少の頃から
>   （incūnābula, -ōrum n.pl. 揺りかご）
> 24. **Ā** fonte pūrō pūra dēfluit aqua.
>   清らかな泉から清らかな水が流れる。
>   （fons, -tis m. 泉　pūrus, -a -um 清らかな　dēfluō, ere 流れる　aqua, -ae f. 水）
> 25. **Ab** ūnō disce omnēs.　一からすべてを学べ。　Verg.Aen.2.65-66
>   （ūnus, -a, -um 1つ　discō, -ere 学ぶ　omnis, -e すべての）

cōram（～の面前で）

> 26. Cantābit vacuus **cōram** latrōne viātor.
>   一文なしの旅人は盗賊の前で鼻歌を歌うだろう。　Juv.10.22
>   （cantō, -āre 歌う　vacuus, -a, -um 空の、一文なしの　latrō, -ōnis m. 盗賊　viātor, -ōris m. 旅人）

cum（～とともに、～を伴って）

> 27. ōtium **cum** dignitāte　威厳ある余暇　Cic.D.O.1.1
>   （ōtium, -iī n. 余暇　dignitās, -ātis f. 威厳）
> 28. **cum** laude　優等で
>   （laus, -dis f. 賞賛）
> 29. **cum** prīmā lūce　明け方に
>   （prīmus, -a, -um 最初の　lux, lūcis f. 光、日光）

dē（〜から、〜から成る、〜について、〜に従って）

30. **dē** profundīs　深い底から
    (profundum, -ī n. 深い底、深淵)
31. **dē** marmore templum　大理石の神殿
    (marmor, -oris n. 大理石　templum, -ī n. 神殿)
32. **Dē** Nātūrā Deōrum　『神々の本性について』(キケローの作品名)
    (nātūra, -ae f. 自然、本性　deus, -ī m. 神)
33. **dē** mōre mājōrum　先祖の習慣に従って
    (mōs, -ōris m. 習慣、慣習　mājōrēs, -ōrum m.pl. 先祖)

ex（母音と子音の前）、**ē**（子音の前）（〜から、〜から外へ）

34. Amor **ex** oculīs oriens in pectus cadit.
    愛は目から生じ胸に落ちる。
    (amor, -ōris m. 愛　oculus, -ī m. 目　orior, -īrī 生じる　pectus, -oris n. 胸　cadō, -ere 落ちる)
35. Bonae lēgēs malīs **ex** mōribus prōcreantur.
    よき法律は悪しき習慣から生まれる。
    (lex, -ēgis f. 法律　malus, -a, -um 悪い　mōs, -ōris m. 習慣　prōcreō, -āre 生む)
36. **Ex** nihilō nihil fit.　無から何も生じない。
    (nihil 無　fīō, fierī 生じる)
37. **Ē** flammā cibum petere.
    （祭壇の）炎から食べ物を求めること（貧すれば鈍する）。
    (flamma, -ae f. 炎　cibus, -ī m. 食べ物　petō, -ere 求める)

prae（〜の前に、〜と比べて）

38. **prae** sē　自分の前に

prō（〜の前に、〜のために、〜にかけて、〜の代わりに）

> 39．**prō** memoriā　記憶のために
> 　　（memoria, -ae f. 記憶）
> 40．**prō** ārīs et focīs　祭壇と炉にかけて（誓う）
> 　　（āra, -ae f. 祭壇　focus, -ī m. 炉）

sine（〜なしに）

> 41．Ōtium **sine** litterīs mors est.　Sen.Ep.82.3
> 　　学問なき閑暇は死である。
> 　　（ōtium, -iī n. 閑暇　litterae, -ārum f.pl. 学問　mors, -tis f. 死）
> 42．Nulla diēs **sine** līneā.　Plin.35.10.36
> 　　1本の線も引かない日は一日もない。
> 　　（nullus, -a, -um 英語のno に相当　diēs, -ēī f. 日　līnea, -ae f. 線）

例文42は画家アペレスの不断の努力を示す言葉です。

対格支配と奪格支配の前置詞

in（対格を取る例：〜の中へ）

> 43．**in** perpetuum　永遠に
> 　　（perpetuus, -a, -um 永遠の）
> 44．Dum vītant stultī vitia, **in** contrāria currunt.　Hor.Sat.1.2.24
> 　　愚者は過ちを避けようとして反対（の過ち）に向かって走って行く。
> 　　（dum 〜する間　vītō, -āre 避ける　stultus, -a, -um 愚かな　vitium, -iī n. 過ち　contrārius, -a, -um 反対の　currō, -ere 走る）

in（奪格を取る例：〜において）

> 45．**In** vīnō vēritās.　酒の中に真理あり。
> 　　（vīnum, -ī n. 酒　vēritās, -ātis f. 真理）
> 46．Lupus **in** fābulā.　話の中のオオカミ（噂をすれば影）。Ter.Ad.537
> 　　（lupus, -ī m. オオカミ　fābula, -ae f. 話、物語）

sub（対格を取る例：～の下へ）

> 47. **Sub** montem succēdunt mīlitēs.　Caes.B.C.1.45
> 兵士らは山の下に接近する。
> (mons, -tis m. 山　succēdō, -ere 接近する　mīles, -itis c. 兵士)

sub（奪格をとる例：～の下に、下で）

> 48. **sub** rosā　バラの花の下で

「内密の」という意味です。

前置詞で注意すべき点

前置詞 cum を人称代名詞や再帰代名詞とともに用いる時は、その語の後につけます。例えば cum mē は mēcum になります。

> 49. Omnia mē**cum** portō mea.　Cic.Par.8
> 私は自分のすべてのものを持ち歩く。
> (omnis, -e すべての　portō, -āre 運ぶ、持ち歩く　meus, -a, -um 私の)

前置詞が名詞の後に置かれる場合があります。

> 50. Nam vitiīs nēmō **sine** nascitur.　Hor.Sat.1.3.68
> というのも、誰も欠点なしに生まれてこないから。
> (nam というのは　vitium, -iī n. 欠点　nēmō 誰も～ない　nascor, -ī 生まれる)

sine は vitiīs とともに「欠点なしに」という副詞句を作ります。

練習問題32　和訳しなさい。

1. Tū aquam ā pūmice nunc postulās.　Pl.Pers.41
2. Nābis sine cortice.　Hor.Sat.1.4.120
3. Omnia mea mēcum sunt.　Sen.Const.5.6
4. Nōn est ad astra mollis ē terrīs via.　Sen.Herc.437
5. Tacitum vīvit sub pectore vulnus.　Verg.Aen.4.67

語彙

aqua, -ae f. 水　pūmex, -icis m. 軽石　nunc 今　postulō, -āre 求める　nō, -āre 泳ぐ　cortex, -icis m. コルク　omnis, -e すべての　meus, -a, -um 私の　astra, -ōrum n.pl. 天、栄光　mollis, -e 容易な　ē, ex〈奪格〉から、より　terra, -ae f. 大地　via, -ae f. 道　tacitus, -a, -um 静かな　sub〈奪格〉の下に　vīvō, -ere 生きる　pectus, -oris n. 胸　vulnus, -eris n. 傷

ヒント

1. aquam は postulās の目的語です。ā pūmice は副詞句で、「軽石から」。軽石から水を絞り出そうとすることは無理で無茶なこと。原文では、「ない袖は振れぬ」の意味で使われています。
2. nābis は nō の能動態・未来、2人称単数です。sine cortice は「コルクなしに」と訳せますが、いわんとすることは「援助なしに」ということです。
3. omnia は omnis の中性・複数・主格です。名詞的に用いられ、sunt の主語になります。この文の意味は「私は自分のすべて（の財産）を肌身離さず持ち歩いている」ということですが、その財産とは自分の知恵であり、豊かな精神世界のことです。
4. 主語は文末の via です。mollis はこの文の補語です。ad astra ... ē terrīs （地上から天までの）は via にかかる形容詞句です。
5. tacitum は主語 vulnus にかかりますが、ここは「形容詞の副詞的用法」とみなし、「傷は静かに」と訳します。sub pectore は副詞句で「胸の下で」。vulnus は心の傷を意味します。原文では、カルターゴーの女王ディードーのアエネーアースに寄せる恋心を意味しています。

4　比　較

形容詞の比較級

「比較」とは文字どおり A と B を比較する表現です。「A は B より長い」といいたい時、ラテン語では「長い」に当たる形容詞 longus を比較級 longior に直して用います。

> 1. Nīlus **longior** est **quam** Rhēnus.
> 2. Nīlus **longior** est **Rhēnō**.
>   ナイル川はライン川より長い。

日本語訳の「より」に当たる部分は、接続詞 quam です（例文1）。この時比較される A と B は、どちらも同じ格に置かれます（Nīlus と Rhēnus はともに主格）。A と B が主格か対格の場合、例文2のように、「B よりも」に当たる表現を奪格形で表すこともできます。これを「比較の奪格」と呼びます。

英語で形容詞の語尾に -er をつけるように、ラテン語では形容詞の語幹に -ior をつけて比較級を作りますが、これは男・女性・単数・主格の形です。ラテン語の比較級は第3変化形容詞に準じて次のように変化します。

longior,-ius（より長い）の変化

	男・女性	中性
単数・主格(呼格)	longior	longius
属格	longiōris	longiōris
与格	longiōrī	longiōrī
対格	longiōrem	longius
奪格	longiōre (-ī)	longiōre (-ī)
複数・主格(呼格)	longiōrēs	longiōra
属格	longiōrum	longiōrum
与格	longiōribus	longiōribus
対格	longiōrēs	longiōra
奪格	longiōribus	longiōribus

形容詞の比較級の作り方

形容詞の単数・属格の語尾（第1・第2変化形容詞は -ī、第3変化形容詞は -is）の代わりに -ior（男・女性）、-ius（中性）をつけます。

 longus（長い） → longior, longius（より長い）
 brevis（短い） → brevior, brevius（より短い）
 audax（勇敢な） → audācior, audācius（より勇敢な）

形容詞の不規則な比較級

不規則な例は辞書に特記されていますので、1つ1つ確認するようにしていきます。主立ったものは次のとおりです。

 bonus（よい） → melior, melius（よりよい）
 malus（悪い） → pējor, pējus（より悪い）
 magnus（大きい） → mājor, mājus（より大きい）
 parvus（小さい） → minor, minus（より小さい）

比較級の例文

> 3．Dolor animī **gravior** est quam corporis.　　Syr.166
> 心の痛みは肉体の痛みより重い。
> （dolor, -ōris m. 苦痛、痛み　animus, -ī m. 心、精神　gravis, -e 重い　corpus, -oris n. 肉体）

この文では dolor animī（心の痛み）と dolor corporis（肉体の痛み）がくらべられています。後者の dolor は文中では省略されています。比較されるAとBが、ともに主格となる例です。quam が用いられ、前者が後者にくらべて「より重い」（gravior）と表現されています。

> 4．**Pējor** odiō amōris simulātiō.　愛の見せかけは憎しみより悪い。
> （pējor<malus 悪い　odium, -iī n. 憎しみ　amor, -ōris m. 愛　simulātiō, -ōnis f. 見せかけ）

主語は文末の simulātiō で pējor（malus の比較級）が補語です。odiō は、これ1語で「憎しみ（odium）よりも」を意味します（比較の奪格）。動詞 est が省略されています。

形容詞の最上級

形容詞の単数・属格の語尾（第1・第2変化形容詞は -i、第3変化形容詞は -is）の代わりに -issimus, -a, -um を添えます。この語尾の形でわかるとおり、形容詞の最上級は bonus, -a, -um と同じ変化をします。

  longus（長い） → longissimus（最も長い）
  brevis（短い） → brevissimus（最も短い）
  audax（勇敢な） → audācissimus（最も勇敢な）

形容詞の不規則な最上級

不規則な最上級の例のうち主立ったものを挙げます。ここでは重複を避けるため原級と最上級の形しか載せませんが、ご自分の手で原級、比較級、最上級の形を順に書いて覚えて下さい。

  bonus（よい） → optimus（最もよい）
  malus（悪い） → pessimus（最も悪い）
  magnus（大きい） → maximus（最も大きい）
  parvus（小さい） → minimus（最も小さい）

また、次の6語は -issimus でなく -limus を添えます。例えば、facilis の場合、比較級は facil-ior ですが、最上級は facil-limus とします。

  facilis 容易な difficilis 難しい similis 似ている
  dissimilis 似ていない gracilis 細長い humilis 卑しい

形容詞の最上級の例文

> 5. Famēs est **optimus** coquus.　空腹は最良の料理人である。
> （famēs, -is f. 空腹　coquus, -ī m. 料理人）

optimus は bonus の最上級として、coquus を修飾しています（ともに男性・単数・主格）。

「～の中で一番」の表現

複数・属格か、inter（～の中で）などの前置詞を用いる時、最上級の意味に限定が加えられます（最上級が成り立つ条件を限定している）。

> 6. **Hōrum omnium** fortissimī sunt Belgae.　Caes.B.G.1.1
> これらすべての（部族の）中で最も勇猛なのがベルガエ族である。
> (hōrum＜hic［指示代名詞］　omnis, -e すべての　fortis, -e 強い、勇猛な　Belgae, -ārum m.pl. ベルガエ族)

　hōrum は hic（これ）の複数・属格ですが、「〜のうちで、〜の中で」という意味を持ち、最上級 fortissimī の意味を限定しています。この属格の用法を「部分の属格」と呼びます。

絶対的用法

　比較級、最上級を問わず、何かとくらべることなく単独で用いられる場合があります。絶対的用法と呼ばれるもので、形容詞や副詞の意味を強調する働きをします。

> 7. **Altissima** quaeque flūmina minimō sonō lābuntur.　Curt.7.4
> 深い川はめいめい、ほとんど音も立てずに流れる。
> (altus, -a, -um 深い　quaeque＜quisque めいめい　flūmen, -minis n. 川　minimō＜parvus 小さい　sonus, -ī m. 音　lābor, -ī 流れる)

　altissima は altus の最上級で flūmina を修飾します（中性・複数・主格）。altissima flūmina は、本当に川の深さを測って「一番深い川」というのではなく、絶対的な意味で「深い川」を表すものです（強いて訳せば「とても深い川」等）。minimō は sonō にかかり、直訳では「最も小さい音によって」となりますが、これも絶対的用法と判断し、「限りなく小さい音で」と解釈します。

> 8. **Gravissima** est probī hominis īrācundia.　Syr.230
> 高潔な人間の怒りは極めて甚だしい。
> (gravis, -e 重い、甚だしい　probus, -a, -um 正しい、高潔な　homō, -minis c. 人間　īrācundia, -ae f. 怒り)

　主語は īrācundia で、文頭の gravissima は補語になります。gravissima は gravis の最上級ですが、絶対的用法の例とみなせます。

比較級を用いた最上級

「A 以上に B なものは何もない」という言い方をすることで、結果的に「A が一番 B な状態である」と伝える構文があります。

> 9. Nihil est virtūte **amābilius**.　Cic.Amic.28
> 美徳以上に愛すべきものはない。
> (virtūs, -ūtis f. 美徳　amābilis, -e 愛すべき)

nihil (= nothing) が主語で amābilis の比較級 amābilius (中性・単数・主格) が補語です。virtūte は比較の奪格です。

類例をもう 1 つ挙げます。比較の奪格の代わりに quam ＋不定法が使われる例です。

> 10. Nihil est **difficilius** quam bene imperāre.
> よく支配すること以上に難しいことはない。
> (difficilis, -e 難しい　bene よく、うまく　imperō, -āre 支配する)

nihil を英語の nothing、quam を than に置き換えれば、構文が容易に理解できるでしょう。

副詞の比較級と最上級

副詞の比較級は、形容詞の比較級の中性・単数・対格 (語尾が -ius で終わる形) を用います。

　　citus (速い)　　→　　citius (より速く)
　　altus (高い)　　→　　altius (より高く)
　　fortis (強い)　　→　　fortius (より強く)

副詞の最上級は、形容詞の最上級の語尾 -us を -ē に変えて作ります。altus (高い) を例に取ると、形容詞の最上級は altissimus (最も高い) ですが、語尾の -us を -ē に変えると、副詞の最上級 altissimē (最も高く) が得られます。

　　citus (速い)　→ citissimus (最も速い)　→ citissimē (最も速く)
　　altus (高い)　→ altissimus (最も高い)　→ altissimē (最も高く)
　　fortis (強い)　→ fortissimus (最も強い)　→ fortissimē (最も強く)

不規則な変化をする形容詞も、その最上級の形さえわかれば、一般の形

容詞と同じく語尾を -ē に変えるだけです。bonus（よい）を例に取ると、その最上級は optimus（最もよい）ですが、副詞の最上級は、語尾の -us を -ē に変えた形、すなわち optimē（最もよく）になります。

ただし、そもそも bonus の比較級が melior（m.f.）と melius（n.）になることや（この中性形が副詞の比較級に相当）、最上級が optimus になることについては、個別に暗記しなければなりません。まずは次の3つを覚えましょう。

  bene（よく）   → melius（よりよく） → optimē（最もよく）
  male（悪く）   → pējus（より悪く） → pessimē（最も悪く）
  multum（大いに） → plūs（より大きく） → plūrimum（最も大きく）

次に、magis（いっそう）と minus（より少なく）の2つを覚えます。それぞれ英語の more と less に相当するといえば、その重要性がおわかりいただけるでしょう。

  magis（いっそう大きく） → maximē（最も大きく）
  minus（より小さく） → minimē（最も小さく）

magis は形容詞 magnus（大きい）から、minus は parvus（小さい）からできた副詞の比較級ですが、その原級に当たる副詞の形はありません。

副詞の比較級と最上級の例文

> 11. **Plūs** apud mē antīquōrum auctōritās valet. Cic.Amic.13
> 　私には昔の人々の影響の方が、より大きな力を持つ。
> 　（plūs＜multum 大いに　apud〈対格〉のそばで、の中で　antīquī, -ōrum m.pl. 昔の人々　auctōritās, -ātis f. 影響力、権威　valeō, -ēre 力を持つ）

副詞 plūs は、multum の比較級として valet にかかります。訳例の該当箇所を直訳すると、「より大きく力を持つ」となります。

> 12. Parēs cum paribus **facillimē** congregantur. Cic.Sen.7
> 　似た者は似た者と最も容易に集まる。
> 　（pār, paris 似ている　cum〈奪格〉と　facile 容易に　congregō, -āre 集める）

形容詞 facilis（容易な）の最上級は facillimus（最も容易な）です。こ

の最上級の形がわかれば facillimē を得るのは容易です（語尾の -us を -ē に変えるのみ）。

　この課は特に細かい規則がたくさん出てきて最初は誰もが面食らいます。日頃から気になる形の1つ1つを辞書で確認することと、時間のある時に暗記すべきことを紙にまとめ、記憶の整理をするとよいでしょう。

練習問題33　和訳しなさい。

1. Fidēs fortior fātīs.
2. Amor magister est optimus.
3. Nōn quī parum habet, sed quī plūs cupit, pauper est.　Sen.Ep.2.4
4. Ignōrātiō futūrōrum malōrum ūtilior est quam scientia.　Cic.Div.2.9.23
5. Quid enim est jūcundius senectūte stīpātā studiīs juventūtis?　Cic.Sen.28

語彙

fidēs, -eī f. 信義　fortis, -e 強い　fātum, -ī n. 運命　amor, -ōris m. 愛　magister, -trī m. 教師　optimus, -a, -um 最良の　parum 不十分に　habeō, -ēre 持つ　plūs より多く　cupiō, -ere 熱望する　pauper, -eris 貧しい　ignōrātiō, -ōnis f. 無知　futūrus, -a, -um 未来の　malum, -ī n. 不幸　ūtilis, -e 有益な　scientia, -ae f. 知識　enim というのも　jūcundus, -a, -um 喜ばしい　senectūs, -ūtis f. 老年　stīpō, -āre 取り囲む、密集させる　studium, -iī n. 熱意、情熱　juventūs, -ūtis f.（集合的に）若者たち

ヒント

1. fidēs が主語で形容詞の比較級 fortior（女性・単数・主格）が補語です。動詞 est は省略されています。fātīs は比較の奪格です（複数・中性・奪格）。
2. amor が主語で magister が補語です。optimus は amor にも magister にもかけられますが、magister にかける方が自然な意味になります。
3. nōn A sed B の構文は、「A でなく B」と訳します。関係代名詞 quī の先行詞は省かれています。quī の従属文は「〜する人（は）」と訳せま

す。Aは「不十分に持つ人」、Bは「より多く望む人」です。このうち「Bがpauperである（est）」と主張する文です。

4．主語は ignōrātiō で ūtilior（ūtilis の比較級、女性・単数・主格）が補語になります。直訳は、「未来の（fūtūrōrum）不幸の（malōrum）無知は（ignōrātiō）（その）知識（scientia）よりも（quam）有益である（ūtilior est）」となります。

5．文の骨格は、「何が（quid）老年よりも（senectūte）喜ばしいもの（jūcundius）であるか（est）」です。jūcundius は jūcundus の比較級、中性・単数・主格です（疑問代名詞 quid と性・数・格が一致）。senectūte は比較の奪格で、これを完了分詞 stīpāta 以下が修飾します。すなわち、「若者たちの（juventūtis）熱意によって（studiīs）取り囲まれた（stīpāta）」という形容詞句が senectūte にかかります。

5 数　詞

基数詞と序数詞

　基数詞は、Quot?（どれだけ多くの？）に対する答え、序数詞は Quotus?（何番目の？）に対する答えを表す数詞です。英語の one, two, three に当たるのが、ūnus, duo, trēs（基数詞）で、first, second, third に当たるのが、prīmus, secundus, tertius（序数詞）です。

> 1. **Ūnō** saltū **duōs** aprōs capere.　Pl.Cas.476
>   一つの森で2頭のイノシシをつかまえること。
>   （saltus, -ūs m.　森　aper, -prī m.　イノシシ　capiō, -ere つかまえる）

　ūnus は男性・単数・奪格の ūnō に、duo は男性・複数・対格の duōs に変化して、修飾する名詞と性・数・格を一致させています。このように、基数詞のうち1から3、200から900までの100の単位は、性・数・格を含めた変化をします。それ以外は不変化です。

　1000を表す mille は、単数の場合（つまり2000以上でなく1000を意味する場合）、形容詞として名詞を修飾します。

> 2. Ipse ab hostium castrīs nōn longius **mille et quingentīs** passibus aberat.　Caes.B.G.1.22
>   彼自身は敵の陣営から1500パッスス（1.5ローマ・マイル）足らず離れた所にいた。
>   （hostis, -is c.　敵　castra, -ōrum n.pl.　陣営　longius<longē 離れて　passus, -ūs m.　パッスス　absum, -esse 離れている）

　この文のように1500は1000と500に分けて表します。mille も quingentīs も passibus を修飾しますが、mille が不変化であるのに対し、100の単位である quingentīs は passibus と性・数・格を一致させています（ともに男性・複数・奪格）。

　1000の複数形、つまり2000以上の1000の形は mīlia です。これは中性名詞の複数形として mīlia, mīlium, mīlibus, mīlia, mīlibus のように格変化します。

> 3. Hostēs sub monte consēdērunt **mīlia** passuum ab ējus castrīs **octō**. Caes.B.G.1.21
> 敵は彼の陣営から8000パッスス離れた山の麓に野営した。
> (sub〈奪格〉の下に mons, montis m. 山 consīdō, -ere, -ēdī 野営する)

この文では1000の複数が使われるため、mille は mīlia の形（複数・対格）で登場します。これは「広がりの対格」と呼ばれる用例です。

これらの点を頭に入れた上で、下の表をご覧下さい。

数字		基数詞	序数詞
1	I	ūnus, -a, -um	prīmus
2	II	duo, -ae, -o	secundus
3	III	trēs, tria	tertius
4	IV	quattuor	quartus
5	V	quinque	quintus
6	VI	sex	sextus
7	VII	septem	septimus
8	VIII	octō	octāvus
9	IX	novem	nōnus
10	X	decem	decimus
11	XI	undecim	undecimus
12	XII	duodecim	duodecimus
13	XIII	tredecim	tertius decimus
14	XIV	quattuordecim	quartus decimus
15	XV	quindecim	quintus decimus
16	XVI	sēdecim	sextus decimus
17	XVII	septendecim	septimus decimus
18	XVIII	duodēvīgintī	duodēvīcēsimus
19	XIX	undēvīgintī	undēvīcēsimus
20	XX	vīgintī	vīcēsimus
21	XXI	vīgintī ūnus	ūnus et vīcēsimus
22	XXII	vīgintī duo	alter et vīcēsimus

28	XXVIII	duodētrīgintā	duodētrīcēsimus
29	XXIX	undētrīgintā	undētrīcēsimus
30	XXX	trīgintā	trīcēsimus
40	XL	quadrāgintā	quadrāgēsimus
50	L	quinquāgintā	quinquāgēsimus
60	LX	sexāgintā	sexāgēsimus
70	LXX	septuāgintā	septuāgēsimus
80	LXXX	octōgintā	octōgēsimus
90	XC	nōnāgintā	nōnāgēsimus
100	C	centum	centēsimus
200	CC	ducentī, -ae, -a	ducentēsimus
300	CCC	trecentī, -ae, -a	trecentēsimus
400	CD	quadringentī, -ae, -a	quadringentēsimus
500	D	quingentī, -ae, -a	quingentēsimus
600	DC	sescentī, -ae, -a	sescentēsimus
700	DCC	septingentī, -ae, -a	septingentēsimus
800	DCCC	octingentī, -ae, -a	octingentēsimus
900	CM	nōngentī, -ae, -a	nōngentēsimus
1000	M	mille	millēsimus
2000	MM	duo mīlia	bis millēsimus
10000	CCIƆƆ	decem mīlia	deciēs millēsimus
100000	CCCIƆƆƆ	centum mīlia	centiēs millēsimus

※序数詞の語尾 -us は男性・単数・主格の例。bonus, -a, -um のように変化する。

21 の基数詞は ūnus et vīgintī とも表記されます。ただ、121 は centum vīgintī ūnus、1121 は mille centum vīgintī ūnus です（et は用いない）。

上の表の補足として、duo (2) と trēs (3) の変化を紹介します（ūnus は「代名詞的形容詞」のところで紹介済み）。

	男性	女性	中性
主格	duo	duae	duo
属格	duōrum	duārum	duōrum
与格	duōbus	duābus	duōbus
対格	duōs(duo)	duās	duo
奪格	duōbus	duābus	duōbus

	男性・女性	中性
主格	trēs	tria
属格	trium	trium
与格	tribus	tribus
対格	trēs	tria
奪格	tribus	tribus

※男性・女性とも同じ変化。

基数詞を用いた例文

4. Crīmine ab **ūnō** disce omnēs.　Verg.Aen.2.65-66
一つの悪事からすべてを学べ。
（crīmen, -minis n. 悪事　ab〈奪格〉から　discō, -ere 学ぶ　omnis, -e すべての）

　一般には crīmine を省いた形、すなわち Ab ūnō disce omnēs（一つからすべてを学べ）で知られます。原文で omnēs（女性・複数・対格）は insidiās（「欺瞞」を意味する insidiae の複数・対格）を指しています。主人公アエネーアスは、ギリシャ人の犯した一つの悪事を語るので、それによって彼らの欺瞞のすべてを推し量ってくれ、と聞き手ディードーに伝えます。

> 5. Uxōrem duxit: nātī fīliī **duo**.　Ter.Ad.46-47
> 彼は妻をめとった。2人の息子が生まれた。
> （uxor, -ōris f. 妻　dūcō, -ere, duxī めとる　nascor, -ī, nātus sum 生まれる　fīlius, -iī m. 息子）

この文の duo は fīliī を修飾しています。つまり、男性・複数・主格です。nātī は nascor の完了分詞です。省略された sunt とあわせて完了の受動態になります。

> 6. **Quinquāgintā ūnum** annōs nātus sum.　私は51歳です。
> （annus, -ī m. 年）

このように年齢を表す場合、完了分詞 nātus と年数の対格形を用います。annōs は annus の複数・対格です。

数副詞

semel（1度）、bis（2度）、ter（3度）など数副詞は変化しません。よく用いられるものに絞って紹介します（いい換えると最低限これだけは覚えましょう）。

1 semel（1度）	2 bis（2度）	3 ter（3度）	
4 quater	5 quinquiēs	6 sexiēs	7 septiēs
8 octiēs	9 noviēs	10 deciēs	100 centiēs

※ -iēs の部分は -iens のつづりもある（deciēs = deciens）。

> 7. Haec **deciens** repetīta placēbit.　Hor.A.P.365
> これ（この詩）は10回求められても喜びを与えるだろう。
> （repetō, -ere, -petīvī, -petītum 再び求める　placeō, -ēre 喜ばれる）

deciens は deciēs と同じ意味です。repetīta にかかります。原文を見ると、haec（女性・単数・主格）は poēsis (-is, f. 詩) を指しています。熟読・再読に値する詩を意味しています。

配分数詞

singulī, -ae, -a（1つずつ）、bīnī, -ae, -a（2つずつ）など配分数詞は第

1・第2変化形容詞 bonus, -a, -um と同じ変化をします（ただし、常に複数形で使う）。

1 singulī, -ae, -a	2 bīnī, -ae, -a	3 ternī (trīnī), -ae, -a
4 quaternī, -ae, -a	5 quīnī, -ae, -a	6 sēnī, -ae, -a
7 septēnī, -ae, -a	8 octōnī, -ae, -a	9 novēnī, -ae, -a
10 dēnī, -ae, -a	100 centēnī, -ae, -a	

> 8. Discrībēbat censōrēs **bīnōs** in **singulās** cīvitātēs.　Cic.Verr.2.133
> 彼は各都市に2人ずつの監察官を割り当てた。
> (discrībō, -ere 割り当てる　censor, -ōris m. 監察官　cīvitās, -ātis f. 都市)

bīnōs は censōrēs にかかり（男性・複数・対格）、singulās は cīvitātēs にかかります（女性・複数・対格）。

練習問題34　和訳しなさい。

1．Gallia est omnis dīvīsa in partēs trēs.　Caes.B.G.1.1
2．Platō ūnō et octōgēsimō annō scrībens est mortuus.　Cic.Sen.13
3．Duās tantum rēs anxius optat, pānem et circensēs.　Juv.10.80-81
4．Ō terque quaterque beātī, quīs ante ōra patrum Trōjae sub moenibus altīs contigit oppetere!　Verg.Aen.1.94-96
5．Agnoscitque suōs laetusque ad līmina dūcit, et multum lacrimās verba inter singula fundit.　Verg.Aen.3.347-348

語　彙

Gallia, -ae f. ガッリア　omnis, -e すべての　dīvīsus, -a, -um 分けられた　pars, partis f. 部分　Platō, -ōnis m. プラトーン　annus, -ī m. 年　scrībō, -ere 書く　morior, -ī, mortuus sum 死ぬ　duās<duo　tantum ただ〜だけ　rēs, -eī f. 物　anxius, -a, -um 熱心な　optō, -āre 願う、求める　pānis, -is m. パン　circensēs, -ium m.pl. 戦車競技、円形競技場での催し物　ō おお　ter 3度　quater 4度　beātus, -a, -um 幸福な　quīs＝quibus<quī［関係代名詞］　ante〈対格〉の前で　ōs, ōris n. 顔、見える所　pater, -tris m. 父　Trōja, -ae f. トロイヤ　altus, -a, -um 高い、そびえ

立つ　moenia, -ium n.pl. 城、城壁　contingō, -ere, contigī 触れる、[自動詞]〈与格〉に〈不定法〉が生じる　oppetō, -ere 死ぬ　agnoscō, -ere 認める　suī, -ōrum 自分の者たち、友人、部下たち　laetus, -a, -um 喜んでいる　līmen, -minis n. 家、館、玄関　dūcō, -ere 導く　multum 大いに　lacrima, -ae f. 涙　verbum, -ī n. 言葉　inter〈対格〉の間に　fundō, -ere 注ぐ、こぼす

> [!ヒント]

1. 基数詞 trēs は直前の名詞 partēs にかかります。in partēs trēs で「3つの部分に」と訳せます。主語は Gallia で omnis がこれを修飾、完了分詞 dīvīsa は補語になります。この1行はカエサルの『ガリア戦記』の冒頭の言葉として知られます。
2. ūnō et octōgēsimō は annō を修飾します（男性・単数・奪格）。「81歳の時に」と訳せます。scrībens は scrībō の現在分詞（男性・単数・主格）、est mortuus は morior の完了（3人称単数）です。
3. duās は rēs を修飾し（女性・複数・対格）、optat の目的語になります。anxius は形容詞ですが副詞的に使われていると判断し、「熱心に」と訳します。問題文だけで考えれば、省略された主語を「彼は」とすればよいのですが、原文を参照すると「民衆」を意味することがわかります。
4. quīs は関係代名詞の複数・与格です（quibus の別形）。先行詞 illī（彼ら は）はこの文の主語ですが省かれています。beātī はその補語です（男性・複数・主格）。contigit（完了）は不定法を伴い、「〈不定法〉の内容の出来事が〈与格〉に起きた」という意味を表します。「死ぬという出来事が（oppetere）起きた（contigit）ところの（quīs）」が、省略された illī にかかります（解答の訳は意訳）。
5. 配分数詞 singula は verba を修飾しています（中性・複数・対格）。これらは前置詞 inter とともに副詞句を作り、「1つ1つの言葉を通して（交わす中で）」という意味を表します。

第11章 　動詞5

1　接続法の活用と単文での用法

　ラテン語の動詞には4つの法（mood）があります。すでに、直説法、不定法、命令法を学びました。この章では接続法の基本を説明します。
　接続法は、「AはBであればいい」とか「CがDしますように」といった話者の主観（意思、願望など）を表す表現です。例えば、**Amāmus patriam.** は「私たちは祖国を愛している」という意味ですが、**Amēmus patriam.** は「祖国を愛そうではないか」という意味になります（前者は直説法、後者は接続法）。1文字違うだけでガラッと意味が変わります。以下に接続法の変化を表にして紹介します。これらの表を正確に覚えることが、細かな用法を学ぶ以前に必要な準備になります。

接続法の活用

　ラテン語の接続法には、現在、未完了過去、完了、過去完了の4つの時称があります。覚え方のコツは、単数1人称だけを確実に暗記することです。単数1人称さえわかれば、単数2人称以下は意外にスラスラいえるものだからです。

接続法・能動態・現在

	1	2	3	3 b	4
単数1人称	**amem**	**videam**	**agam**	**capiam**	**audiam**
2人称	amēs	videās	agās	capiās	audiās
3人称	amet	videat	agat	capiat	audiat
複数1人称	amēmus	videāmus	agāmus	capiāmus	audiāmus
2人称	amētis	videātis	agātis	capiātis	audiātis
3人称	ament	videant	agant	capiant	audiant

接続法・受動態・現在

	1	2	3	3b	4
単数1人称	**amer**	**videar**	**agar**	**capiar**	**audiar**
2人称	amēris	videāris	agāris	capiāris	audiāris
3人称	amētur	videātur	agātur	capiātur	audiātur
複数1人称	amēmur	videāmur	agāmur	capiāmur	audiāmur
2人称	amēminī	videāminī	agāminī	capiāminī	audiāminī
3人称	amentur	videantur	agantur	capiantur	audiantur

接続法・能動態・未完了過去

	1	2	3	3b	4
単数1人称	**amārem**	**vidērem**	**agerem**	**caperem**	**audīrem**
2人称	amārēs	vidērēs	agerēs	caperēs	audīrēs
3人称	amāret	vidēret	ageret	caperet	audīret
複数1人称	amārēmus	vidērēmus	agerēmus	caperēmus	audīrēmus
2人称	amārētis	vidērētis	agerētis	caperētis	audīrētis
3人称	amārent	vidērent	agerent	caperent	audīrent

　接続法・未完了過去は母音の長短を無視すると、不定法・現在に人称語尾を加える、と覚えておけばよいでしょう。

接続法・受動態・未完了過去

	1	2	3	3b	4
単数1人称	**amārer**	**vidērer**	**agerer**	**caperer**	**audīrer**
2人称	amārēris	vidērēris	agerēris	caperēris	audīrēris
3人称	amārētur	vidērētur	agerētur	caperētur	audīrētur
複数1人称	amārēmur	vidērēmur	agerēmur	caperēmur	audīrēmur
2人称	amārēminī	vidērēminī	agerēminī	caperēminī	audīrēminī
3人称	amārentur	vidērentur	agerentur	caperentur	audīrentur

> **確認問題**

amō, videō, agō, capiō, audiō について、指定された形を答えなさい。
(1) 接続法・能動態・現在、1人称単数
(2) 接続法・受動態・現在、1人称単数
(3) 接続法・能動態・未完了過去、1人称単数
(4) 接続法・受動態・未完了過去、1人称単数

> **解　答**

(1) amem, videam, agam, capiam, audiam
(2) amer, videar, agar, capiar, audiar
(3) amārem, vidērem, agerem, caperem, audīrem
(4) amārer, vidērer, agerer, caperer, audīrer

　接続法の活用を暗記する第1ステップは、この確認問題が完璧にできるようにすることです。最初は上の変化表の太字部分が瞬時にいえるように練習しましょう。
　次に、不規則動詞 sum の接続法・現在と未完了過去の変化を見ておきましょう。

sum の接続法・現在
　sim, sīs, sit, sīmus, sītis, sint
sum の接続法・未完了過去
　essem, essēs, esset, essēmus, essētis, essent

　この2つの活用はぜひとも覚えて下さい。次にお見せする一般動詞の接続法・受動態の完了と過去完了を暗記する際に必要な知識になります。なお、接続法の完了と過去完了は第1変化動詞の変化を覚えるだけで十分です（第2変化以下の語尾はまったく同じ）。

接続法・能動態・完了

　1人称単数が -erim になる以外は、すべて（直説法・能動態・）未来完了と同じ形です。amō を例に取ると次のようになります。
　amāverim, amāveris, amāverit, amāverimus, amāveritis, amāverint

接続法・受動態・完了

完了分詞＋sim（sum の接続法・現在）の変化となります。amō の場合、amātus, -a, -um ＋ sim, sīs, sit, sīmus, sītis, sint です。

組み合わせ方を知れば簡単です。あとは sum の接続法・現在（sim）の変化を完璧に覚えることです。完了分詞があやふやな人は、そこを復習して下さい。

接続法・能動態・過去完了

母音の長短を無視すれば、完了の不定法＋人称語尾と記憶するとよいでしょう。amō を例に取ると、

amāvissem, amāvissēs, amāvisset,

amāvissēmus, amāvissētis, amāvissent となります。

amō の完了の不定法は、amāvisse でした。このことがわかれば暗記はしやすくなります。ただし、2人称単数、1人称複数、2人称複数の形を見て下さい。amāvissē（語尾の e が ē と長くなる）に essem の変化語尾がつく形になっています。母音の長短にも気をつけて声に出して発音すればよいでしょう。

接続法・受動態・過去完了

完了分詞＋essem（sum の接続法・未完了過去）の変化となります。amō を例に取ると、

amātus, -a, -um ＋ essem, essēs, esset, essēmus, essētis, essent です。

組み合わせがわかれば、新しく覚えることは一つもありません。

確認問題

sum の接続法・完了と過去完了の変化を答えなさい。

ヒント

活用のルールは不規則動詞も規則動詞と同じです。解答を見てその点を「なるほど」と確認して下さい。sum の完了、1人称単数は fuī、完了の不定法は fuisse です。

> **解　答**
> 接続法・完了：fuerim, fueris, fuerit, fuerimus, fueritis, fuerint
> 接続法・過去完了：fuissem, fuissēs, fuisset, fuissēmus, fuissētis, fuissent

不規則動詞の接続法の活用

　ここで、sum 以外の不規則動詞の変化を一挙公開します。それぞれ1人称単数のみ太字で示しています。これを確実に暗記するのが楽に覚えるコツです。

不規則動詞の接続法・能動態・現在

possum（できる）：**possim**, possīs, possit, possīmus, possītis, possint
dō（与える）：**dem**, dēs, det, dēmus, dētis, dent
eō（行く）：**eam**, eās, eat, eāmus, eātis, eant
volō（望む）：**velim**, velīs, velit, velīmus, velītis, velint
nōlō（望まない）：**nōlim**, nōlīs, nōlit, nōlīmus, nōlītis, nōlint
mālō（むしろ望む）：**mālim**, mālīs, mālit, mālīmus, mālītis, mālint
ferō（運ぶ）：**feram**, ferās, ferat, ferāmus, ferātis, ferant
fīō（なる）：**fīam**, fīās, fīat, fīāmus, fīātis, fīant

不規則動詞の接続法・能動態・未完了過去

possum → **possem**, possēs, posset, possēmus, possētis, possent
dō → **darem**, darēs, daret, darēmus, darētis, darent
eō → **īrem**, īrēs, īret, īrēmus, īrētis, īrent
volō → **vellem**, vellēs, vellet, vellēmus, vellētis, vellent
nōlō → **nollem**, nollēs, nollet, nollēmus, nollētis, nollent
mālō → **mallem**, mallēs, mallet, mallēmus, mallētis, mallent
ferō → **ferrem**, ferrēs, ferret, ferrēmus, ferrētis, ferrent
fīō → **fierem**, fierēs, fieret, fierēmus, fierētis, fierent

不規則動詞の接続法・能動態・完了

possum → **potuerim**, potueris, potuerit, potuerimus, potueritis, potuerint

dō → **dederim**, dederis, dederit, dederimus, dederitis, dederint
eō → **ierim**, ieris, ierit, ierimus, ieritis, ierint
volō → **voluerim**, volueris, voluerit, voluerimus, volueritis, voluerint
nōlō → **nōluerim**, nōlueris, nōluerit, nōluerimus, nōlueritis, nōluerint
mālō → **māluerim**, mālueris, māluerit, māluerimus, mālueritis, māluerint
ferō → **tulerim**, tuleris, tulerit, tulerimus, tuleritis, tulerint
fīō → **factus sim**, factus sīs, factus sit, factī sīmus, factī sītis, factī sint

不規則動詞の接続法・能動態・過去完了

possum → **potuissem**, potuissēs, potuisset, potuissēmus, potuissētis, potuissent
dō → **dedissem**, dedissēs, dedisset, dedissēmus, dedissētis, dedissent
eō → **iissem**, iissēs, iisset, iissēmus, iissētis, iissent
volō → **voluissem**, voluissēs, voluisset, voluissēmus, voluissētis, voluissent
nōlō → **nōluissem**, nōluissēs, nōluisset, nōluissēmus, nōluissētis, nōluissent
mālō → **māluissem**, māluissēs, māluisset, māluissēmus, māluissētis, māluissent
ferō → **tulissem**, tulissēs, tulisset, tulissēmus, tulissētis, tulissent
fīō → **factus essem**, factus essēs, factus esset, factī essēmus, factī essētis, factī essent

　以上が不規則動詞の変化一覧です。このうち fīō（なる、～にされる）については、完了、過去完了時称において faciō（なす、～にする）の受動態の形を用いますので、その点ご注意下さい。なお、dō と ferō は受動態の変化もあります。

不規則動詞の接続法・受動態・現在
dō（与える）：—, dēris, dētur, dēmur, dēminī, dentur
ferō（運ぶ）：**ferar**, ferāris, ferātur, ferāmur, ferāminī, ferantur
※ dō の1人称単数の形はない。

不規則動詞の接続法・受動態・未完了過去

dō → **darer**, darēris, darētur, darēmur, darēminī, darentur

ferō → **ferrer**, ferrēris, ferrētur, ferrēmur, ferrēminī, ferrentur

不規則動詞の接続法・受動態・完了

dō → **datus sim**, datus sīs, datus sit, datī sīmus, datī sītis, datī sint

ferō → **lātus sim**, lātus sīs, lātus sit, lātī sīmus, lātī sītis, lātī sint

不規則動詞の接続法・受動態・過去完了

dō → **datus essem**, datus essēs, datus esset, datī essēmus, datī essētis, datī essent

ferō → **lātus essem**, lātus essēs, lātus esset, lātī essēmus, lātī essētis, lātī essent

接続法の活用についてお伝えすることは以上です。それぞれの動詞について1人称単数の形を瞬時に答えられるようにすること、不規則動詞についてはsumの活用を完全に暗記すること。これが確実になってから次の説明に進んで下さい。

接続法の単文での用法

接続法の単文での用法を大別すると、1）意思、2）願望、3）可能性の3つの用法があります。どの用法に属すかは、文脈を手がかりにして判断します。なお、否定文は、1）と2）ではnēを、3）ではnōnを用います。

1）意 思

1 意 思

文法書によっては「勧奨の接続法」と呼ばれます。接続法の現在は、「〜しよう」、未完了過去は、「〜すべきだった」と訳すのが基本です。初めに紹介したAmēmus patriam.（祖国を愛そう）はこの例です。

> 1. Prōdit nesciō quis: **concēdam** hūc.　　Ter.Ad.635
> 　誰かが出てくるぞ。こっちに退こう。
> 　（prōdeō, -īre 進み出る、出てくる　nesciō quis 誰か　concēdō, -ere 退く　hūc こちらに）

　喜劇の中の台詞です。concēdam（退こう）は１人称単数の意思を表します。舞台に出てくる「誰か」（nesciō quis）に見つからないように身を潜め、様子をうかがおうという場面です。

> 2. **Vīvāmus**, mea Lesbia, atque **amēmus**.　　Catul.5.1
> 　生きよう、私のレスビア、そして愛し合おう。
> 　（vīvō, -ere 生きる　meus, -a, -um 私の　atque そして　amō, -āre 愛する）

　太字にした２つの動詞は、いずれも接続法・能動態・現在、１人称複数です。「一緒に〜しよう」と相手に呼びかける表現です。

2　命　令

　３人称に対する命令は接続法・現在で表すことができます。実際には純粋な命令「〈３人称〉に〜させよ」というより、「〈３人称〉は〜すべきである」という義務の提示を行う用法も含みます。

> 3. **Cēdant** arma togae.　武器はトガに譲るべし。　　Cic.Off.1.77
> 　（cēdō, -ere〈与格〉に譲る　arma, -ōrum n.pl. 武器　toga, -ae f. トガ、ローマの平時における市民服）

　cēdant は cēdō の接続法・能動態・現在、３人称複数です。主語 arma に cēdant させよ、という話者の命令を表しています。

> 4. Animī bonum animus **inveniat**.　　Sen.Vit.2.2
> 　魂の善良さは魂が見出すべきである。
> 　（animus, -ī m. 魂、心　bonum, -ī n. 良さ、善　inveniō, -īre 見出す）

　inveniat は inveniō の接続法・能動態・現在、３人称単数です。「animus が animī bonum を inveniat すべきである」という話者の主張が示されま

す。

> 5．Aura, **veniās**. そよ風よ、おいで。 Ov.Met.7.813
> （aura, -ae f. そよ風　veniō, -īre 来る）

　veniās は veniō の接続法・能動態・現在、2人称単数です。これは2人称に対する接続法による命令です。通常の命令法・現在で表現すると、Aura, venī. となります。

3　禁　止

　2人称、3人称とも nē ＋接続法で禁止を表します。nōn でなく nē を用いる点に注意します。3人称の禁止は、接続法・現在を用います。2人称の場合は、接続法・完了を用いるのが本来で、接続法・現在は口語的表現とみなされます。

nē ＋接続法・現在の例

> 6．Nē **exeat**. 彼に外出させてはならない。
> （exeō, -īre 外出する）

　exeat は不規則動詞 exeō の接続法・能動態・現在、3人称単数です。この形で現在の行為に対する禁止事項を伝えます。

> 7．Immortālia nē **spērēs**. Hor.Carm.4.7.7
> （あなたは）不死なるものを望まないようにせよ。
> （immortālis, -e 不死の、不滅の　spērō, -āre 望む）

　spērēs は接続法・現在、2人称単数です。語尾が -ēs で終わるのは第1変化動詞の特徴です（amō → amēs）。immortālia は形容詞の名詞的用法です。

nē ＋接続法・完了の例

> 8．Nē hoc **fēceris**. （あなたは）これをしてはいけない。
> （hoc＜hic［指示代名詞］　faciō, -ere, -ēcī 行う）

fēceris は faciō の接続法・能動態・完了、2人称単数です。時称に注意して下さい。完了で「今の」禁止事項を伝えます。2人称の場合の基本です。

4　譲　歩

「譲歩の接続法」は、「たとえ～でも」と訳します。現在の譲歩は接続法の現在、過去の譲歩は完了で表します。否定文には nē を用います。

> 9. **Nē sit** summum malum dolor, malum certē est.　　Cic.Tusc.2.14
>   苦痛は最高の悪ではないにせよ、たしかに悪ではある。
>   （summus, -a, -um 最高の　malum, -ī n. 悪　dolor, -ōris m. 苦痛　certē たしかに）

2)　願　望

「願望の接続法」は、文字どおり話者の願望を接続法で表すものです。否定には nē を用います。肯定文の文頭に utinam（あらんことを）、否定文の文頭に utinam nē をつけることがあります。接続法の用いられるすべての時称で願望の表現が見られます。願望には実現可能な願望と実現不可能な願望の2種類があり、時称の区別でそれを表します。

実現可能な願望
（イ）　現在の願望………接続法・現在
（ロ）　過去の願望………接続法・完了
実現不可能な願望
（ハ）　現在の願望………接続法・未完了過去
（ニ）　過去の願望………接続法・過去完了

　（イ）は「～すること」を願う、（ロ）は「～したこと」を願うという文脈で使われます。（ハ）は「～できればいいのに」、（ニ）は「～できたらよかったのに」という意味で用いられます。以下、例文で確認しましょう。

> 10. Tē ustus **amem**.　　Prop.3.15
>   私はあなたを灰になっても愛したい。
>   （ūrō, -ere, ussī, ustum 焼く　amō, -āre 愛する）

これは（イ）の例です。太字の amem は amō の接続法・能動態・現在です。ustus は ūrō の完了分詞、男性・単数・主格で、「焼かれた」という状態を意味します。tē amem. は「私はあなたを愛したい」と訳せますが、そこに ustus が加わると、「私＝焼かれた状態」でも「愛したい」という意味になります。

> 11. Utinam hinc **abierit** in malam crucem!　Pl.Poen.799
> 願わくは、あいつがここから忌まわしい十字架に立ち去ったのならよいのだが！
> （hinc ここから　abeō, -īre 立ち去る　in〈対格〉に向かって　malus, -a, -um 忌まわしい　crux, crucis f. 十字架）

これは（ロ）の例です。abierit は abeō の接続法・完了です。話者は過去の出来事＝「立ち去ったこと」の可能性を何パーセントであれ信じています。その気持ちがこの時称の選択に表れます。もし信じていない場合、あるいは「立ち去らなかったこと」が事実である場合、「実現不可能な願望」の表現（＝立ち去ったらよかったのに）ということで、動詞は abiisset（接続法・過去完了）になります。なお、例文は喜劇の台詞で表現が大げさです。意訳すると「あいつが処刑されたのであればよい」となり、いわんとすることは「あいつがくたばってしまったらよい」ということです。

> 12. Utinam avis **essem**!　私が鳥だったらいいのに！
> （avis, -is f. 鳥）

これは（ハ）の例です。essem は sum の接続法・未完了過去なので、実現不可能な現在の願望とわかります。英文法の仮定法過去の例文に相当します。

> 13. Utinam ille omnīs sēcum suās cōpiās **ēduxisset**!　Cic.Cat.2.4
> 彼が自分のすべての軍勢を（国外）に連れ出したならよかったのに。
> （sēcum＝cum sē 自分とともに　suus, -a, -um 自分の　cōpiae, -ārum f.pl. 軍勢　ēdūcō, -ere, -duxī 連れ出す）

これは（ニ）の例です。接続法・過去完了が用いられ、過去の事実（＝

彼が自分のすべての軍勢を連れ出したのではない）に反する願望を表しています。英文法の仮定法過去完了に相当します。

3）可能性
1　可能性
　断定を避け、「〜かもしれない」と表現する場合、「可能性の接続法」が用いられます。現在の可能性は、接続法・現在か完了が、過去の可能性は、接続法・未完了過去が表します。否定文にはnōnを用います（nēではない）。

> 14. Aliquis hoc **faciat**.　誰かが、これをするかもしれない。
> 　　（aliquis 誰か　hoc<hic これ　faciō, -ere 行う）

　この例文を3人称に対する「命令」と解釈することも可能です。その場合、「誰かにこれをさせなさい」と訳せます。ただし、この文をnōnで否定する時は「可能性の接続法」、nēで否定する時は「禁止の接続法」になります。

　一方、過去の可能性の表現（〜だったかもしれない）は、2人称または3人称単数が主語になります。いずれも不特定の人を指す表現になるため、次の例のように、「あなたは」とか「彼は」と訳す必要はありません。

> 15. Itaque haud facile **discernerēs** utrum imperātōrī an exercituī cārior **esset**.　Liv.21.4
> 　それゆえ、彼が指揮官か兵士たちのどちらにより愛されたかは、容易に判断できるものではなかった。
> 　（itaque それゆえ　haud まったく〜でない　facile 容易に　discernō, -ere 判断する　utrum A an B AかBか　imperātor, -ōris m. 指揮官　exercitus, -ūs m. 軍隊、兵士　cārus, -a, -um 愛すべき）

　主文の動詞discernerēsは接続法の未完了過去で、過去の可能性を表します。utrum以下の間接疑問文の動詞essetは、主文の動詞（第2時称）と同時の内容を表すため、接続法の未完了過去になります（この規則については次の課で学ぶ）。

2 懐疑・反問

疑問文の形を取った話者の懐疑や反問を表します。現在の懐疑は、接続法・現在が、過去の懐疑は、接続法・未完了過去が表します。

> 16. Quid **faciam**? **Dīcam** frātris esse hanc?　Ter.Ad.625
> どうしたらいいのだろう？　この娘が弟のものだといおうか？
> (quid 何を　faciō, -ere 行う　dīcō, -ere いう　frāter, -tris m. 兄弟)

faciam と dīcam は、ともに接続法の現在時称です。hanc は指示代名詞 hic の女性・単数・対格で、不定法 esse の意味上の主語になります。

> 17. Quid **faciant** lēgēs ubi sōla pecūnia regnat?　Petr.14
> 金銭だけが支配する時、法律に一体何ができようか？
> (quid 何を　faciō, facere 作る、行う　lex, -ēgis f. 法律　ubi ～の時　sōlus, -a, -um 唯一の　pecūnia, -ae f. 金銭　regnō, -āre 支配する)

主節の動詞 faciant は faciō の接続法・現在です。法律には何もできないという憤りの気持ちが込められた反語的表現です。

> 18. Quid **facerem**?　私はどうしたらよかったのか？　Ter.Ad.214
> (quid: quis の中性・単数・対格　faciō, -ere 行う)

facerem は faciō の接続法・未完了過去です。過去の懐疑を表します。

練習問題35　和訳しなさい。

1. Quī dedit beneficium taceat; narret quī accēpit.　Sen.Ben.2.11.2
2. Omnia vincit Amor: et nōs cēdāmus Amōrī.　Verg.Ecl.10.69
3. Tē ratiō dūcat, nōn fortūna.　Liv.22.39
4. Utinam ego tertius vōbīs amīcus adscrīberer.　Cic.Tusc.5.63
5. Quamquam ista assentātiō, quamvīs perniciōsa sit, nocēre tamen nēminī potest nisi eī quī eam recipit atque eā dēlectātur.　Cic.Amic.97

語彙

quī [関係代名詞]　dō, -are, dedī 与える　beneficium, -iī n. 恩恵　taceō,

-ēre 黙る　narrō, -āre 語る　accipiō, -ere, -cēpī 受け取る　omnis, -e すべての　vincō, -ere 打ち勝つ　Amor, -ōris m. 愛の神　et ～もまた　nōs［人称代名詞］　cēdō, -ere〈与格〉に屈服する、譲歩する　tē<tū［人称代名詞］　ratiō, -ōnis f. 理性　dūcō, -ere 導く　fortūna, -ae f. 運、運命　utinam あらんことを　tertius, -a, -um 3番目の　vōbīs<vōs［人称代名詞］　amīcus, -ī m. 友人　adscrībō, -ere〈与格〉に登録する、含める　quamquam しかしながら　ista<iste［指示代名詞］　assentātiō, -ōnis f. 追従　quamvīs たとえ～であっても　perniciōsus, -a, -um 破壊的な、致命的な　sit<sum　noceō, -ēre〈与格〉に害をなす　tamen しかし　nēminī<nēmō 誰も～ない　potest<possum ～できる　nisi（否定辞の後に）～を除いては　eī<is［指示代名詞］　eam<is［指示代名詞］　recipiō, -ere 受け取る　atque そして　eā<is［指示代名詞］　dēlectō, -āre 喜ばせる（受動態で）〈奪格〉を喜ぶ

ヒント

1. 前半の主語は quī から beneficium までの名詞節です（quī の先行詞は省かれている）。その主語が taceat（黙るべし）といわれます。接続法・現在が命令の意味で使われる例です。後半の主語は quī accēpit ですが、ここには beneficium を補う必要があります。その主語が今度は narret（語るべし）といわれます。

2. 前半の文の主語は Amor で、omnia は目的語（形容詞の名詞的用法）、vincit が述語動詞です。後半の et は「nōs もまた」という意味を表します。nōs は人称代名詞の1人称複数（主格）ですが、詩の場合は1人称単数（ego）の代わりに用いられることがあります。この1文だけを抜き出した場合、どちらでもよいのですが、原文では「私は」を意味します。cēdāmus は単複いずれにせよ、1人称の「意思」を表す接続法の表現になります。

3. 主語は「fortūna でなく ratiō は」となります。動詞 dūcat は dūcō の接続法・現在（3人称単数）です。「～させるのがよい」という命令のニュアンスを帯びた表現です。tē（tū の対格）が目的語になります。

4. utinam が願望表現を導く例です。adscrīberer は接続法・受動態・未完了過去です。utinam との組み合わせにより、現在の（実現不可能な）願

望を表します。「(それは無理だと承知しているが) 願わくば (utinam)、私が (ego) 3番目の (tertius) 友として (amīcus) 君たちの中に (vōbīs) 登録されるといいのだが (adscrīberer)」というのが直訳です。

5. quamvīs perniciōsa sit は譲歩の意味を表します。主語 ista assentātiō は、potest の主語でもあります。potest は nocēre を取り、この不定法は nēminī (与格) を目的語に取ります。この nēminī の説明として nisi eī があります。eī は指示代名詞 is の男性・単数・与格です (3人称の人称代名詞の代用)。nocēre ... nēminī potest nisi eī だけで「その者 (eī) 以外 (nisi) 誰も (nēminī) 害することはできない (nocēre potest)」。代名詞 eī の説明が quī 以下です。quī 以下に動詞が2つあり、「それを (eam = assentātiōnem) 受け取る (recipit) 者とそれを (eā = assentātiōne) 喜ぶ (dēlectātur) 者」と訳せます。

2 接続法の複文での用法（1）名詞節、形容詞節での用法

接続法の複文での用法を見る前に、時称に関して明確なルールがあるので、最初にそれを説明します。

時称のルール

接続法の従属文での時称は次のように決まります。ポイントは、(1) 主文の動詞の時称は何か？　(2) 主文の動詞と従属文の動詞の時間的前後関係はどうなるのか、の2点です。

	主文「以前」	主文と「同時」	主文「以後」
第1時称	完了	現在	未来分詞＋sim
第2時称	過去完了	未完了過去	未来分詞＋essem

主文の時称が「第1時称」の時は上の段、「第2時称」の時は下の段を見ます。第1時称は「現在、未来、未来完了」を指し、第2時称は「未完了過去、完了、過去完了」を指します。主文の動詞が第2時称で、従属文の動詞がそれと「同時」の内容の時、従属文の動詞の時称は未完了過去になります（例文1）。

> 1. Neque satis Brūtō neque tribūnīs mīlitum **constābat**, quid **agerent**.　Caes.B.G.3.14
> ブルートゥスも軍団長たちも、自分たちがどうすればよいか十分決めきれずにいた。
> (neque A neque B　A も B も～ない　satis　十分に　Brūtus, -ī m. デキムス・ブルートゥス　tribūnus mīlitum 軍団長 [mīlitum は mīles（軍団）の複数・属格]　constō, -āre　決まっている　agō, -ere　行う)

この文の主語は間接疑問の名詞節（quid agerent）です。「〈与格〉にとって間接疑問文の内容（quid agerent）は決まらない状態であった（neque ... constābat）」という構文です（非人称的）。主文の動詞は「第2時称」に属します（直説法・未完了過去）。間接疑問文の動詞（agerent）は、主文と「同時」とみなせるため、接続法の未完了過去になっています。

さて、複文の従属文は、名詞節、形容詞節、副詞節の3つに分けられます。これらの節の概念は、英文法で学ぶものと大差ありません。肝心なのは、用いられる時称がどのようになるのかということと、個々の用例について、具体的にどのように訳せばよいのか、ということです。以下、実例を挙げながら解説していきます。

1　名詞節での用法
1－1　間接話法における接続法
　引用される文が、
イ）平叙文の場合、対格＋不定法の構文が用いられます。
ロ）疑問文の場合、間接疑問文になります。
ハ）命令文の場合、接続法が用いられます。
ニ）複文の場合、従属文に接続法が用いられます。

イ）　平叙文を引用する例

> 2. Idem **esse** dīcēbat Sōcratēs vēritātem et virtūtem.　　Sen.Ep.71.16
> 　ソークラテースは真理と美徳は同じものだといっていた。
> 　（dīcō, -ere　いう　　vēritās, -ātis f.　真理　　virtūs, -ūtis f.　美徳）

　引用される単文の内容が主文の動詞の時間と「同時」なら、不定法・現在が用いられます。

> 3. Nihil malī **accidisse** Scīpiōnī putō.　　Cic.Amic.10
> 　スキーピオーには何も不幸は起きなかったと私は思う。
> 　（malum, -ī n.　不幸　　accidō, -ere, -cidī　（何かが）起きる　　putō, -āre　思う）

　引用される単文の内容が主文の動詞の時間より「以前」なら、不定法・完了が用いられます。

ロ）　疑問文を引用する例
間接疑問文
　例文1で見たように、間接疑問文中の動詞には常に接続法が用いられます。用いられる疑問詞は直接疑問文と同じです。

> 4. Quis **sit** dīvitiārum modus quaeris?　Sen.Ep.2.6
> 富の限度は何かと君は尋ねるのか？
> (dīvitiae, -ārum f.pl. 富　modus, -ī m. 適量、限度　quaerō, -ere 尋ねる)

　主文の動詞 quaeris は直説法・現在、すなわち「第1時称」に属します。このため、間接疑問文の名詞節での接続法の時称も「第1時称」となります。時間的には主文と「同時」の内容なので、接続法の現在になります。

> 5. Haud ignārus eram quantum nova glōria in armīs et praedulce decus prīmō certāmine **posset**.　Verg.Aen.11.155
> 私も知らぬわけではなかった、戦場での最初の栄光、初陣での誉れがどれほど魅力的であるかは。
> (haud＝nōn　ignārus, -a, -um 知らない　novus, -a, -um 新しい　glōria, -ae f. 栄光　arma, -ōrum n.pl. 戦争　praedulcis, -e 大変魅力的な　decus, -oris n. 誉れ　prīmus, -a, -um 最初の　certāmen, -inis n. 戦闘)

　この文で疑問詞 quantum は praedulce を修飾しながら、間接疑問文を作ります。この疑問文の主語は glōria と decus です。主文の動詞は直説法・未完了過去（eram）なので「第2時称」です。従属文の動詞（posset）は接続法になりますが、時間的に主文と「同時」とみなせるため、接続法・未完了過去になります。

> 6. Docēbat **ut** omnī tempore tōtīus Galliae principātum Haeduī tenuissent.　Caes.B.G.1.43
> 彼は、昔からいかにしてハエドゥイー族が全ガッリアの主導権を握ってきたかについて教えた。
> (doceō, -ēre 教える　ut いかに　omnis, -e すべての　tempus, -oris n. 時、時代　tōtus, -a, -um すべての　principātus, -ūs m. 主導権　teneō, -ēre, tenuī つかむ、握る)

　ut が間接疑問の名詞節を作ります。主文の動詞 docēbat（直説法・未完了過去）は「第2時称」で、ut の導く従属文の内容はそれ「以前」の事柄とみなせます。よって、接続法・過去完了（tenuissent）が用いられます。なお、omnī tempore は「すべての時において」と直訳できますが、この

文では「昔からずっと」という意味で理解できます。

> 7. Hanc **sī** nostrī transīrent hostēs exspectābant.　Caes.B.G.2.9
> 敵は、我が軍がこれを渡るかどうか危惧していた。
> (transeō, -īre 渡る　hostis, -is c. 敵　exspectō, -āre 期待する、危惧する)

sī（～かどうか）は exspectābant の内容を伝える名詞節を導きます。主文の動詞 exspectābant（直説法・未完了過去）は第2時称で、従属文の時称はこれと「同時」とみなせるため、接続法の未完了過去にします。

ハ）命令文を引用する例

命令文は、ut や nē で導かれる名詞節の形で引用します。

> 8. Nuntius vēnit bellum Athēniensēs et Boeōtōs indixisse Lacedaemoniīs; quārē venīre **nē** dubitāret.　Nep.Ages.4
> アテーナエ人とボエオーティー人がラケダエモニイー人に宣戦布告した、それゆえ帰国をためらうなという知らせが届いた。
> (nuntius, -iī m. 知らせ　veniō, -īre, vēnī 来る、届く　bellum, -ī n. 戦争　Athēniensēs, -ium m.pl. アテーナエ人　Boeōtī, -ōrum m.pl. ボエオーティー人　indīcō, -ere, -dixī 布告する　Lacedaemoniī, -ōrum m.pl. ラケダエモニイー人　quārē それゆえ　dubitō, -āre ためらう)

この文では、届けられた「知らせ」（nuntius）の内容が、不定法句と接続法を用いた名詞節によって表されています。Athēniensēs と Boeōtōs はいずれも対格ですが、これは不定法 indixisse の意味上の主語になるからです。接続詞 nē は禁止の命令文の内容を伝えます。主文の vēnit は直説法・完了で「第2時称」に属します。従属文の動詞は vēnit と「同時」に起こるとみなせるため、接続法の未完了過去になります。なお、上の文を直接話法で書くと次のようになります。

> 9. Bellum Athēniensēs et Boeōtī **indixērunt** Lacedaemoniīs; quārē venīre nōlī dubitāre.
> アテーナエ人とボエオーティー人はラケダエモニイー人に宣戦布告した。それゆえ帰国をためらうな。

indixērunt は indīcō の直説法・完了です。quārē 以下は、nōlī の導く禁止の命令文になります。

二） 複文を引用する例

主文は不定法句で引用し、従属文は接続法で表します。元の従属文が直説法か接続法かで気をつける点が異なります。

直説法の従属文

伝達動詞（「いう」など）の時称に基づき、次の原則に従います。

従属文の動詞が直説法・現在、未来の時、

（1）伝達動詞が第1時称→接続法・現在
（2）伝達動詞が第2時称→接続法・未完了過去

従属文の動詞が他の4時称（完了、未完了過去、未来完了・過去完了）の時、

（3）伝達動詞が第1時称→接続法・完了
（4）伝達動詞が第2時称→接続法・過去完了

なお、第1時称は「現在、未来、未来完了」を指し、第2時称は「未完了過去、完了、過去完了」を指すのでした（→時称のルール）。

それぞれの例文を挙げましょう。まずは、直接話法の複文に現在時称が使われている例です。この文を間接話法に直す時、伝達動詞の時称の違いによって、接続法の時称の選択に違いが生まれます。

10. **Dīcit**: Rosam quam **carpō** puellae **dabō**.
    彼はいう、「私は摘んでいるバラを少女に与えるだろう」。
11. **Dīcit** sē rosam quam **carpat** puellae **datūrum esse**.
    彼は、自分の摘んでいるバラを少女に与えるだろうという。
12. **Dixit** sē rosam quam **carperet** puellae **datūrum esse**.
    彼は、自分の摘んでいるバラを少女に与えるだろうといった。

例文11は上の原則の（1）に、例文12は（2）に当たります。carpat は接続法・現在、carperet は接続法・未完了過去です。なお、直接話法の文（例文10）の主節は未来形ですが、間接話法においては不定法の未来に直します。

次に、直接話法の複文に過去の時称が使われている例を見ましょう。

> 13. **Dīcit**: Rosam quam **carpsī** puellae dabō.
>   彼はいう、「私は摘んだバラを少女に与えるだろう」。
> 14. **Dīcit** sē rosam quam **carpserit** puellae **datūrum esse**.
>   彼は、自分の摘んだバラを少女に与えるだろうという。
> 15. **Dixit** sē rosam quam **carpsisset** puellae **datūrum esse**.
>   彼は、自分の摘んだバラを少女に与えるだろうといった。

例文14は原則（3）の例、15は（4）の例になります。carpseritは接続法・完了、carpsissetは接続法・過去完了です。

接続法の従属文

従属文に接続法が使われている場合の原則は次のとおりです。
　（5）伝達動詞が第1時称の場合、不変。
　（6）伝達動詞が第2時称の場合、第2時称に変える。

> 16. **Dīcit**: Sī hoc **faciās, laudāberis**.
>   彼はいう、「もし君がこれを行えば、君はほめられるだろう」。
> 17. **Dīcit**, sī hoc **faciās**, tē **laudātum īrī**.
>   彼は、もし君がこれを行えば、君はほめられるだろうという。
> 18. **Dixit**, sī hoc **facerēs**, tē **laudātum īrī**.
>   彼は、もし君がこれを行えば、君はほめられるだろうといった。

例文16は「観念的条件文」で、sīの条件節の動詞が接続法の現在、主節の動詞は直説法（受動態）未来になっています。

例文17の伝達動詞は現在時称（第1時称）です。上の原則（5）に基づき、元の従属文の動詞には変更を加えません（faciāsはfaciāsのまま）。ただし、主節の動詞laudāberis（直説法・受動態・未来）は、間接話法においては、不定法・受動態・未来に直します。したがって、laudōの完了分詞、中性・単数・対格形（スピーヌム）＋īrīにします。

例文18は伝達動詞が完了時称（第2時称）になるため、上の原則（6）に従います。元の文のfaciāsは、伝達動詞dīxitと「同時」（か未来）に行われる内容なので、接続法・未完了過去にします（「以前」の内容なら接続法・過去完了）。

非現実的条件文を引用する例

事実に反する仮定を行う場合、伝達動詞の時称にかかわらず、次の原則に従います。

（7）条件節の動詞は不変。主文の主語→対格、動詞→未来分詞＋fuisse（sum の不定法・完了）に変える。

（8）未来分詞のない動詞や受動態の場合→ futūrum fuisse ut ＋接続法・未完了過去に変える。

> 19. **Dīcit**: Sī avis **essem**, ad tē **volārem**.
> 彼はいう、「もし私が鳥であれば、あなたのところに飛んでいくのに」。
> 20. **Dīcit**（dixit）sē, sī avis **esset**, ad tē **volātūrum fuisse**.
> 彼は、もし自分が鳥であれば、あなたのところに飛んでいくのにという（いった）。

例文19は現在の事実（＝私は鳥ではない）に反する仮定を行う条件文です。条件節の動詞 essem は sum の接続法・未完了過去、主文の動詞 volārem は、volō（飛ぶ）の接続法・未完了過去です。これを間接話法に直したものが例文20です。伝達動詞 dīcit は現在時称ですが、これを完了 dixit に変えても sī 以下の表現は変わりません。上の原則（7）に従い、条件節の動詞は接続法・未完了過去のまま、主文の動詞は未来分詞（volātūrum）＋ fuisse に変わります。主文の主語は不定法の意味上の主語ということで対格になります（sē は再帰代名詞の3人称対格）。

> 21. **Dīcit**: Sī hoc **fēcissēs, laudātus essēs**.
> 彼はいう、「もし君がこれを行っていたら、君はほめられただろう」。
> 22. **Dīcit**（dixit）, sī hoc **fēcissēs, futūrum fuisse ut laudārēris**.
> 彼は、もし君がこれを行っていたら、君はほめられただろうという（いった）。

例文21は過去の事実（＝君はこれを行っていない）に反する仮定を行う条件文です。条件節の動詞 fēcissēs は faciō（行う）の接続法・能動態・過去完了で、主文の動詞は laudō（ほめる）の接続法・受動態・過去完了です。例文22はこれを間接話法に直した例です。伝達動詞 dīcit が dixit に

なっても sī 以下の表現は変わりません。主文の動詞は受動態なので、原則(8)に従い、futūrum fuisse ut ＋接続法・未完了過去の受動態（laudārēris）にします。

1－2　目的文・結果文

ut や nē の導く名詞的目的文

　要求や願望、忠告、説得などを表す動詞とともに用いられる時、ut は接続法とともに、「～することを（＝～するように）」と訳せる名詞的目的文を作ります。例えば「健康でいるように注意せよ」であれば、Cūrā ut valeās. と表現します。valeās は valeō（健康である）の接続法・能動態・現在です。否定の形（～しないことを）は nē が導きます。

> 23. Caesar suīs imperāvit **nē** quod omnīnō tēlum in hostēs rēicerent. Caes.B.G.1.46
> カエサルは自軍の兵士たちに、敵に向かって一切飛び道具を投げ返すことのないようにと命じた。
> (suī<suus 自分の者たち＝自軍の兵士たち　imperō, -āre, -āvī 命じる　quod<quī: nē の後で英語の any の意味を表す（quod = aliquod）　omnīnō 完全に　tēlum, -ī n. 矢、投げ槍、石などの飛び道具　hostis, -is c. 敵　rēiciō, -ere 投げ返す)

　主文の動詞が「第2時称」（直説法・完了）で、従属文の動詞はそれと「同時」の内容とみなせるため、接続法・未完了過去になっています。

quīn（＝ut nōn）の導く名詞節

　疑念を表す動詞（「疑う」など）が否定あるいは疑問視される時、quīn（＝ut nōn）がその目的語となる名詞節を導くことができます。
　この場合 quīn は本来の否定の意味を失い、「～ことを」と訳せます。

> 24. Quis dubitet **quīn** in virtūte dīvitiae sint?　Cic.Par.48
> 美徳の中に富があることを誰が疑うだろうか。
> (dubitō, -āre 疑う　virtūs, -ūtis f. 美徳　dīvitiae, -ārum f.pl. 富)

　これは「quīn 以下のことを誰が（quis）疑うだろうか？（dubitet）」と

いう修辞疑問文です。疑うことはできないという話者の主張を込めているため、dubitet は接続法になります。時称は現在で「第１時称」に当たり、従属文の動詞は主文と「同時」の内容なので、これも接続法の現在にします。

nē または quōminus の導く名詞節

妨害の意味を持つ動詞が nē または quōminus ＋接続法の構文を伴って、「～ことを」と訳せる名詞節を導きます。

> 25．Nihil impedit **nē** amēmus.
> 私たちが愛することを妨げるものは何もない。
> （impediō, -īre 妨げる）

nē の従属文に見られる amēmus は amō の接続法・現在です（主文の動詞 impedit は直説法・現在で第１時称に属する）。

> 26．Nōn dēterret sapientem mors **quōminus** in omne tempus reī pūblicae consulat.　Cic.Tusc.1.91
> 死は、賢者が始終国家への配慮を行うことを妨げるものではない。
> （dēterreō, -ēre 妨げる　sapiens, -entis m. 賢者　mors, -tis f. 死
> in omne tempus 始終、常に　rēs pūblica 国家　consulō, -ere〈与格〉を世話する、～への配慮を行う）

quōminus の導く従属文中の動詞 consulat は接続法・現在です。主文の動詞 dēterret は直説法・現在で第１時称に属します。主文と従属文の動詞は「同時」に生じるとみなせるため、従属文の動詞は接続法・現在になります。

ut の導く名詞的結果文

非人称表現の主語となる名詞節を導く ut（～ということが）の用法です。

> 27．Eādem nocte accidit **ut** esset lūna plēna.　Caes.B.G.4.29
> その夜はたまたま満月であった。
> （eādem＜īdem 同じ　nox, noctis f. 夜　accidō, -ere, -cidī 起こる
> accidit＋接続法：～が起きる　lūna, -ae f. 月　plēnus, -a, -um 満ちた）

accidit のつづりだけでは、直説法の現在か完了か区別できません。しかし、ut 以下の動詞 esset が接続法の未完了過去（第2時称）なので、主文の動詞も第2時称、すなわち直説法の完了とわかります。主文は第2時称で、従属文の動詞は「同時」に生じるとみなせるので「未完了過去」になるというわけです。

このような構文を取る動詞には、fit や ēvenit（起こる）、sequitur（結果として〜となる）、mōs est（〜が習慣である）などがあります。

説明の ut

名詞や形容詞、代名詞の説明を行う名詞節を導く ut の用法です。「〜という（こと）」と訳せます。

> 28. Hoc cotīdiē meditāre, **ut** possīs aequō animō vītam relinquere. Sen.Ep.4.5
> このことを毎日思案するようにせよ、あなたが平静な心で人生を後にできることを。
> (cotīdiē 毎日　meditor, -ārī 思案する　aequus, -a, -um 平静な　animus, -ī m. 心　vīta, -ae f. 人生　relinquō, -ere 後に残して去る)

ut 以下の従属文は、文頭の hoc の説明を行う名詞節です。上の訳例は、日本語として不自然ですが、文の構造を理解してもらうためあえて直訳にしました。いわんとすることは、平静な気持ちで死を迎えることができるよう毎日心の準備をせよ、ということです。

2　形容詞節での用法

関係文での接続法

関係文に接続法が用いられる時、そこに様々な意味が込められます。

イ）目的を表す関係文。「〜のための」と訳せます。

> 29. Equitātum **quī** sustinēret impetum mīsit.　Caes.B.G.1.24
> 彼は攻撃を食い止めるため、騎兵隊を送った。
> (equitātus, -ūs m. 騎兵隊　sustineō, -ēre 支える、食い止める　impetus, -ūs m. 攻撃　mīsit<mittō 送る)

直訳は、「攻撃を（impetum）食い止める（sustinēret）ための（quī）騎兵隊を（equitātum）彼は送った（mīsit）」となります。主文の動詞は直説法の完了、従属文の動詞は接続法の未完了過去です。

> 30. Quālis esset nātūra montis et quālis in circuitū ascensus **quī** cognoscerent mīsit.　Caes.B.G.1.21
> 彼は山の特徴や周囲の坂道がどのようなものかを調査するため、人員を派遣した。
> （nātūra, -ae f. 特徴　circuitū＜circuitus 周囲　ascensus, -ūs m. 坂道　cognoscerent＜cognoscō 知る）

関係代名詞 quī の先行詞は省略されています。「彼は quī 以下の者たちを送った」というのが文全体の骨組みで、2つの quālis の導く名詞節——それらにおいて nātūra と ascensus が主語で quālis は文の補語になっています——が cognoscerent の目的語になります。すなわち、「山の特徴がどのようであるか」と「周囲の坂道がどのようであるか」の2つを調査する目的で人員を派遣したというのが、この文のいわんとする内容です。主文の動詞は直説法の完了、従属文の動詞（esset と cognoscerent）は接続法の未完了過去です。

ロ）傾向・結果を表す関係文。「～のような、（その結果）～するほどの」と訳せます。

> 31. Sed quoniam rēs hūmānae fragilēs cadūcae sunt, semper aliquī anquīrendī sunt **quōs** dīligāmus et ā quibus dīligāmur. Cic.Amic.102
> だが、人間に関わる出来事はもろくはかないものなので、愛し、愛される人を誰か、常に探し求めなければならない。
> （rēs, -eī f. 出来事　hūmānus, -a, -um 人間の　fragilis, -e 壊れやすい、もろい　cadūcus, -a, -um はかない　semper 常に　aliquī＜aliquis ある人　anquīrō, -ere 探し求める　dīligō, -ere 愛する）

quōs 以下で示される「探し求めるべき人」の条件（＝「我々が愛し、その人によって我々が愛されるような」）は、事実に即した内容でなく、頭

の中で想像した条件を表すため接続法・現在が用いられています。

ハ）**理由の用法**。「〜ので」と訳せます。

> 32. Nam quid ego tē āthlētās putem dēsīderāre, **quī** gladiātōrēs contempseris? in quibus ipse Pompējus confitētur sē et operam et oleum perdidisse.　Cic.Fam.7.1
> というのも、あなたが運動家に熱を上げると、どうして私が考えようか？　剣闘士たちを軽蔑していたあなたなのだから。これらの者についてはポンペイユス自身、自分が労力と油を無駄にしたと認めている。
> (nam というのも　quid なぜ　āthlēta, -ae f. 運動家　putō, -āre 考える　dēsīderō, -āre あこがれる、熱望する　gladiātor, -ōris m. 剣闘士　contemnō, -ere -tempsī 軽蔑する　confiteor, -ērī 認める、告白する　opera, -ae f. 労力　oleum, -ī n. 油　perdō, -ere, -didī 失う、無駄にする)

　1つ目の文において、主文の動詞 putem は接続法・現在です。「どうして（quid）〜か？」という「懐疑」の用法です。従属文の quī の先行詞は tē です。動詞 contempseris は、quī の導く従属文が「理由」を表すこと、また、主文の動詞 putem（接続法・現在）は「第1時称」ですが、それ「以前」の出来事を表すことから、接続法・完了になっています。

練習問題36　和訳しなさい。

1．Ōrandum est, ut sit mens sāna in corpore sānō.　Juv.10.356
2．Accidit ut ūnā nocte omnēs Hermae dēicerentur.　Nep.Alc.3
3．Nōn dubitārī dēbet quīn fuerint ante Homērum poētae.　Cic.Brut.71
4．Tē hortor ut maneās in sententiā, nēve vim pertimescās.　Cic.Man.69
5．Ille persuāsit populō, ut eā pecūniā classis centum nāvium aedificārētur.　Nep.Them.2
6．Est innocentia affectiō tālis animī quae noceat nēminī.　Cic.Tusc.3.16
7．Illud autem vidē, nē ista lectiō auctōrum multōrum et omnis generis volūminum habeat aliquid vagum et īnstābile.　Sen.Ep.2.2

8. Sōcratēs dīcere solēbat, omnīs in eō, quod scīrent, satis esse ēloquentīs.　Cic.D.O.1.63
9. Quis enim aut eum dīligat quem metuat aut eum ā quō sē metuī putet?　Cic.Amic.53
10. Pȳthia praecēpit, ut Miltiadem imperātōrem sibi sūmerent: id sī fēcissent, incepta prospera futūra.　Nep.Mil.1

語彙

ōrō, -āre 祈る　ut ～するように　mens, -entis f. 精神　sānus, -a, -um 健全な　corpus, -oris n. 肉体　accidō, -ere, -cidī〈ut 以下のことが〉起こる　ūnus, -a, -um 1つの　nox, noctis f. 夜　omnis, -e すべての　Hermēs, -ae m. ヘルメース柱像　dēiciō, -ere 投げ倒す　dubitō, -āre〈quīn 以下を〉疑う　dēbeō, -ēre〈不定法〉すべきである　fuerint<sum　ante〈対格〉より前に　poēta, -ae m. 詩人　Homērus, -ī m. ホメールス　hortor, -ārī 励ます　maneō, -ēre in＋〈奪格〉を守る　sententia, -ae f. 意見　nēve また～しないように　vīs, vis f. 力、暴力　pertimescō, -ere ひどく恐れる　persuādeō, -ēre, -suāsī 説得する　populus, -ī m. 国民　eā<is［指示代名詞］　pecūnia, -ae f. 金銭　classis, -is f. 艦隊　centum 100　nāvis, -is f. 船　aedificō, -āre 建造する　innocentia, -ae f. 高潔さ　affectiō, -ōnis f.（心の）状態、気分　tālis, -e そのような　animus, -ī m. 心　noceō, -ēre〈与格〉を傷つける、損なう　nēminī<nēmō 誰も～ない　illud<ille［指示代名詞］　autem だが　videō, -ēre 見る、注意する　ista<iste［指示代名詞］　lectiō, -ōnis f. 読書　auctor, -ōris c. 作者、著者　multus, -a, -um 多くの　omnis, -e すべての　genus, -eris n. 種類　volūmen, -minis n. 書物　aliquid<aliquis［不定代名詞］　vagus, -a, -um 気まぐれな　instābilis, -e 不安定な　Sōcratēs, -is m. ソークラテース（哲学者）　dīcō, -ere いう　soleō, -ēre〈不定法〉を行うのを常とする　eō<is［指示代名詞］　sciō, -īre 知る　satis 十分に　ēloquens, -entis 雄弁な　enim というのも　aut A aut B A または B　dīligō, -ere 愛する　metuō, -ere, -tuī 恐れる　putō, -āre 思う　Pȳthia, -ae f. ピューティア（アポロの巫女）　praecipiō, -ere, -ēpī 教える　Miltiadēs, -is m. ミルティアデース　imperātor, -ōris m. 最高司令官　sūmō, -ere 選ぶ　faciō, -ere, fēcī 行う

inceptum, -ī n. 企て、着手したこと　prosper, -era, -erum 望みどおりの、順調な

> **ヒント**

1. ōrandum est は動形容詞の非人称表現です。ut 以下のことが「祈られるべきである」と訳せます。ut の導く名詞節において、主語は mens sāna で動詞は sit です。sit は sum の接続法・現在です。
2. accidit は直説法・能動態・完了、dēicerentur は接続法・受動態・未完了過去です。「ut 以下の内容が起きた（accidit）」という構文です。主文の動詞 accidit が第 2 時称で、ut 以下はそれと「同時」の内容なので、動詞（dēicerentur）は接続法・未完了過去で表されます。
3. nōn dubitārī dēbet で「疑われるべきでない」と訳せます。このように疑念を表す動詞が否定される時、quīn の導く名詞節は本来の否定の意味を失い、「～すること」と訳せます。従属文の動詞 fuerint は sum の接続法・完了です。主文の dēbet は直説法・現在、すなわち第 1 時称に属します。それにくらべて「以前」の内容を quīn 以下が表すため、従属文には接続法・完了が用いられています。
4. hortor は ut（～するように）と nēve（～しないように）に導かれた 2 つの従属文を目的語に取ります。maneās と pertimescās はどちらも接続法の現在時称です。
5. persuāsit は直説法の完了です（第 2 時称）。「時称のルール」に基づき、主文と同時（または未来）の内容は、接続法の未完了過去で表されます。aedificārētur は、aedificō の接続法・受動態・未完了過去（3 人称単数）です。
6. 主文の主語は innocentia で affectiō は補語になります。tālis animī（そのような心の）は affectiō にかかります。tālis の説明が quae 以下で行われています。すなわち「誰をも傷つけないような」（noceat nēminī）です。
7. illud は nē 以下の名詞節を指します。nē＋S＋V で、「S が V しないことを」と訳せます。「そのことに（illud）注意せよ（vidē）」というのが主文です。nē 以下の主語は lectiō で動詞は habeat（接続法・現在）です。ista（その）は 2 人称との関連を示すため、ista lectiō は「あなた

の行っているその読書」と理解できます。auctōrum multōrum（複数・属格）と volūminum（複数・属格）が lectiō にかかります。omnis generis（単数・属格）は volūminum にかかります。aliquid は目的語で vagum と instābile がこれを修飾します。直訳は「何か気まぐれで不安定なもの」です。

8. 間接話法の文です。主文の訳は、「ソークラテースはいうのが（dīcere）常であった（solēbat）」となります。伝達される中身は不定法句です。「すべての人が（omnīs）十分に（satis）雄弁であること（esse ēloquentīs）」がこれに当たります。omnīs は omnis の男性・複数・対格で、形容詞の名詞的用法です。関係文 quod scīrent は eō を先行詞とし、「彼らが知っている（scīrent）ところの（quod）ことにおいて（in eō）」を意味します。伝達動詞に相当する表現（dīcere solēbat）に直説法・未完了過去（solēbat）が使われていることから、伝達文の従属節には第2時称が用いられること、そして主節の時間とくらべて「同時」の内容に当たるため、動詞 scīrent は接続法の未完了過去になります。伝達文を直接話法で書き直すと、Omnēs in eō quod sciunt satis sunt ēloquentēs.（すべての人は自分の知っていることにおいては雄弁である）となります。

9. 主文の主語は疑問詞 quis で、動詞は dīligat です。この動詞は接続法・現在ですが、否定の答えを想定した疑問文で使われる用法です（懐疑・反問）。目的語は aut A aut B の形（A または B）で2つ示されています。A、B どちらも指示代名詞 eum（is の単数・対格）で、それぞれを関係文が修飾しています。1つ目は eum quem metuat（彼が恐れる者を）で、2つ目が eum ā quō sē metuī putet です。ā quō は英語の by whom と同じ意味になり直訳しづらいです。それを承知で訳すと、「その者によって（ā quō）自分が（sē）恐れられている（metuī）と思う（putet）ところの者を（eum）」となります。なお metuī は metuō の不定法・受動態・現在です。

10. 主文の動詞 praecēpit の内容が ut 以下の名詞節で表されます。伝達文は2つあり、1つ目の文の動詞は sūmerent です。内容は、「彼らが自分たちのために（sibi）ミルティアデースを（Miltiadem）最高司令官として（imperātōrem）選ぶ（sūmerent）こと」です。2つ目の文は複文で、その主文は不定法で表されます。incepta（中性・複数・対格）が意味上

の主語で、prospera が補語になります。直接話法で incepta prospera erunt（直説法・未来）と表現されるところ、動詞の erunt は間接話法においては futūra esse（不定法・未来）になります（問題文ではこの esse が省略。futūra は sum の未来分詞、中性・複数・対格）。一方 sī で導かれる従属文の動詞は、伝達動詞（praecēpit）が直説法・完了（＝第2時称）であることから、第2時称になります。伝達される副文の時称が現在か未来の場合、接続法の未完了過去になり、他の4時称（完了、未完了過去、未来完了、過去完了）の場合、接続法の過去完了になるのでした。ところで fēcissent は接続法の過去完了です。この動詞の用いられる文脈は未来に関わると考えられるため、元の直接話法では未来完了が使われていると判断できます。つまり、id sī fēceritis（faciō の直説法・未来完了）と表される内容が、間接話法においては id sī fēcissent（faciō の接続法・過去完了）と表されている、と理解できます。

3 接続法の複文での用法（2）副詞節での用法

副詞節での用法

1 目的文
ut（utī）（〜するために）／nē（しないために）

ut は「〜するために」を意味する目的文を導きます。否定の目的文は nē が導きます。ut や nē 以下の動詞は必ず接続法になります。

> 1．Oportet ēsse **ut** vīvās, nōn vīvere **ut** edās.
> あなたは生きるために食べるべきであり、食べるために生きてはならない。
> （oportet〈不定法〉でなければならない　edō, ēsse 食べる　ut 〜するために　vīvō, -ere 生きる）

ut 以下は目的文になるので、接続法が使われます。その際時称のルールが守られます。すなわち、主文の oportet の時称は現在（第 1 時称）で、従属文はそれと同時の内容と考えられるので、vīvās と edās はともに接続法の現在になります。

> 2．Gallīnae pennīs fovent pullōs, **nē** frīgōre laedantur. 　Cic.N.D.2.129
> めんどりは、寒さによって損なわれないように、羽でひよこを暖める。
> （gallīna, -ae f. めんどり　penna, -ae f. 羽　foveō, -ēre 暖める　pullus, -ī m. ひよこ　frīgor, -ōris m. 寒さ　laedō, -ere 害する、損なう）

nē 以下は「〜しないために」を意味する目的文になるため、接続法が使われます。主文の動詞 fovent は第 1 時称で、従属文はそれと「同時」の内容なので、接続法・現在にします。laedantur は laedō の接続法・現在、3 人称複数です。

quō ＋比較級（いっそう〜するように）

> 3．Lēgem brevem esse oportet, **quō facilius** ab imperītīs teneātur. Sen.Ep.94.38
> 法律は専門家でない者にもいっそうたやすく理解されるように短くなければならない。
> (lēx, lēgis f. 法律　brevis, -e 短い　facilius＜facile 容易に　imperītus, -a, -um 無知な　teneō, -ēre つかむ、理解する)

　quō は ut eō（それによって〜するように）のことで、比較級を伴うと「いっそう〜するように」と訳せます。facilius は facile の比較級です。主文と従属文の内容は「同時」と判断します。主文の oportet は第1時称（直説法・現在）なので、従属文の teneātur は接続法・現在になります。

2　比較文

　ut が「A が B するように C は D する」という構文で用いられる場合、ut AB の節（A が B するように）を比較文と呼びます。主節 CD（C が D する）の方法や様子を「A が B するように（ような仕方で）」という表現で説明する形です。

　例えば、「私が忠告するようにやりなさい」という表現は、ラテン語で Fac **ut** moneō. と表します。fac（やりなさい）の具体的方法を ut moneō（私が忠告するように）の節が示しています。テレンティウスから類例を引きましょう。

> 4．Faciam **ut** monēs.　Ter.Hec.719
> 私はあなたが忠告するとおりにしよう。
> (faciō, -ere 行う、する　moneō, -ēre 忠告する)

　主文に ita や sīc（どちらも「そのように」の意味）が使われることもよくあります。「ut 以下のように、そのように（ita / sīc）……」と訳します。

> 5．**Ut** initium, **sīc** fīnis est.　Sall.Jug.2
> 始めがあるように、（そのように）終わりがある。
> (initium, -iī n. 始め　fīnis, -is m. 終わり)

前半の ut initium に est を補い、「initium がある（est）ように」と訳します。sīc（そのように）は、この ut の導く比較文を指しています。

　例文4と5では、ut の内容（「あなたが忠告する」や「始めがある」）が現実の事実に基づく点で直説法が用いられています（monēs と est は直説法・現在）。一方、想像による比較文においては接続法が使われます。最もよく見られる例が、「まるで～のように」を意味する接続詞 tamquam や quasi の導く比較文です。

> 6. Parvī enim prīmō ortū **sīc** jacent, **tamquam** omnīnō sine animō sint.　Cic.Fin.5.42
> というのも、赤子は生まれたばかりの時は、まるで一切精神を持たないかのように横になっているからである。
> (parvī, -ōrum m.pl. 赤子　prīmus, -a,-um 最初の　ortus, -ūs m. 誕生　jaceō, -ēre 横たわる　omnīnō まったく、すっかり　sine〈奪格〉なしに　animus, -ī m. 精神)

　主文の sīc（そのように）は tamquam（まるで～のように）以下を指します。従属文を直訳すると、「まるで（tamquam）一切（omnīnō）精神なしで（sine animō）存在する（sint）かのように」となります。文末の sint を見て「おや？」と思った人がいるかもしれません。英語であれば仮定法を用いて過去形にするところですが、ラテン語は時称のルールに従うのみです。すなわち、主文の動詞 jacent が第1時称で、従属文はそれと「同時」ゆえ接続法・現在にします（sint は sum の接続法・現在、3人称複数）。非現実の内容を強調する場合、sint は essent（接続法・未完了過去）にしますが、原則的には時称のルールに従うのみ、と理解しておきます。覚えやすい例文として、Imperat quasi rēgīna sit.（彼女はまるで女王のように命令する）を紹介しておきます（sit は接続法の未完了過去でなく現在）。

> 7. **Ita** vīta est hominum **quasi** cum lūdās tesserīs.　Ter.Ad.739
> 人生はさいころで遊ぶようなものだ。
> (ita そのように　vīta, -ae f. 人生　homō, -minis c. 人間　quasi まるで～のように　lūdō, -ere 遊ぶ　tessera, -ae f. さいころ)

　ita（そのように）は quasi（まるで～のように）以下を指します。主文

の直訳は「人生は（vīta ... hominum）そのように（ita）ある（est）」となります。quasi 以下は接続詞 cum がある点にも注意して、「まるで、さいころで（tesserīs）あなたが遊ぶ（lūdās）時（cum）のように」と訳せます。主文の動詞（est）は第1時称（現在）のため、従属文の動詞（lūdās）は接続法・現在になります。

3　理由文（〜のために、〜なので）

理由文は、「A が B するので」と訳せる副詞節のことです。quod や quia などの理由を表す接続詞がこれを導きます。理由文には直説法を用いるのが原則です（その例はすでにいくつも見てきた）。ただし、そこに何らかの主観が織り込まれる場合、理由を表す従属文に接続法が用いられます。

> 8. Noctū ambulābat in pūblicō Themistoclēs **quod** somnum capere nōn posset.　Cic.Tusc.4.44
> テミストクレースは眠りにつけないからといって、夜中に公の場所を散歩していた。
> （noctū 夜に　ambulō, -āre 散歩する　pūblicum, -ī n. 公の場所、人々の行き交う場所　somnus, -ī m. 眠り　capiō, -ere 取る）

quod 以下は客観的な事実による理由でなく、テミストクレースの判断に基づく理由です。主節の動詞 ambulābat は直説法の未完了過去で、従属節の動詞 posset と「同時」の内容と判断できます。時称のルールに基づき、quod 以下の動詞は接続法の未完了過去（posset）にします。

次に、これもある意味例外的といってよいのだと思いますが、cum を理由の接続詞として用いた場合、内容の主観性、客観性を問わず、接続法が使われます。

> 9. **Cum** legere nōn possīs quantum habueris, satis est habēre quantum legās.　Sen.Ep.2.3
> 持てるだけの量（＝蔵書のすべて）を読むことはできないのだから、読めるだけ（の本）を持つだけで十分である。
> （legō, -ere 読む　habeō, -ēre 持つ　satis 十分）

cum は接続法を用いた理由文を導きます。動詞 possīs は接続法・現在

です。quantum は quantus の中性・単数・対格ですが、quantum＋SV で「S が V するだけの量」を意味します。quantum habueris（あなたが持つだけの量）とは、すでに手に入れて所有している本のすべてを意味します。主文の動詞 est が第1時称になること、また、habueris はそれ「以前」の内容とみなせることから、接続法の完了になっています。一方、主文の habēre の目的語に当たる quantum legās は、「あなたが読めるだけの量（＝本の数）」を意味します。主文の est の時称と「同時」の内容は、このように接続法の現在で表されます。

4 時間文（〜の時、〜する前に）

主文の動詞に対して、「以前」か「同時」か「以後」かを示す接続詞の導く従属文を時間文と呼びます。postquam（〜してから）、dum（〜する間に）、antequam（〜する前に）など様々な接続詞が使われます。Dum spīrō, spērō.（私は息をする限り希望を持つ）のように、ラテン語の時間文は、原則的に直説法が用いられます。ただし、接続詞 cum は接続法・未完了過去と過去完了とともに、「〜した時に」という意味の従属文を作ります。

> 10. Zēnōnem **cum** Athēnīs essem audiēbam frequenter.　Cic.N.D. 1.59
> 私はアテーナエにいた時、ゼーノーン（の講義）をよく聞いた。
> （audiō, -īre 聞く　frequenter よく、頻繁に）

essem は sum の接続法・未完了過去です。主文の動詞 audiēbam は直説法の未完了過去ゆえ第2時称に属します。cum の従属文の動詞 essem は、audiēbam と「同時」の内容とみなせるため、接続法の未完了過去になります。

5 譲歩文（たとえ〜しても）

cum は接続法とともに譲歩文（「たとえ〜しても」と訳せる従属文）を導くことができます。

> 11. Nec vātēs Helenus, **cum** multa horrenda monēret, hōs mihi praedīxit luctūs, nōn dīra Celaenō.　Verg.Aen.3.712-713
> 予言者ヘレヌスは、多くの恐ろしい出来事を警告したが、彼も不吉なケラエノーも、これらの悲しみは私に予言してくれなかった。
> (vātēs, -tis c. 予言者　horrendus, -a, -um 恐ろしい　moneō, -ēre 警告する　praedīcō, -ere, -dīxī 予言する　luctus, -ūs m. 悲しみ　dīrus, -a, -um 不吉な)

　主文の動詞（praedīxit）は第2時称（直説法・完了）になります。cum の導く従属文の動詞（monēret）は、それと「同時」の内容なので接続法・未完了過去になります。なお、この cum の従属文を譲歩文とみなすか、時間文とみなすかは文脈次第です。

6　条件文（もし～ならば）

　条件文は、sī（もしも）などの接続詞の導く従属文と主文からなります。文法用語では、従属文を「前文」（protasis）、主文を「後文」（apotasis）と呼びます。実際には、前文と後文の位置関係は前後どちらでもかまいません。

　条件文は、(1) 論理的条件文、(2) 観念的条件文、(3) 非現実的条件文の3つに分けられます。このうち接続法が使われるのは(2)と(3)です。

(1)　論理的条件文

　前文（従属文）の条件が満たされたら後文（主文）が成立する、もし満たされなければ成立しない、といった論理関係を示す文です。前文、後文ともに直説法が用いられます。

> 12. Sī **valēs**, bene **est**.　もしあなたが元気なら結構である。
> (valeō, -ēre 元気である　bene est 英語の it is well)
> 13. Sī **latet**, ars **prōdest**.　Ov.A.A.2.313
> もし隠れるなら、技術は役に立つ。
> (lateō, -ēre 隠れる　ars, -tis f. 技術、技　prōsum, prōdesse 役に立つ)

(2) 観念的条件文

　仮定する内容が事実かどうか、または実際に試せるかどうかは問いません。現在または未来の出来事について、それが起きる可能性を頭の中で想像して表現するものです。

　前文と後文の動詞の内容が「同時」の場合、前文（従属文）は接続法・現在になり、「以前」の場合、接続法・完了になります。後文（主文）には、現在か完了の接続法が用いられますが、直説法・現在や未来になる場合もあります。

> 14. Memoria **minuitur** nisi eam **exerceās**.　Cic.Sen.21
>   記憶力はそれを鍛えなければ衰える。
>   (memoria, -ae f. 記憶、記憶力　minuō, -ere 弱める　nisi = sī nōn もし〜でなければ　eam<is [指示代名詞]　exerceō, -ēre 鍛える)

前文の動詞は接続法・現在、後文の動詞は直説法（受動態）現在です。

> 15. Magnō mē metū **līberābis**, dum modo inter mē atque tē mūrus **intersit**.　Cic.Cat.1.10
>   おまえと私との間に城壁がある限り、おまえは私を大いなる恐怖から解き放つだろう。
>   (magnus, -a, -um 大きな　metus, -ūs m. 恐怖　līberō, -āre 解放する　dum modo 〜する限り　mūrus, -ī m. 壁、城壁　intersum, interesse 間にある)

　dum modo の導く前文において、動詞（intersit）は接続法・現在です。後文には直説法・未来の動詞（līberābis）が使われています。

(3) 非現実的条件文

　現在の事実に反する仮定を行う場合、前文、後文ともに接続法・未完了過去が使われます。過去の事実に反する仮定を行う場合は、接続法・過去完了が用いられます。

> 16. Sī **vīveret**, verba ējus **audīrētis**.　Cic.Rosc.42
>   もし彼が生きていたら、あなた方は彼の言葉を聞くことができるのに。
>   (vīvō, -ere 生きる　verbum, -ī n. 言葉　audiō, -īre 聞く)

これは、現在の事実に反する仮定を行う文例です。前文と後文の動詞は、ともに接続法・未完了過去になっています。

> 17. Sī ibi tē esse **scīssem**, ad tē ipse **vēnissem**.　Cic.Fin.3.8
> もし君がそこにいると知っていたら、私は自ら君の所に行っただろう。
> (ibi そこに　scīssem = scīvissem＜sciō 知る　veniō, -īre, vēnī 来る)

過去の事実に反する条件文です。前文、後文ともに接続法・過去完了が用いられています。

7　程度・結果文

ut が sīc（その程度まで）や tantus（それほど大きい）などの語句とともに用いられ、「〜するほどに」という程度を表す構文を作ります（程度文）。この構文は「非常に〜なので、その結果として〜」と訳すこともできます（結果文）。どちらで訳せばよいかは文脈によります。英語の so that の構文を思い出してよいでしょう（ut が that に相当）。否定文には nōn を使います。主文が否定文の場合、ut nōn は quīn に置き換えることも可能です。

> 18. **Sīc** enim Graecē loquēbātur **ut** Athēnīs nātus vidērētur.　Nep. Att.4
> 実際、彼はギリシャ語がとても上手に話せたので、アテーナエ生まれかと思われるほどであった。
> (enim 実際　Graecē ギリシャ語で　loquor, -ī 話す　Athēnīs＜Athēnae アテーナエ　nātus, -a, -um 生まれた)

ラテン語の場合 sīc だけで so much の意味を持ちます。上の文に bene などの副詞が省かれているのはそのためです。上の訳例は「結果文」としての訳ですが、「程度文」とみなした場合、「彼はアテーナエ生まれかと思われるほど上手にギリシャ語を話した」となります。なお、英語であれば従属文に仮定法を用いるところですが、ラテン語では時称のルールに従うだけです。主文が第2時称で副文はそれと「同時」ゆえ、vidērētur は接続法・未完了過去になります。

> 19. Nihil **tam** difficile est **quīn** quaerendō investigārī possiet.
> Ter.Heaut.675
> 何事も探求して見出せないほど困難なものはない。
> (difficilis, -e 困難な　quaerō, -ere 探求する　investigō, -āre 見出す、探し出す　possiet = possit)

この文は「程度文」です。主文は nihil tam difficile est で、「いかなるものもそれほど（tam）困難ではない」と訳せます。この tam の程度を quīn 以下が説明しています。quīn は ut nōn のことなので、「探求することによって（quaerendō）見出されえないほど（quīn ... investigārī possiet）」と否定文になります。なお possiet は possit（possum の接続法・現在）の古形です。

練習問題37　和訳しなさい。

1. Sōcratēs cum facile posset ēdūcī ē custōdiā, nōluit.　Cic.Tusc.1.71
2. Dolō erat pugnandum, cum pār nōn esset armīs.　Nep.Han.10
3. Fēminae ad lūdōs veniunt ut spectent et ipsae spectentur.　Ov.A.A.1.99
4. Numquam imperātor ita pācī crēdit, ut nōn sē praeparet bellō.　Sen.Vit.26.2
5. Hectora quis nosset, fēlix sī Trōja fuisset?　Ov.Tr.4.3.75
6. Istō bonō ūtāre, dum adsit, cum absit, nē requīrās.　Cic.Sen.33
7. Hīc est obstandum, mīlitēs, velut sī ante Rōmāna moenia pugnēmus. Liv.21.41
8. Sed quō sīs, Āfricāne, alacrior ad tūtandam rem pūblicam, sīc habētō, omnibus, quī patriam conservāverint, adjūverint, auxerint, certum esse in caelō dēfīnītum locum, ubi beātī aevō sempiternō fruantur. Cic.Rep.6.13
9. Quāre et tibi, Pūblī, et piīs omnibus retinendus animus est in custōdiā corporis nec injussū ējus, ā quō ille est vōbīs datus, ex hominum vītā migrandum est, nē mūnus hūmānum assignātum ā deō dēfūgisse videāminī.　Cic.Rep.6.14
10. Jam ipsa terra ita mihi parva vīsa est, ut mē imperiī nostrī, quō quasi punctum ējus attingimus, paenitēret.　Cic.Rep.6.16

語彙

Sōcratēs, -is m. ソークラテース（ギリシャの哲学者）　facile 容易に　ēdūcō, -ere 連れ出す　ē＝ex［前置詞］〈奪格〉から　custōdia, -ae f. 監獄　nōlō, nōlle, nōluī 望まない　dolus, -ī m. 策略　pugnō, -āre 戦う　pār, paris 等しい　arma, -ōrum n.pl. 武器　fēmina, -ae f. 女性　lūdus, -ī m. 芝居　veniō, -īre 来る　spectō, -āre 見る　ipsae＜ipse［強意代名詞］　numquam 決して〜ない　imperātor, -ōris m. 最高司令官　ita: ut 以下ほど　pāx, -ācis f. 平和　crēdō, -ere〈与格〉を信じる　praeparō, -āre〈与格〉に備える　Hector, -oris m. ヘクトル（トロイヤの英雄、Hectora は Hectorem の別形）　nosset＝nōvisset＜nōscō, -ere, nōvī 知る　fēlix, -īcis 幸福な、栄えている　istō＜iste［指示代名詞］　bonum, -ī n. 善きもの　ūtor, -ī〈奪格〉を使う、享受する　adsum, adesse そこにある　absum, abesse ない、不在である　requīrō, -ere 探し求める、ないのを惜しむ　hīc ここで　obstō, -āre 抵抗する　mīles, -litis c. 兵士　velut sī あたかも〜のように　ante〈対格〉の前で　Rōmānus, -a, -um ローマの　moenia, -ium n.pl. 城壁　pugnō, -āre 戦う　quō 〜するように　Āfricānus, -ī m. アーフリカーヌス（ローマの英雄）　alacer, -cra, -crum 熱心な　tūtor, -ārī 守る　rēs pūblica 国家　habeō, -ēre みなす、考える　patria, -ae f. 祖国　conservō, -āre, -āvī 維持する　adjuvō, -āre, -āvī, -jūtum 助ける　augeō, -ēre, auxī 豊かにする　certus, -a, -um 定められた　caelum, -ī n. 天　dēfīnītus, -a, -um 特定の　locus, -ī m. 場所　ubi［関係副詞］　beātī, -ōrum m.pl. 至福の者たち　aevus, -ī m. 時、生涯　sempiternus, -a, -um 永遠の、永続する　fruor, -ī〈奪格〉を利用する、享受する　quāre それゆえ　Pūblius, -ī m. プーブリウス　pius, -a, -um 敬虔な　retineō, -ēre 引き留める、保持する　animus, -ī m. 魂　custōdia, -ae f. 保護、監獄　corpus, -oris n. 肉体　injussū〈属格〉の命令なしに　ējus＜is［指示代名詞］　homo, hominis c. 人間　vīta, -ae f. 人生、生活　migrō, -āre 去る　mūnus, -eris n. 務め、義務　hūmānus, -a, -um 人間の　assignō, -āre 割り当てる　dēfugiō, -ere, -fūgī 逃げる　videāminī＜videō, -ēre 見る　jam 今　terra, -ae f. 地球　parvus, -a, -um 小さい　vīsa＜videō, -ēre 見る　imperium, -iī n. 領土　punctum, -ī n. 点　attingō, -ere 触れる　paeniteō, -ēre 不満を抱かせる　paenitet〈対格〉は〈属格〉を不満に思う

> ヒント

1. cum の譲歩文の例です。posset が接続法・未完了過去なのは、主文の動詞 nōluit が第2時称で、それと「同時」の内容だからです。nōluit の次に ēdūcī ē custōdiā（監獄から連れ出されること）を補うとよいでしょう。
2. 主文は動形容詞の非人称的表現です。cum は接続法・未完了過去（esset）とともに理由文を導きます。esset の主語として「彼は」を補います（原文ではハンニバル）。
3. ut は2つの接続法・現在の動詞（spectent と spectentur）を伴い、目的文を作ります。主文の動詞 veniunt が直説法・現在であり、これと「同時」の内容を従属文が表すため、いずれも接続法・現在になります。spectent は接続法・現在の能動態、spectentur はその受動態の形です。
4. 前半は、「指揮官は（imperātor）平和を（pācī）そのようには（ita）決して信じない（numquam ... crēdit）」という構文です。この ita の内容は、ut 以下が「戦争のために（bellō）準備しない（nōn sē praeparet）ほど」と説明します。praeparet は接続法・現在です（主文の時称が現在で、それと同時の内容のため）。
5. sī が非現実の条件文を導く例です。条件文の fuisset は接続法・過去完了です。主文の nosset は nōvisset の別形で、noscō の接続法・過去完了です。noscō は直説法・完了で「知る」、直説法・過去完了で「私は知っていた」という意味になります（時称が1つずれる）。この文の nosset についても、形の上では過去の事実に反する表現とみなすべきですが、日本語に訳す場合は「知っている」とします。ヘクトルはトロイヤ第一の英雄でした。トロイヤはギリシャに滅ぼされ悲劇的な運命をたどります。ただ、その過程でヘクトルは力の限り戦い、名を残すことができたのです。
6. 2組の複文からなります。1つ目の主文の動詞 ūtāre（ūtor の接続法・受動態・現在、2人称単数 ūtāris の別形）と2つ目の動詞 requīrās（requīrō の接続法・能動態・現在）はともに命令を表す接続法の用例です（後者は nē とともに禁止を表す）。dum と cum はそれぞれ条件文を導きます（観念的条件文）。それぞれの従属文中の動詞 adsit と absit は、ともに接続法・現在です。これらの動詞の主語は bonum です。なお文頭の istō

は2人称に関わる指示代名詞 iste の中性・単数・奪格です。istō bonō は「あなたが今手にしている幸福」と理解できます。原文を参照すると、若さや青春のことだとわかります。

7. 主文は動形容詞の非人称的表現で、「ここで抵抗しなければならない」と訳せます。従属文の動詞 pugnēmus は時称のルールどおり、接続法の現在形にします（主文と「同時」の内容と考えられるため）。

8. quō と比較級 alacrior と接続法 sīs の組み合わせは、「（ad 以下に）いっそう熱心であるように」と訳せます。主節の動詞 habētō（habeō の命令法・未来）は、不定法句の内容を「考えよ」という意味になります。locum は対格不定法の意味上の主語。「場所が（locum）定められて（certum）いること（esse）」。ubi 以下はこの locum の説明です。beātī（幸福な）は「幸福な者たちとして」とするのが直訳ですが、「幸福に」と副詞的に訳すことができます（形容詞の副詞的用法）。

9. 主文は2つあり、1つ目が retinendus animus est です（動形容詞の人称的表現）。2つ目が nec ... migrandum est です（動形容詞の非人称的表現）。これら2つの文の目的を表す表現が、nē 以下で示されています。videāminī は videō の接続法・受動態・現在です。なお、ējus から datus の部分は、「その者から（ā quō）それが（ille = animus）おまえたちに（vōbīs）与えられた（est ... datus）ところのその者の（ējus: is の属格）」と直訳できます。また ējus は injussū にかかります。

10. ita と ut が呼応しながら「程度・結果文」を作ります。この文は「結果文」として訳すのが自然です。「地球そのものが（ipsa terra）それほど（ita）小さく（parva）見られた（vīsa est）」というのが主文で、その結果として ut 以下のことが生じる、という構文です。主文の動詞 vīsa est は videō の直説法の完了（第2時称）で、ut 以下にはそれと「同時」の内容が示されるため、動詞の paenitēret は接続法の未完了過去になっています。なお、quō quasi punctum ējus attingimus については、先行詞 imperiī の説明とみなせます（挿入節と見てよい）。「それによって（quō）いわば（quasi）それの（ējus）点に（punctum）私たちは触れているのだが（attingimus）」と直訳できます。1つ目の「それ」（quō）は「私たちの領土」（imperiī nostrī）を指し、2つ目の「それ」（ējus）は「地球」（terra）を指しています。

第12章　様々な構文

1　非人称構文

　動詞の中には3人称単数や自動詞の受動態で自然現象を表したり、人間の感情を表したりするものがあります。これらの表現を総称して非人称構文と呼びます。

自然現象を表す非人称動詞

　It rains. のように、英語では it を用いて自然現象を表しますが、ラテン語にも3人称単数で同様の表現を行う動詞があります。3人称単数だけで用いられる純粋な「非人称動詞」もあれば、人称動詞としての用例を併せ持つ「非人称的動詞」もあるので、個々の単語について辞書で確認するとよいでしょう。

現在		不定法	完了
fulminat	稲妻が光る	fulmināre	fulmināvit
pluit	雨が降る	pluere	plūvit（pluit）
tonat	雷が鳴る	tonāre	tonuit

　これら以外にも lūcescit（夜が明ける）や ningit（雪が降る）など、様々な自然現象を表す例があります（ここで網羅的に紹介することは控える）。実際のラテン語を読みながら、1つ1つの表現を辞書で確認し、非人称動詞のストックを増やしていくとよいでしょう。その際、これらの動詞には人称表現もあることに注意します。例えば pluō は「雨のように降る」という意味が辞書で見つかるので、Saxa pluunt. は「石が雨のように降る」と訳せます（saxa＜saxum, -ī n. 石）。次の詩句は、自然現象に関わる人称表現と非人称表現の両方を含む例です。

> 1. at Boreae dē parte trucis cum **fulminat** et cum Eurīque Zephyrīque **tonat** domus, ...　Verg.Geo.1.370-371
> だが残酷なボレアス（北風）の吹く場所から雷光が発せられる時、またエウルス（南東の風）やゼピュルス（西風）の館が雷鳴をとどろかせる時、……
> （Boreas, -ae m. 北風　pars, -tis f. 部分、場所　trux, -ucis 残酷な　Eurus, -ī m. 南東の風　Zephyrus, -ī m. 西風　domus, -ūs f. 家、館）

　この文には雷に関する単語が2つ見つかります。このうち fulminat は非人称的に使われていますが、tonat は主語 domus に対する述語動詞ということになり、人称的に使われています。

人間の感情を表す非人称動詞

　代表的なのは次の5語です。いずれも能動態・3人称単数形で非人称的表現を行います。

現在		不定法	完了
miseret	憐れむ	miserēre	—
paenitet	悔やむ	paenitēre	paenituit
piget	不快である	pigēre	piguit
pudet	恥じる	pudēre	puduit
taedet	嫌になる	taedēre	taesum est

　〈感情を抱く人〉は対格で示され（主格ではない）、〈感情の原因〉は、(1) 名詞の属格や (2) 不定法、不定法句（対格+不定法）で表されます。

> 2. Num senectūtis eum suae **paenitēbat**?　Cic.Sen.19
> 彼は自分の老年を悔いていただろうか？
> （num 果たして〜か　senectūs, -ūtis f. 老年）

　eum は対格です。これは悔いの感情を抱く主体としての対格です。一方、senectūtis ... suae は「感情の原因」のうち、(1)「名詞の属格」に該当します。例文は、「彼（= eum）は自分の老年のこと（= senectūtis...suae）

で悔しい気持ちになっただろうか？」というのが直訳になります。

> 3. **Taedet** tuī sermōnis.　Pl.Cas.143
> おまえの話にはうんざりだ（おまえの話は嫌になる）。
> （sermō, -ōnis m. 話　tuus, -a, -um あなたの）

プラウトゥスの喜劇に出てくる台詞です。tuī も sermōnis も単数・属格ですが、「感情の原因」としての（1）「名詞の属格」です。その感情を抱く「私」を強調したければ、mē（ego の対格）を文頭に置きます。

状況や必要性を表す非人称的表現

現在		不定法	完了
libet	気に入る	libēre	libuit
licet	許されている	licēre	licuit
decet	ふさわしい	decēre	decuit
oportet	すべきである	oportēre	oportuit

このうち libet と licet は、主語が不定法で人が与格で表されます。licet は不定法句（対格不定法）を取ることもあります。decet と oportet は不定法、または不定法句を取るのが基本です。

> 4. **Licet** tibi lacrimāre.　あなたは泣いてもいい。
> （lacrimō, -āre 泣く）

この文の直訳は、「あなたには（tibi）泣くことが（lacrimāre）許されている（licet）」となります。

> 5. **Decet** verēcundum esse adulescentem.　Pl.As.833
> 若者は慎み深くあるのがふさわしい。
> （verēcundus, -a, -um 慎み深い　adulescens, -entis c. 若者）

「若者が（adulescentem）慎み深いことが（verēcundum esse）ふさわしい（decet）」と直訳できます。不定法句が主語になるため、「ふさわしい」行為を行うべき「人」（この文では「若者」）は対格で表されます。

> 6. Mendācem memorem esse **oportet**.　Quint.4.2.92
> 　　嘘つきは記憶がよくないといけない。
> 　　（mendax, -ācis m. 嘘つき　memor, -oris 記憶力がよい　esse＜sum）

　この文も対格不定法が oportet の主語になります。「嘘つきは（mendācem）記憶がよいことが（memorem esse）当然である（oportet）」と直訳できます。

名詞・形容詞と est を組み合わせた非人称的表現

　英語に It is necessary for 人 to 不定詞（または that 節）という構文があります。それに相当するのが、Necesse est（～することが必要、必然である）＋不定法（まれに ut ＋接続法）の構文です。「誰にとって」（そのことが必要か）の部分を与格で表します（省かれることもある）。

> 7. Hominī **necesse** est morī.　人間は死なねばならない。
> 　　（homō, -minis c. 人間　morior, morī 死ぬ）

　hominī は与格、morī は不定法です。「人間にとって（hominī）死ぬことは（morī）必然である（necesse est）」というのが直訳です。

> 8. Nec scīre **fās est** omnia.　Hor.Carm.4.4.22
> 　　すべてを知ることは許されていない。
> 　　（nec ～でない　sciō, -īre 知る　omnis, -e すべての）

　necesse est 以外にも、fās est（～することが正しい、許されている）や、opus est（～する必要がある）などが同じ構文を取ります。この文に与格の名詞はなく、誰にとってすべてを知ることが許されていないのかが明示されていません。このように与格が省略されることもあります。

> 9. Auctoritāte tuā nōbīs **opus est**.　Cic.Fam.9.25
> 　　私たちには君の権威が必要だ。
> 　　（auctoritās, -ātis f. 権威）

　opus est は、名詞を伴って「～を必要とする」という意味を持つ場合があります。この時、必要とされる「名詞」（auctoritāte tuā）は奪格になり、

必要とする「人」（nōbīs）は与格で表されます（この「人」は省略可能）。

interest と rēfert　重要である

　interest と rēfert はどちらも「A にとって B は重要である」という構文を取ります。A に入るのは人を表す名詞の属格ですが、人称代名詞の場合、所有形容詞の女性・単数・奪格になります（meā など）。B には、代名詞（中性・単数）、不定法または不定法句（対格＋不定法）、間接疑問文が来ます。

A ＝所有形容詞、B ＝代名詞の例：

> 10. Id meā minimē **rēfert**.　それは私にとって、まったく重要ではない。
> 　（minimē 最も少なく）

A ＝省略、B ＝不定法の例：

> 11. Neque **rēfert** vidēre quid dīcendum sit, nisi id queās solūtē et suāviter dīcere.　Cic.Brut.110
> もしよどみなく、そして心地よく語ることができなければ、何をいうべきかを理解することは重要ではない。
> （queō, quīre ～できる　nisi もし～でなければ　solūtē よどみなく　suāviter 心地よく）

　例文11において、B に相当する不定法は vidēre です。quid dīcendum sit（何がいわれるべきか＝何をいうべきか）を目的語に取ります。nisi 以下の条件文の動詞 queās は接続法・現在ですが、主文の動詞（＝rēfert）は直説法・現在です。主文の内容は、話者にとって明確な結論とみなせるため直説法で表されています。

A ＝所有形容詞、B ＝間接疑問文の例：

> 12. Quid meā **rēfert**, hae Athēnīs nātae an Thēbīs sient.　Pl.Rud.746
> ここにいる娘たちがアテーナエ生まれかテバエ生まれかなんて、なんでわしに関係するものか。
> （quid なぜ　nātus, -a, -um 生まれた　an あるいは　sient＝sint）

　meā が A、hae から sient までの間接疑問文が B に相当します。後者の

主語は hae（hic の女性・複数・主格）、nātae が補語、sient（接続法・現在、3人称複数）が動詞です。なお、hae だけだと「これらの者たちは（ただし女性）」としか訳せませんが、前後関係から「娘たち」を補っています。

動形容詞の非人称表現

すでに「動形容詞」の項目で詳しく紹介した表現です。

> 13. Quiescentī **agendum** et agentī **quiescendum est.**　Sen.Ep.3.6
>   休息している者には行動が、行動している者には休息が必要である。
>   （quiescō, -ere 休息する　agō, -ere 行動する）

agendum と quiescendum が動形容詞の中性・単数・主格で、これが est とともに用いられる時、非人称表現が生まれます。また quiescentī と agentī はどちらも現在分詞の与格ですが、この与格は「行為者の与格」です。

自動詞の受動態

自動詞の受動態は非人称的表現になります。この受動態に関しては、「その動詞の行為が一般的な人々によってなされる」という具合に理解します。

> 14. Nōn statim **pervenītur** ad summum.
>   （人は）ただちに頂上に到達することはない。
>   （statim ただちに　perveniō, -īre 到達する　summus, -a, -um 最高の）

直訳すると、「頂上に（ad summum）到着するという行為は、一般的な人々によって、ただちになされることはない」となります。

練習問題38　和訳しなさい。

1. Imperātōrem stantem morī oportet.　Suet.Ves.24
2. Nōminibus mollīre licet mala.　Ov.A.A.2.657
3. Frātris mē quidem pudet pigetque.　Ter.Ad.391-392
4. Chrȳsippus āit sapientem nullā rē egēre, et tamen multīs illī rēbus opus esse.　Sen.Ep.9.14
5. Quod ego et meā et reī pūblicae et maximē tuā interesse arbitror. Cic.Fam.2.19

語 彙

imperātor, -ōris m. 指揮官　stō, -āre 立つ　morior, -ī 死ぬ　oportet 〜すべきである［非人称動詞］　nōmen, -minis n. 名前　molliō, -īre 和らげる　licet〈不定法が〉許されている　malum, -ī n. 欠点　frāter, -tris m. 兄弟　quidem まったく　pudet と piget →本文参照　Chrȳsippus, -ī m. クリューシッポス（古代ギリシャの哲学者）　āiō［不完全動詞］いう　sapiens, -entis m. 賢者　nullā rē: nihil（無）の奪格　egeō, -ēre〈奪格〉を欠く　tamen しかし　multus, -a, -um 多くの　illī＜īlle［指示代名詞］　rēs, -eī f. 物　opus est 〜する必要がある　rēs pūblica 国家　maximē 最も　interesse＜interest 重要である　arbitror, -ārī 思う

ヒント

1. 問題文のように oportet は対格不定法を取ることができます。imperātōrem（男性・単数・対格）は形式受動態動詞 morior の不定法 morī の意味上の主語で、現在分詞 stantem（男性・単数・対格）がこれを修飾します。「imperātōrem は stantem の状態で morī すべきである」という構文です。

2. 原文を参照すると、オブラートに包んだ表現を心がけることで他人の身体的欠点をほほえましく感じさせる工夫の必要性が説かれています。この問題文では「誰にとって〈不定法の内容〉が許される」のかが示されていません。このように、与格が省略される場合もあります。文頭の nōminibus は「手段の奪格」であり、与格ではありません。

3. pudet と piget は、感情の原因を属格（frātris）で示し、感情を抱く人を対格（mē）で表します。原文はテレンティウスの『兄弟』で、この台詞は兄のデメアが弟のミキオについて述べたものです。文脈を考慮に入れなければ、frātris は兄、弟どちらで訳してもかまいません。

4. āit（彼はいう）が不定法句（対格不定法）を取る構文です。sapientem（賢者）は対格で、egēre（egeō の不定法）の意味上の主語になります。tamen 以下には opus est ＋〈与格：人〉＋〈奪格：物〉の構文を不定法にした形（opus esse）が示されます。illī が〈与格：人〉、multīs ... rēbus が〈奪格：物〉に相当します。

5. arbitror（私は思う）が不定法句を取る構文です。文頭の quod（中性・

単数・対格）は代名詞としての関係代名詞の用例で（id の代わりです）、不定法（interesse）の意味上の主語になります。誰にとって重要なのかが3つの言葉（meā、tuā、reī pūblicae）で示されます。meā と tuā は所有形容詞の女性・単数・奪格、reī pūblicae は名詞の属格です。

2 絶対的奪格

絶対的奪格とは

　ラテン語らしい表現といえば、この絶対的奪格を真っ先に挙げることができます。奪格に置かれた名詞 A とそれを修飾する語句 B（現在分詞、完了分詞、形容詞など）との組み合わせで絶対的奪格と呼ばれる表現を作ります。A と B は主語と述語の関係に置かれます。パッと見てすぐに意味が取れない時は、「A＝B の関係を伴って」と訳すとうまくいきます。

絶対的奪格の訳し方

　例えば、Caesare regnante という絶対的奪格表現は、「Caesare＝regnante の関係を伴って」と理解することによって「カエサルが支配する時」と訳せます（regnante は「支配する」を意味する regnō の現在分詞、男性・単数・奪格）。一方、B に当たる語が完了分詞の場合、「A は B されて」と受け身の形で訳します。litterīs acceptīs は「手紙が受け取られて」と訳すのが基本ですが、文脈によっては「手紙が受け取られたので」と訳してもかまいません。絶対的奪格は主節に対する副詞節の働きをするわけですが、理由や時、条件や譲歩などの接続詞がないため、どの意味で理解するかは文脈を頼りにして判断します。

> 1. Caesar, **acceptīs litterīs**, nuntium mittit.　　Caes.B.G.5.46
>   カエサルは手紙を受け取ると、使者を送る。
>   （accipiō, -ere, -cēpī, -ceptum　受け取る　　litterae, -ārum f.pl. 手紙
>   nuntius, -ī m. 使者　mittō, -ere 送る）

　acceptīs litterīs は、主語に当たる語 A（litterīs）が述語に当たる語 B（acceptīs）より後に置かれていますが、litterīs acceptīs と意味は同じです（語順は自由）。また、訳例のように「A が B されて」と直訳できるところを「A を B すると」と意訳する方が自然です。なお mittit は現在時称ですが「歴史的現在」とみなし、過去で訳してもかまいません（カエサルの文では、そう判断できる例がほとんど）。仮に mittit を mīsit と完了にした場合でも、acceptīs litterīs はこのままです。主文の時称や法などに影響

305

を受けることは一切ないためです。「絶対的」（absolute）と呼ばれるゆえんです。

> 2. Quid rīdēs? **Mūtātō nōmine** dē tē fābula narrātur.
> なぜおまえは笑うのか。名前を変えると、その話はおまえについて語っているのに。 Hor.Sat.1.1.69-70
> （quid なぜ　rīdeō, -ēre 笑う　mūtō, -āre -āvī, -ātum 変える　nōmen, -minis n. 名前　dē ～について　fābula, -ae f. 物語　narrō, -āre 語る）

　太字の部分が絶対的奪格の表現です。nōmine を主語 A、mūtātō を述語 B とみなします。この場合、「nōmine イコール mūtātō の関係」とは、「名前（nōmine）が変えられた状態（mūtātō）」ということです。mūtātō が完了分詞である点に注意して下さい。完了分詞は受動の意味を持つので、この絶対的奪格表現は「受動態」の文として訳すのが基本です。つまり、直訳は「名前が変えられると」です。これを自然に訳して「名前を変えると」とします。「名前を変えた時」（時）でも、「名前を変えたので」（理由）でも、「名前を変えたとしても」（譲歩）でも、文意が取れればどの訳し方でもかまいません。ただ、上の例文では、主文とのつながり具合から、「名前を変えると」が一番自然だと思います。

> 3. **Nātūrā duce** numquam aberrābimus.
> 自然を導き手にすれば、我々は決して間違うことがないだろう。
> （nātūra, -ae f. 自然　dux, -cis c. 導き手　numquam 決して～ない
> aberrō, -āre 間違う）

　これも「条件」を表す絶対的奪格の表現です。nātūrā を主語 A、duce を述語 B とみなします。名詞が 2 つ並んでいるだけですが、A＝B の関係とは、「自然イコール導き手の関係」のことです。numquam aberrābimus（我々は決して間違うことがないだろう）という主文は、そのような A＝B の関係を伴って成り立つ文だということです。この例文の場合、「A＝B の関係を伴えば」と「条件」を意味する副詞節として解釈するのがよいでしょう。

4. **Hīs rēbus cognitīs** ā captīvīs perfugīsque Caesar **praemissō equitātū** confestim legiōnēs subsequī jussit.　　Caes.B.G.5.18
カエサルは、これらのことを脱走兵や捕虜から知ると、騎兵隊を先発させ、軍団にも速やかに後に続くよう命じた。
(rēs, -eī f. もの、こと　cognōscō, -ere, -nōvī, -nitum 知る　captīvus, -ī m. 捕虜　perfugus, -ī m. 脱走兵　praemittō, -ere, -mīsī, -issum 先発させる　equitātus, -ūs m. 騎兵隊　confestim 速やかに　legiō, -ōnis f. 軍団　subsequor, -ī 後に続く　jubeō, -ēre, jussī 命じる)

絶対的奪格が2カ所で使われています。1つ目の太字を構成する単語は3つありますが、hīs rēbus を主語 A、完了分詞の cognitīs を述語 B とみなします。A＝B の関係とは、「これらの事柄 A＝知られた状態 B」です。主文の内容は、彼が軍団に後に続くよう命じた（＝歴史的完了）というものです。2つ目の太字は2つの単語からなります。equitātū を主語 A、完了分詞の praemissō を述語 B と見ます。「騎兵隊 A＝先発させられた状態 B」の関係が成り立ちます。「騎兵隊が先発させられて」（直訳）とは、「騎兵隊を先発させて」（意訳）ということです。

5. Maximās vērō virtūtēs jacēre omnīs necesse est **voluptāte dominante**.　　Cic.Fin.2.117
だが快楽が支配する時、主立った美徳のすべてが地に伏すのは必然である。
(maximās＜magnus　vērō だが　virtūs, -ūtis f. 美徳　jaceō, -ēre 地に伏す　omnis, -e すべての　necesse 必然の　voluptās, -ātis f. 快楽　dominor, -ārī 支配する)

太字の部分が絶対的奪格表現で、voluptāte が主語 A、dominante が述語 B に当たります。dominante は現在分詞なので、「A が B すると」と訳すのが基本です。主文の主語は不定法 jacēre（地に伏すこと）で、述語は necesse est（必然である）です。不定法の意味上の主語は virtūtēs（virtūs の複数・対格）で、maximās（magnus の最上級、女性・複数・対格）と omnīs が、この virtūtēs を修飾しています。

練習問題39 和訳しなさい。

1. Receptō dulce mihi furere est amīcō.　Hor.Carm.2.7.28
2. Hīc Helenus caesīs prīmum dē mōre juvencīs exōrat pācem dīvum. Verg.Aen.3.369-370
3. Caritāte enim benevolentiāque sublātā omnis est ā vītā sublāta jūcunditās.　Cic.Amic.102
4. Nātus est Augustus M. Tulliō Cicerōne C. Antōniō cōnsulibus.　Suet.Aug.5
5. Deinde ego illum dē suō regnō, ille mē dē nostrā rē pūblicā percontātus est, multīsque verbīs ultrō citrōque habitīs ille nōbīs cōnsumptus est diēs.　Cic.Rep.6.9

語彙

recipiō, -ere, -ēpī, -ceptum 受ける、迎える　dulcis, -e 快い、魅力的な　furō, -ere 狂乱する　amīcus, -ī m. 友　hīc ここで　Helenus, -ī m. ヘレヌス（予言者）　caedō, -ere, cecidī, caesum 殺す、屠る　prīmum まず　dē〈奪格〉に従って　mōs, -ōris m. 慣習　juvencus, -ī m. 若牛　exōrō, -āre 懇願する　pax, -ācis f. 加護　deus, -ī m. 神（dīvum は複数・属格の別形）　caritās, -ātis f. 愛情　enim というのも　benevolentia, -ae f. 好意、親切　tollō, -ere, sustulī, sublātum 取り去る　omnis, -e すべての　vīta, -ae f. 人生　jūcunditās, -ātis f. 喜び　nātus<nascor 生まれる　cōnsul, -sulis m. 執政官　deinde 続いて　dē〈奪格〉について　regnum, -ī n. 王国　nostrā<noster 我々の［所有形容詞］　rēs pūblica 国家　percontor, -ārī 詳しく質問する　multus, -a, -um 多くの　verbum. -ī n. 言葉　ultrō citrō 互いに　habitīs<habeō, -ēre 持つ　cōnsūmō, -ere, -sumpsī, -sumptum 費やす

ヒント

1. 奪格 A (receptō) と奪格 B (amīcō) の位置が離れています。この組み合わせは「友が迎えられて」と直訳できますが、「友を迎えて」と訳した方が自然です。主語は不定法 furere で、dulce (中性・単数・主格) が文の補語になります。
2. caesīs ... juvencīs の部分が絶対的奪格表現です（ともに男性・複数・

奪格）。caesīs は完了分詞なので「juvencī（若牛）が caedō されて」と受け身の文として訳すのが基本です。dē mōre は「儀式にのっとり」という意味の熟語です。dīvum は pācem にかかります。

3. caritāte と benevolentiā が奪格 A（主語）、sublāta が奪格 B（補語）となる絶対的奪格表現が使われています。「A が B されると」という条件を表します。jūcunditās が主語で、omnis がこれを修飾します。est ... sublāta が動詞（直説法・受動態・完了）です。この完了時称は、現在完了的な意味でとらえます。

4. M. Tulliō Cicerōne C. Antoniō consulibus の部分が絶対的奪格表現です。M. は Mārcō（Mārcus の奪格）、C. は Gāiō（Gāius の奪格）のことです。この表現は3つの部分から成り立ちます。A：Mārcō Tulliō Cicerōne、B：C.Antoniō、C：consulibus の3つです。これはラテン語で年を表す時のいい回しで、「A と B が執政官だった年に」という意味になります。ローマで執政官は2人セットで選出されたので、執政官の名前が2つ並び、C の部分は必ず consul の複数・奪格形（consulibus）になります。「マールクス・トゥッリウス・キケローとガーイウス・アントニウスが執政官だった年（すなわち前63年）に」と訳せます。主文の主語は Augustus で、動詞は nātus est（nascor の完了）です。

5. 前半（2つ目のカンマまで）の主語は2つあります。ego と ille です。動詞は percontātus est（percontor の完了）1つですが、これは3人称単数で ille に合わせたものです（ego に対応する percontātus sum は省略）。後半の出だしに絶対的奪格表現が使われています。A：multīsque verbīs と（少し離れた）B：habitīs がいずれも中性・複数・奪格です。A が主語で B が述語とみなして訳します。「多くの言葉が持たれて（＝交わされて）」というのが直訳です。主文の主語は diēs です。ille は diēs にかかります（ille diēs で「その日」と訳せる）。動詞は consumptus est（受動態の完了）となります。nōbīs は「行為者の奪格」です。「1日が私たちによって費やされた」ということは、「私たちはその日を過ごした」という意味です。先に見た絶対的奪格で表された副詞句をこの主文にどうつなぐかですが、「多くの言葉を交わしたあと」「1日を過ごした」というと少し日本語として妙になります。意味をくむと、「多くの言葉を交わしながら」と訳すのが自然です。

3　疑問文

　ラテン語の疑問文について全般的なことをまとめておきましょう。英語の疑問文は、Yes, No で答えられるもの（一般疑問文）と疑問詞を用いる疑問文に大別されます。この分類はラテン語も同じです。

一般疑問文と受け答え
　「～か？」と問う場合、文頭の語に -ne をつけます。

> 1．**Es**ne beātus?　あなたは幸福か？
>   （beātus, -a, -um 幸福な）
> 2．**Amās**ne lībertātem?　あなたは自由を愛するか？
>   （lībertās, -ātis f. 自由）

　ラテン語には Yes, No に相当する語はなく、肯定する場合は主動詞を繰り返し、否定する場合は nōn をつけて主動詞を繰り返します。例えば、Esne beātus? に対して、Sum. といえば「はい」、Nōn sum. といえば「いいえ」になります。Amāsne lībertātem? の場合、「はい」は Amō. で「いいえ」は Nōn amō. です。
　なお、肯定の答えを期待する場合は文頭に Nōnne を、否定の答えを期待する場合は Num をつけます。

> 3．**Nōnne** lībertātem amāmus?　我々は自由を愛さないだろうか？
>   （lībertās, -ātis f. 自由）
> 4．**Num** servitūtem amāmus?　我々は隷属を愛するだろうか？
>   （servitūs, -ūtis f. 隷属）

　これらの問いに対して、「愛する」場合は Amāmus. と答え、「愛さない」場合は Nōn amāmus. と答えます。
　余談ですが、日本語訳に「はい」「いいえ」を添える場合、注意が必要です。Nōnne lībertātem amāmus?（我々は自由を愛さないだろうか？）に対し、Amāmus. と答える時、「いいえ（愛します）」となります。Num servitūtem amāmus?（我々は隷属を愛するだろうか？）に Nōn amāmus.

と答える時も、「いいえ（愛しません）」と訳すのが自然です。これはラテン語ではなく日本語の問題です。日本語は「愛するかどうか？」という問いの中身に対してではなく、相手の問い方に対して「そんなことはない」というつもりで「いいえ」と返事をしているだけです。

別の受け答え

一般疑問文（英語の Yes や No で答えられる疑問文）に対し、ita を用いて次のように返答することも可能です。

> 5. **Ita** est.　そうです。
> 6. Nōn est **ita**.　そうではない。

疑問詞を用いた疑問文

ラテン語では、文頭に疑問詞をつけることによって、様々な内容を問う疑問文を作ることができます。「疑問代名詞」（quis, quid）や「疑問形容詞」（quī, quae, quod）については、すでに学びました。疑問副詞を中心に用例を紹介します。

場所を問う疑問文

場所に関する疑問副詞には ubi（どこで）、unde（どこから）、quō（どこに）があります。

> 7. **Ubi** sunt?　彼らは今どこにいるのか？

sunt の形から主語として「彼らは」（illī）を補うことができます。このラテン語で念頭に置かれるのは、死んでしまった人たちや、今は現存しない失われた事物のことです。過去を惜しむ気持ちを簡潔に表した慣用表現です。

> 8. **Ubi** est? Aut **unde** petendum?　Mart.5.58.3
> 　それはどこにあるのか？　あるいはどこで手に入るのか？
> 　（aut あるいは　petō, -ere 求める、手に入れる）

これはローマの諷刺詩人マルティアーリスの詩句です。いつも問題を先送りし「明日になったら（crās）」と口にする相手に対し、おまえの「明日」

はいつ訪れるのか？ と茶化す表現です。Ubi est? の主語は擬人化された crās（明日）です。英語で訳すと Where is it? となります（Ubi は英語の Where に相当）。

　Aut unde petendum? の aut は英語の or に当たる副詞です。unde は英語で表すと from which place となります。petendum は「求める」を意味する動詞 petō の動形容詞と呼ばれる形です。動形容詞は受動の意味を持ち、petendum は「求められるべき？」という意味です。unde を「どこから」と訳す場合、「それはどこから求められるべきか」となりますが、「それはどこに求めるべきか？」「それはどこで手に入るのか？」と訳すと意味が鮮明になります。

> 9. **Quō** vādis, domine?　主よ、あなたはどこに行くのか？
> 　（vādō, -ere 行く、急ぐ　dominus, -ī m. 主人、主）

『新約聖書』「ヨハネ伝」13章36節に見られる表現で、十字架に向かうイエスに対しペテロが語った言葉です。この quō は英語の where に相当します。

時を問う疑問文

　時に関する疑問副詞は、quandō（いつ）、quamdiū（どれだけ長く）、quousque（いつまで）があります。

> 10. Dīc mihi, crās istud, Postume, **quandō** venit?　Mart.5.58.2
> 　おまえの「明日」は、ポストゥムスよ、いつ訪れるのか？　いってくれ。
> 　（dīc<dīcō いう　istud<iste［指示代名詞］その　veniō, -īre 来る）

　istud は指示代名詞 iste の中性・単数・主格です。つまり crās は中性名詞として扱われています。この istud は「おまえのいう、その（明日は）」というニュアンスです。

> 11. **Quamdiū** apud vōs erō?
> 　私はどれだけ長く（いつまで）あなた方のところにいるだろうか？
> 　（apud ～のところに　erō<sum）

quamdiū は quam（いかに）と diū（長く）に分解できます。英語の how long と同じ意味になります。apud は対格支配の前置詞、人称代名詞 vōs は対格、erō は sum の未来です。出典は『新約聖書』の「マルコ伝」9 章 19 節に見られるイエスの言葉です。

> 12. **Quousque** humī dēfixa tua mens erit?　Cic.Rep.6.17
> おまえの心はいつまで地上に釘付けになっているのか？
> （humī 地上に［地格］　dēfixa＜dēfigō 釘付けにする　mens, -tis f. 心）

quousque は「いつまで」と尋ねる疑問副詞です。dēfixa は dēfigō の完了分詞で、「釘付けにされた状態」を意味します。erit は sum の未来です。直訳は「おまえの心は、いつまで地面に釘付けにされた状態であるのだろうか？」。

理由を問う疑問文

英語の why に相当する語は cūr と quārē です。

> 13. Vērum **cūr** nōn audīmus? Quia nōn dīcimus.
> 我々は真実をなぜ聞かないのか？　なぜなら我々が（真実を）いわないから。
> （vērum, -ī n. 真実　cūr なぜ　audiō, -īre 聞く　quia なぜなら　dīcō, -ere いう）

cūr は文頭に置かれていませんが、このような使用例もあることが確認できます。問いに対する答えの文に dīcimus の目的語 vērum が省略されています。

> 14. Ōdī et amō. **Quārē** id faciam, fortasse requīris.　Catul.85.1
> 我憎みかつ愛す。なぜそんなことができるのか、君はたぶん聞くだろう。
> （ōdī 憎む　et そして　fortasse たぶん　requīris＜requīrō 聞く、尋ねる）

ローマの恋愛詩人カトゥッルスの表現です。「なぜ（quārē）それを（id）私が行うのか（faciam）？」（間接疑問文）は requīris（あなたは問う）の目的語になっています。間接疑問文における動詞は接続法になるので、faciam

は接続法・能動態・現在の形になっています。

　疑問代名詞 quis の中性・単数・対格 quid も「なぜ」の意味で使われます。

> 15．Sed **quid** ego aliōs? Ad mē ipsum jam revertar.　Cic.Sen.45
> だが、なぜ私は他人について語るのか？　ここで自分自身のことに戻ろう。
> （alius, -a, -ud 他の　ad〈対格〉に　jam 今、もう　revertor, -ī 戻る）

　aliōs は alius（他の）の男性・複数・対格です。名詞的用法で、「他人」と訳せます。動詞が省かれています。補うなら narrem（語る）が考えられます（narrō の接続法・現在）。revertar は revertor の接続法・現在です。

様子、仕方を問う疑問文

　「どのように」に当たるラテン語は、quī や quōmodo です。quī は元を正せば quis の古い形の奪格で、「何によって」という意味です（手段の奪格）。quōmodo は quō modo と表記されることもあります。この quō は modō＜modus（方法、仕方）にかかる疑問形容詞、男性・単数・奪格で、「いかなる（quō）仕方によって（modō）」という意味です（ただし quōmodo または quō modo の語末の母音は短い）。

> 16．**Quī** potuī melius?　Ter.Ad.215
> どうすれば、もっとうまくできたのか？
> （melius よりよく）

　quī は「どのように」を意味する疑問副詞です。potuī は不規則動詞 possum の能動態・完了で、普通は不定法とともに「～することができる」と訳せますが、この文では省かれています。不定法「行うこと」（facere）を補って解釈します。melius（よりよく）は副詞の比較級です。

> 17．Quaerō deus **quō modo** beātus sit, **quō modo** aeternus.
> Cic.N.D.1.104
> 私は問う、神はどうして幸福であり永遠であるといえるかと。
> （quaerō, -ere 問う　deus, -ī m. 神　beātus, -a, -um 幸福な　sit: sum の接続法・能動態・現在、3人称単数　aeternus, -a, -um 永遠の）

この文は間接疑問文なので、副文の動詞（sit）は接続法になります。キケローの『神々の本性について』に出てくる表現です。

数を問う疑問文

数を問う疑問形容詞に quot（どれほど多くの）があります。quot は形容詞ですが変化せず、いつでも quot の形で使われます。疑問副詞を使った quam multī も、数を尋ねる表現になります。

> 18. **Quot** humī morientia corpora fundis?　Verg.Aen.11.665
> おまえは、どれだけ多くの死にゆく体を大地に投げ倒すのか？
> (humus, -ī f. 大地　morior, -ī 死ぬ　corpus, -oris n. 体　fundō, -ere 投げ倒す)

この文は quot を用いることで、形式上は corpora＜corpus（体）の数を問うています。しかし、実際には「感嘆」のニュアンスで使われていますので、「なんと多くの」と訳してもかまいません。morientia は morior の現在分詞（中性・複数・対格）で corpora にかかります。corpora は fundis の目的語です。『アエネーイス』の表現で、この文の主語は勇猛な女戦士カミラです。

> 19. **Quam multa** sub undās scūta virum galeāsque et fortia corpora volvēs, Thybri pater!　Verg.Aen.8.538-540
> あなたは流れの下へ、どれだけ多くの兵士らの盾や兜や屈強な体を転がし運ぶのだろう、父なるティベリスよ！
> (multus, -a, -um 多くの　sub ～の下へ　unda, -ae f. 流れ　scūtum, -ī n. 盾　galea, -ae f. 兜　fortis, -e 強い　corpus, -oris n. 体、死体　volvō, -ere 転がす、転がし運ぶ　Thybris＝Tiberis, -is m. 河神ティベリス)

この文も『アエネーイス』の詩行で、河神ティベリスに呼びかけています。Tybri は単数・呼格です（不規則な例で語末の i は短い）。quam multa は数を問いながらも、実質的には感嘆文を作っています。multa は中性名詞 scūtum（盾）の複数・対格形 scūta と性・数・格が一致しています（中性・複数・対格）。virum は vir の複数・属格です（まれな形）。

量を問う疑問文

量を問う場合は、疑問形容詞 quantus（どれだけ大きな）を用いますが（例文20）、この語で数を問うこともできます（例文21）。形の上で量や数を問いながら、実際には感嘆文を作る例が多いです。

> 20. Heu **quantae** miserīs caedēs Laurentibus instant! Verg.Aen.8.537
> ああ、哀れなラウレンテース軍にはなんと大きな殺戮が待ち受けることか！
> (heu ああ　miser, -era, -erum 哀れな　caedēs, -is f. 殺害　instō, -āre さし迫る、待ち受ける)

quantae は caedēs（女性・複数・主格）にかかる疑問形容詞で、instant の主語になります。miserīs ... Laurentibus は複数・与格です。

> 21. Mūnera **quanta** dedī vel quālia carmina fēcī!　Prop.2.8.11
> 私はどれだけ多くの贈り物を与え、どれだけ優れた詩を作ったか。
> (mūnus, -eris n. 贈り物　dō, -are, dedī 与える　vel あるいは　carmen, -inis n. 詩、歌　faciō, -ere, fēcī 作る)

quanta は mūnera（mūnus の複数・対格）にかかり、dedī（dō の完了、1人称単数）の目的語になります。quālia は quālis の複数・対格で、carmina にかかります。「どのような」とは「どれだけ優れた」という意味で使われています。この例文には次の表現が続きます。

> 22. illa tamen numquam ferrea dīxit 'Amō.'　Prop.2.8.12
> しかし彼女の心は鉄のように堅く「愛している」とは決していわなかった。
> (illa 彼女は　tamen しかし　numquam 決して〜ない　ferreus, -a, -um 鉄の、堅い　dīcō, -ere, -xī いう)

程度を問う疑問文

quantus の中性形の quantum は疑問副詞として用いられ、「どれほど、どの程度大きく」という意味の疑問文を作ります。これも、実際には「ど

れだけ大きく、甚だしく」という感嘆の気持ちを込める場合が多いです。

> 23. **Quantum** mūtātus ab illō Hectore!　Verg.Aen.2.274-5
> （目の前のヘクトルは）あのヘクトルからどんなに変わり果てたことか！。
> (mūtātus, -a, -um 変わり果てた　ab〈奪格〉から　īllo＜ille［指示代名詞］)

mūtātus は「変える」を意味する mūtō の完了分詞ですが、この文では「変わり果てた」という意味の形容詞として使われています。quantum は程度を尋ねる疑問副詞ですが、訳例のように感嘆文を作ります。

選択を問う疑問文

英語の which（どちらの）に当たるラテン語の疑問詞は quis ですが、2つの選択肢のいずれかを問う場合は、uter, utra, utrum を用います。この語は代名詞的形容詞の1つで、単数・属格、与格以外は niger の変化と同じです。→「代名詞的形容詞」

> 24. **Uter** ex hīs tibi sapiens vidētur?　Sen.Ep.90.14
> これら（2人）のどちらが君には賢者に見えるのか？
> (ex〈奪格〉のうちで　sapiens, -entis m. 賢者　vidētur 見える：videō の受動態・現在、3人称単数)

uter が文の主語になります。sapiens が補語で vidētur（受動態・現在）が動詞です。tibi（tū の与格）は「判断者の与格」です。

回数を問う疑問文

回数を問う場合、quotiens（何回）を用います。感嘆文の中で「何度も」という意味を表すために用いられることが多いです。

> 25. **Ō quotiens** et quae nōbīs Galatēa locūta est!　Verg.Ecl.3.72
> おお、ガラテーアは私に何回、なんと甘い言葉をささやいてくれたことか！
> (nōbīs = mihi　loquor, -ī 話す)

quotiens は locūta est（形式受動態動詞 loquor の完了、3 人称単数）にかかります。quae は quis の中性・複数・対格で、locūta est の目的語です。直訳すると「何たることを語ったか」となりますが、この感嘆文の中では文脈（話者にとってガラテーアは恋人）を考慮し、dulcia<dulcis（甘い）を補って解釈します。

性質を問う疑問文

quālis（どのような）は性質や様子を問う疑問形容詞で、第 3 変化形容詞の人称変化をします。

> 26. **Quālis** artifex pereō!　Suet.Nero.49
> 何という芸術家として私は死ぬことか！
> （artifex, -ficis m. 芸術家　pereō, -īre 死ぬ）

スエートーニウスの『ローマ皇帝伝』に伝えられるネローの言葉です。この文は疑問文ではなく感嘆文と受け取るべきであり、原文に Quālis magnus artifex pereō!（なんと偉大な芸術家として私は死ぬことか）と言葉を補って解釈するのがよいでしょう。

練習問題40　和訳しなさい。

1. Tantaene animīs caelestibus īrae?　Verg.Aen.1.11
2. Num, tibi cum faucēs ūrit sitis, aurea quaeris pōcula?
   Hor.Sat.1.2.114-115
3. Quandō dēnique nihil agēs?　Cic.D.O.2.24
4. Cūr ante tubam tremor occupat artūs?　Verg.Aen.11.424
5. Improbe Amor, quid nōn mortālia pectora cōgis?　Verg.Aen.4.412

語　彙

tantus, -a, -um これほどの　animus, -ī m. 心　caelestis, -e 神々の、天の　īra, -ae f. 怒り　num 果たして～か（否定の答えを想定）　tibi<tū［人称代名詞］　cum ～時に　faucēs, -cium f.pl. のど　ūrō, -ere 焼く、燃やす　sitis, -is f. のどの乾き　aureus, -a, -um 黄金の　pōculum, -ī n. 杯　quaerō, -ere 求める　quandō いつ　dēnique ついに、結局　nihil n.

無（英語の nothing） agō, -ere 行う　cūr なぜ　ante〈対格〉より先に　tuba, -ae f.（戦争開始を告げる）ラッパ　tremor, -ōris m.（恐怖による）震え、恐怖　occupō, -āre つかむ、とらえる　artus, -ūs m. 四肢、体　improbus, -a, -um 邪な　Amor, -ōris m. 愛の神　quid 何を、なぜ　mortālis, -e 人間の　pectus, -oris n. 心、精神、魂　cōgō, -ere 駆り立てる、強いる

> ヒント

1. tantaene は tantae ＋ ne に分解します。ne は一般疑問文を作ります。tantae ... īrae が主語です。animīs caelestibus（男性・複数・奪格）は「神々の心の中に」と訳します。sunt が省略されています。
2. tibi は faucēs にかかり「君ののどを」と訳します（共感の与格）。主文の動詞 quaeris の目的語は aurea ... pōcula（中性・複数・対格）です。
3. nihil は agēs の目的語です。agēs は agō の未来形です（直説法・能動態・未来、2人称単数）。
4. ante tubam は「（戦争開始を告げる）ラッパの前に」という意味の副詞句です。「なぜ（cūr）tremor が artūs をとらえるのか！」というのが文の骨組みです。
5. improbe Amor はともに男性・単数・呼格です。quid は疑問代名詞 quis, quid（誰が、何が）の中性・単数・対格です。「あなたは mortālia pectora に何を（quid）cōgis しない（nōn）だろうか？」という構文です。quid は「なぜ」という意味も持ちます。その場合、「あなたは mortālia pectora をなぜ（quid）cōgis しない（nōn）だろうか？」となります。元の詩の文脈をたどると quid は前者の意味で用いられています。

付　録　格のまとめ

1　主格

主格は文の主語、または述語になります。

主語としての主格

「〜は」と訳せます。主格の最も基本的な用例です。

> 1. **Rāra** juvant.　珍しいものは（人を）喜ばせる。　Mart.4.29.3
> 　　（rārus, -a, -um 珍しい　juvō, -āre 助ける、喜ばせる）

　主語の rāra は「形容詞の名詞的用法」に当たります（中性・複数・主格）。また、juvant は他動詞ですが、目的語が省かれているため、言葉を補って訳す必要があります。なお、中性名詞（または形容詞の中性形）は主格と対格が同じ形なので、rāra を対格と取り、「彼らは珍しいものを助ける」と訳しても文法的には間違いではありません（例えば、「彼ら」が無人島に漂着し、傷ついた珍獣を助けるという文脈であれば、この訳が正解）。

述語としての主格

　主格は文の補語にもなります。「〜である」「〜として」と訳せます。文頭に補語がくる場合もあり、注意を要します。

> 2. **Homō** sum.　私は人間である。　Ter.Heaut.77
> 　　（homō, -minis c. 人間）

　この文の場合 homō を主語にして（＝「人間は」として）訳すことはできません（その場合、動詞は est になる）。主語は動詞 sum から ego だとわかります。「私は〜である」というのが、この文の骨組みです。いわゆる SVC の構文ですが、この文では、C（homō）と V（sum）が並ぶだけです。

> 3. **Lupus** est **homō** hominī, nōn **homō**.　Pl.As.495
> 　　人間は人間にとってオオカミであり、人間ではない。
> 　　（lupus, -ī m. オオカミ　homō, -minis c. 人間）

これも文頭の lupus を主語として訳すことはできません（文法的には可能。ただし意味が不鮮明）。homō は主格、与格、主格の順で3つ並びますが、1つ目の homō が主語、hominī が「判断者の与格」、文末の homō は lupus と同じく補語です。

主語を説明する主格
　英語では主語 A について「B として」と説明する場合 as を用いて A as B と表現したり、「B のように」と例える場合、A like B と表現したりします。このような場合、ラテン語では主格 A と主格 B を並べるだけです。A と B のどちらが主語で、どちらがそれを説明する語なのかを正確に見極める必要があります。

> 4. Et genus et formam **rēgīna** pecūnia dōnat.　Hor.Ep.1.6.37
>   金銭は女王のように、身分と身なりを授けてくれる。
>   （genus, -eris n. 身分、高貴な血統　forma, -ae f. 身なり、外見　rēgīna, -ae f. 女王　pecūnia, -ae f. 金銭　dōnō, -āre 授ける）

　この文の主語は pecūnia です。rēgīna は比喩として用いられる主格です。「まるで女王のように」、あるいは「女王然として」などのように訳せます。高貴な身分も立派な身なりも金銭次第で手に入るという、世相を皮肉る表現です。

> 5. **Bōs** quoque formōsa est.　彼女は牛になっても美しい。
>   Ov.Met.1.612
>   （bōs, bovis c. 牛　quoque 同じく、また　formōsus, -a, -um 美しい）

　文頭の bōs は主格ですが、主語として訳すと「牛もまた美しい」となります。文法的に誤訳ではありませんが、意味がピンときません。原文ではユピテルに愛された王女（イーオー）が牛に姿を変えられる悲劇が語られています。例文の主語は動詞の est から Illa（彼女は）を補います。Illa bōs と主格が並ぶ時、このラテン語は「彼女は（illa）牛として（bōs）」と訳せます。illa が省略され、この語を説明する bōs だけが後に残った形なので、簡単に見えて訳しづらいラテン語表現です。

2　呼格

呼びかけの表現で使われます。間投詞を伴う場合が多いですが、伴わないこともあります。「おお〜よ」と通例訳されます。

> 6. **Ō tempora! Ō mōrēs!**　おお時代よ！　おお風習よ！　Cic.Cat.1.2
>   （tempus, -oris n. 時代　mōs, -ōris m. 風習）
> 7. **Ō caelum**, **ō terra**, **ō maria** Neptūnī!　Ter.Ad.790
>   おお天よ、おお大地よ、おおネプトゥーヌスの海よ！

ō 以外の間投詞とその用例を挙げておきます。
ā, āh　ああ　　attat　おっと、おお　　au（hau）、ei（hei）、heu、ēheu　ああ　eu　やったぞ（喜び）　hui　えっ？（驚き）　ha, hahae, hahahe　ははは（嘲笑）　st　しっ静かに　vae　ああ（悲嘆）　vāh, vah　おお（驚き、喜び、怒り）

> 8. Heu **pietās**! heu **prisca fidēs**!　Verg.Aen.6.878
>   ああ敬虔よ！　ああ古来の信義よ！
>   （pietās, -ātis f. 敬虔　priscus, -a, -um 古来の　fidēs, -eī f. 信頼、信義）

3　属格

名詞を修飾し、「〜の」と訳すのが基本です。主立った用法を紹介します。

所有の属格

最も一般的な属格の用法です。英語なら A of B で表現するところ、ラテン語は of B の部分を属格1語で表します。

> 9. pater **historiae**　歴史の父　Cic.Leg.1.5
>   （pater, -tris m. 父　historia, -ae f. 歴史）

英訳は "the father of history" となります。ラテン語の historiae（historia の単数・属格）は英語の of history に相当します。「歴史の父」とは、キケローによるギリシャの歴史家ヘロドトスの評価です。

> 10. Māter **artium** necessitās.　必要は技術の母（である）。
>   （māter, -tris f. 母　ars, -tis f. 技術　necessitās, -ātis f. 必要、困窮）

この文には2つの主格と1つの属格があります。文頭の māter を補語、

文末の necessitās を主語とみなす時、上の訳例のようになります。問題は artium（ars の複数・属格）をどちらの名詞にかけるかです。ラテン語は語順が自由なため、上の例のように ABC と名詞が並ぶ時、属格 B はその前後の名詞 A と C のどちらにかけてもかまいません。英語なら A of B の形を取るため、A が何かが一瞬でわかりますが、ラテン語はこのようなことを思案する時間を要します。最終的には文脈で判断します。「必要は技術の母」とするか、「技術の必要は母」とするかを考えて、意味の通る方を選びます。

> 11. **Ō vītae** philosophia dux.　おお、人生の指導者たる哲学よ。
>   Cic.Tusc.5.5
>   （vīta, -ae f. 人生　philosophia, -ae f. 哲学　dux, ducis c. 指導者）

属格 vītae は philosophia か dux か、どちらにかけるべきでしょうか。philosophia にかけると「人生の哲学である（or としての）指導者よ」となり、dux にかけると「人生の指導である（or としての）哲学よ」となります。前者は日本語として不鮮明ですし、キケローの文脈に照らしても後者が正解です。

「所有の属格」は名詞にかける属性的用法が基本ですが、述語的に用いられる場合があります。

> 12. **Hominis** est errāre.　間違うことは人間の特質である。
>   （homō, -minis c. 人間　errō, -āre 間違う）

直訳すると、「間違うことは（errāre）人間の（hominis）である（est）」となり、「人間の」の次に「性質」や「特質」といった言葉を補って理解します。hominis が「述語的に」（＝文の述語として）使われている例です。同じタイプの例をもう1つ。

> 13. **Pauperis** est numerāre pecus.　Ov.Met.13.824
>   家畜の数を数えるのは貧乏人の性分である。
>   （pauper, -eris 貧しい　numerō, -āre 数える　pecus, -oris n. 家畜）

この文の pauperis は形容詞ですが、「貧乏人」を意味する名詞として使われています（男性・単数・属格）。例文12の hominis と同じ用法（＝属

格の述語的用法）です。

部分の属格

「全体の一部分」を表す表現で、「全体」に当たる語を属格で表します。

> 14. **Hōrum omnium** fortissimī sunt Belgae.　Caes.B.G.1.1
> これらすべての（部族）の中で最も勇猛なのがベルガエ族である。
> （hōrum<hic これ　omnium<omnis, -e すべての　fortis, -e 強い、勇猛な）

主語的属格

名詞＋属格を A of B で表す時、B が A の含意する行為の主語に当たる表現とみなせる場合、この属格を「主語的属格」と呼びます。

> 15. Amor **deī** magnus est.　神の愛は大きなものである。
> （deus, -ī m. 神　magnus, -a, -um 大きい）

「神の愛」とは、「神が」（人間などを）「愛すること」を意味します。この時、属格 deī は主語として訳せるので、これを「主語的属格」とみなします。ただし、amor deī だけを取り出すと、これは文脈次第では次に見る「目的語的属格」の例ともみなせるので、注意が必要です（その場合「神への愛」）。

目的語的属格

名詞＋属格を A of B で表す時、B が A の含意する行為の目的語に当たる表現とみなせる場合、この属格を「目的語的属格」と呼びます。「～に対する」と訳せます。

> 16. lacrimae **rērum**　Verg.Aen.1.462
> 人間の営みに対する涙
> （lacrima, -ae f. 涙　rēs, -eī f. 人間の営み）

rērum は rēs の複数・属格で lacrimae（複数・主格）にかかります。これをふまえた上で「人間の営みに流す涙」などと意訳することは可能です。
　別の例として metus hostium（敵への恐怖）を挙げましょう。hostium（hostis の複数・属格）は敵に対して抱く恐怖とみなせば「目的語的属格」ですが、敵が抱く恐怖とみなせば「主語的属格」です。

性質の属格

例えば日本語で「黒い眼鏡の男」という時、「黒い眼鏡」が「男」を所有しているわけではなく、「男」の特徴や性質を説明しています。これと同じ用法がラテン語の属格に見られます。

> 17. vir **magnae sapientiae**　大きな知恵の男
> 　　（vir, virī m. 男　magnus, -a, -um 大きな　sapientia, -ae f. 知恵）

訳例は直訳ですが、これを「大きな知恵を持つ男」と言い換えることもできます。この表現は、実際の文中で次のように使われます。

> 18. Fortūna adversa virum **magnae sapientiae** nōn terret.
> 　　逆境は大きな知恵を持つ男を脅かさない。
> 　　（fortūna, -ae f. 運命　adversus, -a, -um 逆の　vir, virī m. 男　magnus, -a, -um 大きな　sapientia, -ae f. 知恵　terreō, -ēre 脅かす）

このように文中で使われると、様々な解釈の可能性を吟味する必要が出てきます。例えば、magnae sapientiae は複数・主格かもしれませんし、属格として fortūna にかけるべきかもしれません。もしかすると、述語動詞が属格や与格を支配する動詞かもしれません（sapientiae の形は属格とも与格とも取れる）。これらすべての可能性を考慮した上で、訳例のように virum にかける解釈——magnae sapientiae を「性質の属格」とみなす考え——が最も妥当だと判断されます。

説明の属格

名詞の意味を説明する働きをする属格があります。これを「説明の属格」と呼びます。

> 19. praemium **vītae aeternae**　永遠の命という報酬
> 　　（praemium, -iī n. 報酬　vīta, -ae f. 命　aeternus, -a, -um 永遠の）

属格の vītae は praemium の内容を説明しています。これを「説明の属格」と呼びます。

> 20. Quis genus **Aeneadum**, quis **Trōjae** nesciat urbem?
> Verg.Aen.1.565
> 誰がアエネーアースの一族を、誰がトロイヤの都を知らないだろうか？
> (quis 誰が　genus, -eris n. 一族　Aeneadēs, -ae m. アエネーアースの仲間　nesciō, -īre 知らない　urbs, urbis f. 都)

Aeneadum と Trōjae はともに属格ですが、それぞれ genus と urbem の説明をしています。

価値の属格
価値や値打ちを表す際、属格を使うことができます。

> 21. Is quidem **nihilī** est quī nihil amat.　Pl.Pers.179-180
> 何も愛さない者は、まったく何の値打ちもない。
> (quidem まったく　nihilum, -ī n. 無　nihil 無　amō, -āre 愛する)
> 22. In rēbus dubiīs **plūrimī** est audācia.　Syr.298
> 危機的状況では勇気が最大の価値を持つ。
> (rēs, -eī f. 状況　dubius, -a, -um 危機的な　plūrimus, -a, -um 最大の、最高の　audācia, -ae f. 勇気)

目的語の属格
動詞や形容詞の中には、属格を目的語に取るものがあります。

> 23. **veteris contumēliae** oblīviscī　Caes.B.G.1.14
> 古い侮辱を忘れること
> (vetus, -eris 古い　contumēlia, -ae f. 侮辱　oblīviscor, -ī 〈属格〉を忘れる)
> 24. Vīve memor **mortis**.　死を記憶して生きよ。
> (vīvō, -ere 生きる　memor, -oris 〈属格〉を覚えている　mors, -tis f. 死)
> 25. **Populī Rōmānī** est propria lībertās.
> 自由はローマ国民固有のものである。
> (populus, -ī m. 国民　Rōmānus, -a, -um ローマの　proprius, -a, -um 〈属格〉に特有の、固有の　lībertās, -ātis f. 自由)

4　与格

「〜に」「〜にとって」と訳すのが与格の基本です。

間接目的語の与格

「バラに水を与える」という時の、「バラに」が間接目的語です。これをラテン語にすると、**Rosae** aquam dō. となります。与格の最も基本的な用例です。

> 26．Dōnā **nōbīs** pācem.　我々に平和を与えたまえ。
> 　　（dōnō, -āre 与える　pāx, pācis f. 平和）

dōnā は dōnō の命令法、nōbīs は人称代名詞 nōs の与格で、間接目的語になります。

> 27．Grātiās **tibi** agō.　ありがとう。
> 　　（grātia, -ae f. 感謝　agō, -ere 行う）

grātiās は grātia の複数・対格です。「私はあなたに（tibi）感謝を行う」が直訳です。

所有の与格

「〈主語〉は〈与格〉に〈ある〉」という構文で用いられる与格を「所有の与格」と呼びます。この構文は、「〈与格〉は〈主語〉を『持つ』」と訳し変えることが可能だからです。といっても、与格を普通に「〜に」と訳しても意味は通るので、特別に身構える必要はありません。なお、この構文で、与格になるのは「人」が基本です。

> 28．Nec cōgitandī, Sparse, nec quiescendī in urbe locus est **pauperī**.
> 　　Mart.12.57.3-4
> 　　スパルススよ、都会には貧乏人が考えたり休息する場所なんてない。
> 　　（nec A nec B A も B も〜ない　cōgitō, -āre 考える　quiescō, -ere 休息する　urbs, -bis f. 都会　locus, -ī m. 場所　pauper, -eris 貧しい）

pauperī は形容詞の名詞的用法です。cōgitandī と quiescendī はともに動名詞で locus にかかります。locus はこの文の主語で nec で否定された est が動詞です。「locus は貧乏人にはない」と訳せますが、「貧乏人は locus

付録　格のまとめ

327

を持っていない」と訳してもかまいません。

目的の与格

　日本語で「この本を**贈り物**にあげる」といいますが、この太字の部分をラテン語で表す場合には与格にします。これを「目的の与格」と呼びます。通例「～として」と訳すとうまくいきます。

> 29. **Dōnō** dedit.　彼（女）は贈り物として与えた。
> 　　（dōnum, -ī n. 贈り物　dō, -are, dedī, datum　与える）

　ラテン語で「謹呈」を意味する省略語の d.d. は、例文の単語の頭文字を取ったものです。何を贈り物にあげたのか、直接目的語は省略されています。

> 30. Virtūs sōla neque datur **dōnō** neque accipitur.
> 　　美徳だけは贈り物として与えられたり、受け取られたりしない。
> 　　（virtūs, -ūtis f. 美徳　sōlus, -a, -um 単独の　neque A neque B A も B も～ない　dō, -are 与える　accipiō, -ere 受け取る）

判断者の与格

　「～にとって」「～の判断では」と訳せます。判断を行う人や物が与格で表されます。

> 31. Nihil difficile **amantī**.　恋する者に困難なし。
> 　　（nihil 何も～ない　difficilis, -e 困難な　amō, -āre 愛する、恋する）

　nihil が主語で difficile（中性・単数・主格）が補語です。amantī は amō の現在分詞 amans の男性・単数・与格です。この与格は「～にとって」と訳せます。判断者の与格です。

関心の与格

　人称代名詞に特有の口語的表現です。文に mihi や tibi が添えられ心理的な関心が表現されますが、日本語に訳出する必要はありません（この与格がなくても意味は通じる）。

> 32. Quid **tibi** vīs?　君は一体、何を望むのか？　　Cic.D.O.2.269
> 　　（vīs＜volō, velle 望む）

共感の与格

体や心を表す名詞に人称代名詞の与格を添えることがあります。例えば animus mihi は「私の心」を意味します。

> 33. Animus **mihi** dolet.　私の心は痛む。　Pl.Merc.388
> (animus, -ī m. 心　doleō, -ēre 痛む)

行為者の与格

動形容詞を使った文では行為者が与格で表されます。

> 34. Dīligentia praecipuē colenda est **nōbīs**.　Cic.D.O.2.148
> 精励は私たちによって何よりも大切にされねばならない。
> (dīligentia, -ae f. 精励　praecipuē 何よりも　colō, -ere 大切にする)

利害関係の与格

「〜のために」と訳せます。

> 35. Sōl **omnibus** lūcet.　太陽は万物のために輝く。　Petr.100
> (sōl, -ōlis m. 太陽　lūceō, -ēre 輝く　omnis, -e すべての)

omnibus は omnis の中性・複数・与格ですが、この文では名詞として扱われ、「万物のために」と訳せます(男性・複数・与格とみなし、「万人のために」と訳すことも可能)。

> 36. Nōn **vītae** sed **scholae** discimus.　Sen.Ep.106.12
> 我々は人生のためでなく学派のために学んでいる。
> (nōn A sed B A でなく B　vīta, -ae f. 人生　schola, -ae f. 学校、学派　discō, -ere 学ぶ)

vītae と scholae はともに単数・与格で、どちらも「〜のために」と訳せます。vītae と scholae を入れ替えた表現でも知られますが、セネカのオリジナルは上の例文のとおりです(セネカはこのような現状ではいけないと主張)。

目的語の与格

動詞や形容詞の中には与格を目的語に取るものがあります。

> 37. **Expertō** crēdite.　経験者を信じよ。　Verg.Aen.11.283
> （expertus, -ī m. 経験者　crēdō, -ere〈与格〉を信じる）

crēdite は命令法・現在、2人称複数です。例文でわかるように、与格を目的語に取ります。

> 38. Hīs rēbus **fugae** similem profectiōnem effēcit.　Caes.B.G.6.7
> このような事柄によって、彼は出発を逃亡に似せた。
> （rēs, -eī f. 事　fuga, -ae f. 逃亡　similis, -e〈与格〉に似ている
> profectiō, -ōnis f. 出発　efficiō, -ere, -ēcī AをBにする（AとBはともに対格）

effēcit は efficiō の完了の3人称単数です。efficiō は「AをBにする」という意味を持ちます。Aに当たるのが profectiōnem で、B は similem です。形容詞 similem は与格を取ります。similem fugae で「逃亡に似た」という意味になります。

5　対格

対格の基本は他動詞の目的語としての用法です。Amō tē.（私はあなたを愛す）のように、amō の目的語は人称代名詞 tū の対格 tē を用います。対格は基本的に「〜を」と訳せます。

直接目的語

> 39. **Crescentem** sequitur cūra **pecūniam**.　Hor.Carm.3.16.17
> 増える金銭の後を不安が追いかける。
> （crescō, -ere 成長する　sequor, sequī 後を追う　cūra, -ae f. 心配
> pecūnia, -ae f. 金、金銭）

crescentem は pecūniam にかかる現在分詞、女性・単数・対格です。主語は cūra で形式受動態動詞 sequitur は pecūniam を目的語に取ります。

同属目的語の対格

自動詞の一部には、同じ種類の名詞を目的語として付け加えることで自動詞の意味を強調することがあります。この目的語を「同属目的語」と呼びます。

> 40. **Mīrum** atque **inscītum** somniāvī **somnium**.　Pl.Rud.597
> 私は不思議で経験したことのない夢を見た。
> （mīrus, -a, -um 不思議な　atque そして　inscītus, -a, -um 未経験の　somniō, -āre 夢を見る　somnium, -iī n. 夢）

広がりの対格

一種の熟語的用法として、対格は時間や空間の広がりを表します。

> 41. **multōs annōs**　長年にわたって
> 　　（multus, -a, -um 多くの　annus, -ī m. 年）
> 42. **noctēs** et **diēs** urgērī　Cic.D.O.1.260
> 　夜も昼も苦しめられること
> 　　（nox, noctis f. 夜　diēs, -ēī m. 昼　urgeō, -ēre 苦しめる）
> 43. Ab hīs castrīs oppidum Rēmōrum nōmine Bibrax aberat **mīlia** passuum octō.　Caes.B.G.2.6
> レーミー族のビブラクスという町は、この陣営から8マイル離れていた。
> 　　（castra, -ōrum n.pl. 陣営　oppidum, -ī n. 町　Rēmī, -ōrum m.pl. レーミー族　nōmine 名前の点で［限定の奪格］　absum, abesse 離れている　mīlia: 1000を意味する mille の複数形で中性扱い　passus, -ūs m. 長さの単位）

3つ目の例文で mīlia は mille の複数・対格です。passuum は passus の複数・属格で mīlia にかかります（部分の属格）。なお、1000パッススが1（ローマ）マイルに相当します。

方向の対格

eō など、移動の意味を表す動詞とともに用いられる時、対格は目的地を表します。

> 44. **Rōmam** eō.　私はローマに行く。
> 　　（Rōma, -ae f. ローマ　eō, īre 行く）

二重対格

doceō（教える）、rogō（尋ねる）など、一部の動詞は2つの対格を目的

語に取ります。

> 45. Expediam dictīs, et **tē tua fāta** docēbō.　Verg.Aen.6.759
> 言葉で説明しよう、そしてあなたに、あなたの運命を教えよう。
> （expediō, -īre 説明する　dictum, -ī n. 言葉　fātum, -ī n. 運命
> doceō, -ēre 教える）

限定の対格

　ギリシャ語の影響を受けた表現で、動詞・形容詞などの適用範囲を対格で限定します。「〜を、〜の点で、〜の部分が」という意味を表します。

> 46. Hannibal **femur** trāgulā graviter ictus cecidit.　Liv.21.7
> ハンニバルは、太ももを投げ槍でひどく打たれ、倒れた。
> （femur, femoris n. 太もも　trāgula, -ae f. 投げ槍　graviter ひどく
> ictus＜icō, -ere 打つ　cadō, -ere, cecidī 落ちる、倒れる）

感嘆の対格

　対格のみで感嘆を表す表現があります。

> 47. **Mē miserum!**　哀れな私よ！
> （mē＜ego　miser, -era, -erum 哀れな、惨めな）

　これは主語が男性の時の表現です（形容詞 miserum は、男性・単数・対格）。主語が女性の場合、Mē miseram! とします。

　間投詞と対格の組み合わせも見られます。

> 48. **Ō miserās** hominum **mentēs**, ō **pectora caeca!**　Lucr.2.14
> おお惨めな人間の精神よ、おお盲目の心よ！
> （miser, -era, -erum 惨めな　homō, -minis c. 人間　mens, -entis f.
> 精神　pectus, -oris n. 胸、心　caecus, -a, -um 盲目の）

　mentēs は女性名詞 mens の複数・対格、pectora は中性名詞 pectus の複数・対格です。どちらも第3変化名詞です。それぞれの名詞を修飾する形容詞 miserās と caeca が修飾する名詞と性・数・格を一致させている点はいうまでもありません。

6　奪格

奪格の用法は多岐にわたります。大まかなことを頭に入れて実際の文章にたくさん当たるうち、自分なりの理解が深まるでしょう。

分離の奪格

「～から」と訳せます。英語の from に相当する前置詞 ā（ab）と奪格で表される場合が多いですが、奪格単独で同じ意味を表すことがあります。

> 49. **pectore** ab **īmō**　心の底から
>   （pectus, -oris n. 胸　īmus, -a, -um 最も低い、一番奥の）

前置詞 ā は母音と h の前で ab になります。

> 50. Ille discessit; ego **somnō** solūtus sum.　Cic.Rep.6.29
>   彼は去った。私は眠りから覚めた。
>   （discēdō, -ere,-essī 退く、去る　somnus, -ī m. 眠り　solvō, -ere, solvī, solūtum 解放する）
>
> 51. Multōs fortūna līberat **poenā, metū** nēminem.　Sen.Ep.97.16
>   運命は多くの者を罰から解放するが、誰一人恐怖から解放することはない。
>   （multus, -a,-um 多くの　fortūna, -ae f. 運命　līberō, -āre 自由にする、解放する　poena, -ae f. 罰　metus, -ūs m. 恐怖　nēminem＜nēmō 英語の nobody）

例文 51 で、動詞の līberat は「A を B から解放する」という構文を取りますが、このうち「B から」に当たる部分が「分離の奪格」で表現されます（例文では poenā と metū がこれに該当）。

起源の奪格

「～から」と訳せます。前置詞 ex（ē）や dē と奪格で表される場合が多いですが、奪格単独で同じ意味を表す場合もあります。

> 52. Nāte **deā**, quae nunc animō sententia surgit?　Verg.Aen.1.582
>   女神の息子よ、今何という考えが心に浮かんだのか！
>   （nātus, -ī m. 息子　dea, -ae f. 女神　nunc 今　animus, -ī m. 心　sententia, -ae f. 考え　surgō, -ere 生じる）

文頭の nāte は nātus の単数・呼格です。nātus は「息子」を意味する名詞ですが、元を正すと nascor（生まれる）の完了分詞で、「〈奪格〉から生まれた」という意味を持ちます。ここでは deā がその〈奪格〉に当たりますので、「女神から生まれた者よ」と訳してもかまいません（完了分詞の名詞的用法とみなす）。

比較の奪格

比較を行う場合、奪格を用います。「AはBよりCだ」と表現する場合、「Bより」の部分を奪格にします（これを quam B とする方法もある）。

> 53. Calamus **gladiō** fortior.　ペンは剣より強し。
> 　　（calamus, -ī m. 葦、葦で作ったペン　gladium, -iī n. 剣　fortis, -e 強い）

fortior は形容詞 fortis の比較級（男性・単数・主格）です。述語動詞の est が省略されています（文末に補うとよい）。

差異の奪格

副詞や比較級とともに、程度の違いを表します。

> 54. **paucīs** ante **diēbus**　2、3日前に
> 　　（paucus, -a, -um 少しの　ante 前に　diēs, -ēī m. 日）

paucīs ... diēbus（複数・奪格）は、ante（前に）の程度（どれだけ以前か）を表します。

> 55. Eōdem diē castra prōmōvit et **mīlibus** passuum sex ā Caesaris castrīs sub monte consēdit.　Caes.B.G.1.48
> 　　同日彼は陣営を前進させ、カエサルの陣営から6000パッスス離れた山麓に野営した。
> 　　（eōdem＜īdem 同じ　diēs, -ēī m. 日　castra, -ōrum n.pl. 陣営　prōmoveō, -ēre, -mōvī 前に動かす　mīlibus＜mille 1000　passus, -ūs m. パッスス、長さの単位　sex 6　mons, montis m. 山　consīdō, -ere, -sēdī 野営する）

mīlibus は数詞 mille の複数・奪格です。カエサルの陣営とどれだけ離れているか、距離の差を表す奪格です。

随伴の奪格

「~とともに、を伴って」と訳せます。前置詞 cum を伴うのが一般的ですが、前置詞なしの用例もあります。

> 56. cum **clāmōre**　叫び声とともに
> （clāmor, -ōris m. 叫び声）
>
> 57. Sēra tamen **tacitīs** Poena venit **pedibus**.　Tib.9.4
> 罰の女神は、ゆっくりと、しかし静かな足取りで訪れる。
> （sērus, -a, -um 遅い　tamen しかし　tacitus, -a, -um 静かな　Poena, -ae f. 罰の女神　veniō, -īre 来る　pēs, pedis m. 足）

手段の奪格

「~によって」と訳せます。大変頻度の高い用法です。

> 58. Nunc **vīnō** pellite cūrās.　Hor.Carm.1.7.31
> 今は酒によって憂いを払いのけよ。
> （nunc 今　vīnum, -ī n. 酒　pellō, -ere 払いのける　cūra, -ae f. 憂い）

命令法 pellite の目的語が cūrās（cūra の複数・対格）です。vīnō（酒によって）は手段の奪格で、pellite にかかる副詞の働きをします。

> 59. Aspiciunt **oculīs** superī mortālia **jūstīs**.　Ov.Met.13.70
> 神々は公平な目で人間のすることを見ている。
> （aspiciō, -ere 見る　oculus, -ī m. 目　superī, -ōrum m.pl. 神々　mortālia, -ālium n.pl. 人間のすること、人間界の出来事　jūstus, -a, -um 公平な）

主語は superī、動詞は aspiciunt、目的語は mortālia です。oculīs ... jūstīs は「公平な目によって」という副詞句を作ります。

行為者の奪格

受動態が用いられる構文で、動作を行う主体は、前置詞 ā（または ab）と奪格の組み合わせで表します。この奪格を「行為者の奪格」と呼びます。この場合の行為者は人間（または動物）ですが、それが物の場合には前置詞はつけず奪格だけで表します（この奪格は「手段の奪格」とみなされる）。

> 60. quod ab **nōn nullīs Gallīs** sollicitārentur.　Caes.B.G.2.1
> 　　彼らは一部のガッリア人らによって、そそのかされたからである。
> 　　（quod ～なので　nōn nullus 一部の　sollicitō, -āre 悩ませる）

受動態の文で ab が行為者の奪格を伴っています。なお sollicitārentur は接続法・受動態・未完了過去です（接続詞 quod の導く理由文で主観が織込まれる場合には接続法が使われる）。

原因の奪格
「～ゆえに」と訳せます。

> 61. Ōdērunt peccāre bonī virtūtis **amōre**.　Hor.Ep.1.16.52
> 　　善き人は、美徳への愛ゆえに罪を犯すことを嫌う。
> 　　（ōdī 嫌う　peccō, -āre 罪を犯す　bonī, -ōrum m.pl. 善人　virtūs, -ūtis f. 美徳　amor, -ōris m. 愛）

価格の奪格
売買に関する動詞とともに価格を表す場合、奪格を用います。

> 62. Vīgintī **talentīs** ūnam ōrātiōnem Īsocratēs vendidit.　Plin.7.49
> 　　イーソクラテースは1つの弁論を20タレントで売った。
> 　　（vīgintī 20　talentum, -ī n. タレント、ギリシャの通貨単位　ūnus, -a, -um 1つの　ōrātiō, -ōnis f. 弁論、演説　vendō, -ere, -didī 売る）

場所の奪格
奪格だけで「場所」を表す副詞表現を作ります。「～において、～で」と訳せます。前置詞 in と奪格を組み合わせる場合もあります。

> 63. **ūnō locō**　1つの場所で
> 　　（ūnus, -a, -um 1つの　locus, -ī m. 場所）
> 64. **multīs locīs**　多くの場所で
> 　　（multus, -a, -um 多くの　locus, -ī m. 場所）
> 65. **tōtā urbe**　町中で
> 　　（tōtus, -a, -um 全体の　urbs, -bis f. 町）

時の奪格
奪格だけで「時」を表す副詞表現を作ります。

> 66. **aestāte** 夏に
> （aestās, -ātis f. 夏）
> 67. **annō tertiō** 3年目に
> （annus, -ī m. 年　tertius, -a, -um 3番目の）
> 68. In fīnēs Vocontiōrum **diē septimō** pervēnit.　Caes.B.G.1.10
> 彼は7日目にウォコンティイー族の領土に到着した。
> （fīnis, -is m. 境界、pl. 領土　diēs, -ēī m. 1日　septimus, -a, -um 第7の　perveniō, -īre, -vēnī 到着する）

判断の奪格
「～から判断して、～の点で」と訳せます。

> 69. Vulgus amīcitiās **ūtilitāte** probat.　Ov.Pont.2.3.8
> 大衆は友情を利便によって判断する。
> （vulgus, -ī n. 大衆　amīcitia, -ae f. 友情　ūtilitās, -ātis f. 利便、便宜　probō, -āre 判断する、是認する）

目的語の奪格
奪格支配の動詞や形容詞とともに使われる例です。

> 70. Saepe **admonitiōnibus** ūtere, rārius castīgā.
> しばしば忠告を用いよ。ごくまれに罰せよ。
> （saepe しばしば　admonitiō, -ōnis f. 忠告　ūtor, -ī〈奪格〉を用いる　rārius＜rārē まれに　castīgō, -āre 罰する）

性質の奪格
奪格によって性質を表すことができます。「～を持った、～を備えた」と訳せます。

> 71. Homō **antīquā virtūte** ac **fidē** est.　Ter.Ad.442
> 彼は古（いにしえ）の美徳と信義を備えた人物である。
> （homō, -minis c. 人間　antīquus, -a, um 古の　virtūs, -ūtis f. 美徳　ac＝atque そして　fidēs, -eī f. 信義）

　homō はこの文の補語で、antīquā virtūte と fidē が homō の性質を説明しています（形容詞 antīquā は virtūte と fidē の両方にかけることができる）。

> 72. Lūcius Catilīna, nōbilī genere nātus, fuit **magnā vī** et animī et corporis, sed **ingeniō malō prāvōque**.　Sal.Cat.5
> ルーキウス・カティリーナは高貴な家系に生まれ、精神と肉体の大きな力を備えていたが、性格は悪くひねくれていた。
> （nōbilis, -e 高貴な　genus, -eris n. 家系、生まれ　nātus＜nascor 生まれる　magnus, -a, -um 大きな　vīs f. 力（対格 vim、奪格は vī）　animus, -ī m. 精神　corpus, -oris n. 体　ingenium, -iī n. 気質、性格　malus, -a, -um 悪い　prāvus, -a, -um 曲がった、ひねくれた）

　奪格 magnā vī、ならびに ingeniō malō prāvōque は主語 Lūcius Catilīna の性質を説明しています。animī と corporis はともに属格で vī を修飾します。malō と prāvō はともに形容詞で ingeniō を修飾します。なお、1行目の nōbilī genere は「起源の奪格」です。

限定の奪格

> 73. Helvētiī reliquōs Gallōs **virtūte** praecēdunt.　Caes.B.G.1.1
> ヘルウェーティイー族は、他のガッリア人を勇気の点でしのいでいた。
> （reliquus, -a, -um 他の　virtūs, -ūtis f. 勇気　praecēdō, -ere しのぐ）

> 74. Hī omnēs **linguā, institūtīs, lēgibus** inter sē differunt. Caes.B.G.1.1
> これらのすべて（の部族）は、言語、制度、法律の点で、互いに異なっている。
> （lingua, -ae f. 言語　institūtum, -ī n. 制度　lēx, -gis f. 法律　differō, differre 異なる）

仕方の奪格

奪格はどのような仕方で主文の動作が行われるかを説明します。

> 75. Stellae circulōs suōs orbēsque conficiunt **celeritāte mīrābilī**. Cic.Rep.6.15
> 星々は驚くほどの速度で、自らの周回と循環を完了する。
> (stella, -ae f. 星　circulus, -ī m. 周回　orbis, -is m. 周回、軌道　conficiō, -ere 完了する　celeritās, -ātis f. 素早さ　mīrābilis, -e 驚くべき)

7　地格

「～で」と場所を表す表現としては、一般に in（において）と奪格の組み合わせ、あるいは apud（の所で）と対格の組み合わせを用いますが、前置詞を用いずに奪格だけで表現することも多いです。あるいは、地名と普通名詞（domus「家」、humus「大地」、rūs「田舎」など）の一部に限り、地格と呼ばれる格を用いることもあります。domī（家に）、humī（地上に）、rūrī（田舎で）などが、これに当たります。

> 76. Illī **domī** remanent.　彼らは家（故郷）に残る。　Caes.B.G.4.1
> (domus, -ūs f. 家、故郷　remaneō, -ēre 残る、とどまる)

第1または第2変化の固有名詞が単数の場合、地格はその属格形と同形です。例えば、Rōmae（ローマで）、Rhodī（ロドゥス島で）は地格とみなせますが、単数・属格と同形です。

> 77. **Rōmae** habitō.　私はローマに住んでいる。

その他の場合（第1変化、第2変化名詞の複数形も含む）、地格は奪格と同じです。例えば Athēnae（アテーナエ、ギリシャのアテーナイ）は、主格が複数で表される第1変化名詞なので、その地格は Athēnīs の形になります。nātus Athēnīs（アテーナエ生まれの）のように使います。

> 78. Quid **Rōmae** faciam?　私はローマで何をなせばよいか？ Juv.3.41

この1文だけを見れば、Rōmae は与格ではないかとも思われます。その場合、「ローマのために」と訳せます（→利害関係の与格）。ただし、原文の前後関係を見るとそれは不自然であり、「ローマで」と訳すのが自然だと思われます。しかし、もし Rōmae の形に「～で」を意味する「地格」の可能性があることを知らなければ、「属格はありえないし、でもどうして与格なのだろう？」といつまでも奥歯に物がはさまった気持ちがぬぐえないでしょう。なお、この例文の faciam は faciō（行う）の接続法・能動態・現在、1人称単数です。「懐疑・反問」の用法になります。

練習問題の解答

解答 1
1. デウス
2. デア
3. ドミヌス
4. ドミナ
5. アウラ
6. ウェルブム
7. ホノル
8. モネームス
9. ドケント
10. メー

解答 2
1. フォル<u>トゥ</u>ーナ
2. ペ<u>ク</u>ーニア
3. ロー<u>マー</u>ニー
4. ラウ<u>ダー</u>ムス
5. ウェル<u>ギ</u>リウス
6. <u>テ</u>ネブラエ
7. <u>ア</u>クウィラ
8. ス<u>テッ</u>ラールム
9. <u>プ</u>エルム
10. サピエンティア　（下線部にアクセント）

解答 3
1. 噂は飛ぶ。
2. 森の中には獣がいる。
3. 正義はしばしば栄光の原因である。／栄光の原因はしばしば正義である。
4. 鷲(わし)は蝿(はえ)を捕まえない。
5. 詩人は少女たちにバラを贈る。

解答 4
1. 私は戦争と1人の英雄を歌う。
2. ひげは哲学者を作らない。
3. ところで、哲学とは心を耕すことである。
4. 武器も言葉も傷つける。
5. 模範は教える。命令しない。

解答 5
1. 貪欲な者は常に欠乏する。

2．不正な王国が永遠にとどまることはない。
3．カエサルは自軍を最寄りの丘に撤退させる。
4．愚か者は過ちを避けようとして、反対の過ちに向かって走って行く。
5．彼1人が私の苦悩の救済である。

解答6
1．原因は隠れている。
2．模範は教える。（模範は）命令しない。
3．時は逃げる。
4．言葉は飛び、文字は残る。
5．彼らは沈黙するが、叫んでいる。

解答7
1．私はダーウスだ。オエディプースではない。
2．神は我々の中にいる。
3．書物は無口な教師である。
4．私たちは灰と影である。
5．コリュドン、おまえは田舎者だ。

解答8
1．よいと認められた本を常に読め。
2．ムーサよ、私に理由を語れ。
3．楽しむことを学べ。
4．心を治めよ。
5．運命が許すかぎり楽しく生きよ。

解答9
1．空腹は食事の調味料である。
2．多様性は（人を）喜ばせる。
3．蛇が草の中に隠れている。
4．人間は人間にとってオオカミである。
5．法律は慣習に従う。

解答10
1．恐れを解け。／恐怖心をゆるめよ。
2．結果は行為を是認する。
3．手が手を洗う。
4．移ろいやすい運命の女神はよろめく足取りでさまよう。
5．義憤が詩を作る。

解答11
1．物事には程がある。
2．国家は国民のものである。
3．1日（の花）を摘め。

4. 毎日がそれ自身の贈り物を持っている。
5. 人の世の営み（歴史）に注ぐ涙がある。人間に関わることは心に触れる。

解答12
1. 灰は万人を等しくする。
2. 王たちの怒りは常に大きい。
3. 小さい部分に苦労がある。だが、栄光は小さくない。
4. すべてのものごとの始まりは小さい。
5. 時は逃げ去り、取り戻せない。

解答13
1. 作品が素材を凌駕していた。
2. ハンニバルは門の所にいた。
3. ここにアエネーアースの槍が立っていた。
4. 畑は実った穂によって白く輝いていた。
5. また、星々の球体は、地球の大きさを軽く超えていた。

解答14
1. キュンティアは最初（の女性）だった。キュンティアは最後（の女性）になるだろう。
2. 賢者は心に命令し、愚者は心に隷属するだろう。
3. 孫たちがおまえの果実を摘み取るであろう。
4. 壊すことを恐れるかぎり、あなたは水晶の器を壊すであろう。
5. 力によって道は生じる。そして、この道を哲学があなたに授けるだろう。

解答15
1. 涙もまた役に立つ。
2. すべての土地がすべてのものを生むだろう。
3. 多くを求める者にとっては、多くのものが欠けている。
4. あなたは必然から逃れることはできないが、打ち勝つことはできる。
5. 詩は美しいだけでは十分ではない。それは快いものであるべきだ。

解答16
1. 神々は我々人間をまるでボールのように持つ（扱う）。
2. 神は我々の中に存在する。
3. 私に千のキスを与えよ。
4. サビディウスよ、私はあなたを愛していない。なぜかはいえない。
5. 彼らの領土はネルウィイー族と接していた。

解答17
1. これが一仕事、これが一苦労である。
2. ユピテルは、惨めな冬を連れ戻すが、その同じ神が取り除いてもくれる。
3. だが、いかなる嵐、いかなる運命があなたに旅路を与えたのか？
4. 誰が見張り人自身を見張るのだろうか？
5. これが最後の苦難であり、これが長い旅路の終着点であった。

解答18
1．私の祖国はこの全世界である。／この全世界が私の祖国である。
2．ところで友情には何も偽りのものはなく、何も見せかけのものもない。
3．翌日カエサルは、両方の陣営から自らの部隊を出陣させる。
4．武装した敵から条件を受理することは、ローマ国民の慣習にはない。
5．運命は多くの者を罰から解放するが、恐怖からは誰も解放しない。

解答19
1．各人の精神、それが各人である。
2．涙することはある種の喜びである。
3．めいめいにとって自分のものが素晴らしい。
4．各人が自分の運命の作者である。
5．本はある者たちを学識に、ある者たちを狂気に導く。

解答20
1．彼は去り、出て行った。逃れて飛び出した。
2．毎日が最後の１日としてあなたのために輝き始めたと信じなさい。
3．美徳とは過ちを避けることであり、最初の知恵とは愚かさを欠いていることである。
4．彼は労力と油を無駄にした。
5．人生は大きな苦労なしには何も人間に与えない。

解答21
1．私たちがおしゃべりしている間にも、悪意ある時は逃げ去ってしまうだろう。今日の日を摘み取れ。
2．先に剣を抜いた者が、勝利を手にするだろう。
3．彼自身がやって来たら、私たちはもっと上手に歌を歌うだろう。
4．もしあなたが、これらのことを心の中で考えようと望めば、私とあなたと彼らから困り事を取り去ってしまうだろう。
5．さらにおまえがカルターゴーを破壊し、凱旋式を挙げ、監察官となり、使節としてエジプト、シリア、小アジア、ギリシャに赴く時、おまえは不在のまま２度目の執政官に選ばれ、最大の戦争を終結させ、ヌマンティアを滅ぼすだろう。

解答22
1．ヘルウェーティイー族は、隘路とセークァニー族の領土を通り、すでに自軍を導き終えていた。
2．偉大な指導者も、偉大な僭主も数多く倒れた。かつて栄えたテーバエも過去のもの。高く聳えたトロイヤも今はない。
3．というのも、その人物には好意で味つけされた威厳があり、老年が性格を変えることもなかったからである。
4．彼は戦いに心がはやり、すでにふくらはぎを黄金（のすね当て）で包み終えていた。
5．しかし、彼（彼女）はまた、やがてトロイヤ人の血を引く後裔が誕生し、テュロス人の城塞を打ち砕く日が訪れることを聞き知っていた。

解答23
1．私は死ぬ覚悟ができている。
2．誰が恋する者を欺くことができようか？
3．運命の女神は果敢に振る舞う者たちを助ける。
4．やり遂げた苦労は心地よい。
5．おまえは、神々がこれらのことを眠っている間に成し遂げてくれると信じていたのか？

解答24
1．私はあちこち歩いて疲れている。
2．果敢に振る舞うことで勇気が、ためらうことによって恐怖が大きくなる。
3．裁く際に拙速は罪である。
4．神々の運命が祈ることによって変えられると願うのはやめよ。
5．というのは、生涯のわずかの時間でも、立派に気高く生きるには十分長いからだ。

解答25
1．しかしもし私たちが心労から逃げるなら、美徳からも逃げなければならない。
2．今こそ飲むべし、今こそ自由な足取りで大地をふみたたくべし。
3．あなたはなしたことから逃れ、なすべきことを追い求める。
4．すべての運命は耐えることによって克服されねばならない。
5．私は他人のやり方で生きなければならない。

解答26
1．幸運はガラス細工である。輝いたと思ったその時壊れる。
2．同じ人でも死んだら愛されるだろう。
3．目は絵によって、耳は歌によって魅了される。
4．この者は行為が、あの者は言論が賞賛される。
5．彼は立派だと見られるより、立派であることを望んでいた。

解答27
1．彼は2度執政官に選ばれた。
2．兵士らの勇気は指揮官の思慮に置かれている（かかっている）。
3．たしかに私にとってスキーピオーは、突然奪われたのであるが、しかし、今も生きているし、永遠に生き続けるであろう。
4．我々は他人を模倣することによって滅びる。ただ単に集団から離れるだけで我々は癒やされる（健全になれる）だろう。
5．自分で自分を守り、自分の権利を保ち、誰にも隷属せず、最後の息（を引き取る）まで自分の一族を統治するなら、老年はたしかに尊敬に値する。

解答28
1．歳月は逃げ足速く過ぎ去る。
2．栄光は影のように美徳に従う。
3．極悪人たちにも太陽は昇る。

4．軽い不安は饒舌になり、重い苦悩は呆然となる。
5．我々は常に禁じられたものを得ようとし、否定されたものを欲する。

解答29
1．生きるとは考えることである。
2．どうして人生は、生きるに値するものになりえようか？
3．私は不幸な人々を救う術を学んでいます。
4．祖国のために死ぬことは快く美しい。
5．困難な状況の中で平静な心を保つことを忘れるな。

解答30
1．神々が愛する者は若くして死ぬ。
2．同じ弦でいつも間違う者は笑われる。
3．事物の原因を認識することのできた者は幸いである。
4．何度も移植される植物は強くならない。
5．人は自分の（信じたいと）望むことを進んで信じようとする。

解答31
1．ゆっくりと、しかし、重々しく、賢者は怒る。
2．ルーキーリウスよ、万物は他人のもの。時間だけが我々のものである。
3．このように両側の戦闘において、長く激しく戦いが行われた。
4．2度難破する者がネプトゥーヌス（海の神）を非難しても不当である。
5．惨めな人間にとって生涯の最良の日々はいち早く逃げていく。

解答32
1．あなたは、今軽石に水を求めている。
2．あなたはコルクなしで泳ぐことになるだろう。
3．私のすべては私とともにある。
4．地上から天までの道は容易ではない。
5．傷は胸の奥深くで静かに生きている。

解答33
1．信義は運命より強い。
2．愛は最良の教師である。
3．わずかしか持たぬ者ではなく、より多く望む者が貧しい。
4．未来の不幸については、知るより知らない方が有益である。
5．というのも、若者たちの熱意に取り囲まれた老年以上に喜ばしいものがあろうか。

解答34
1．ガッリア全体は3つの部分に分かれている。
2．プラトーンは81歳の時に書きながら亡くなった。
3．彼（民衆）は熱心に2つのものを求める、パンと戦車競技を（である）。
4．おお3度も4度も幸福な者たちであった、父たちの面前で、そして高いトロイヤの城壁の下で死ぬことができた彼らは！

5. 彼は仲間の者たち（の姿）を認めると喜んで館まで案内し、1つ1つの言葉を交わす中で、大いに涙をこぼす。

解答35
1. 恩恵を与えた者は沈黙せよ。受け取った者は（感謝を）語るがよい。
2. 愛の神はすべてに打ち勝つ。私（たち）もまた愛の神に屈服しよう。
3. 理性に汝を導かせよ、運にではなく。
4. 願わくば、私が3番目の友として君たちの仲間に加えてもらえるといいのだが。
5. しかしながら、その追従はたしかに致命的なものであるにせよ、それを受け取る者やそれを楽しむ者以外には、誰にも害を与えることができないのである。

解答36
1. 健全な肉体に健全な精神が宿るようにと祈るべきである。
2. 一夜のうちにすべてのヘルメース柱像が投げ倒されるということが起きた。
3. ホメールス以前に詩人がいたことは疑われるべきでない。
4. 私はあなたが自分の意見を守るように、また暴力をひどく恐れることのないようにと励ます。
5. 彼はその金で100の船からなる艦隊を建造するようにと国民に説いた。
6. 高潔さとは誰をも傷つけない心の状態のことである。
7. だが、たくさんの作家とあらゆる分野の書物を読むことが、何か気まぐれで不安定な面を持たぬように気をつけよ。
8. ソークラテースは、すべての人は自分の知ることにおいては雄弁であると語るのが常であった。
9. というのも自分が恐れている者、または、その者によって自分が恐れられていると思うような者を誰が愛せるだろうか？
10. ピューティアは教えた、彼らがミルティアデースを自分たちの最高司令官に選ぶように、そしてもしそれを行うなら企てが成功するだろう、と。

解答37
1. ソークラテースは容易に監獄から連れ出されえたにもかかわらず、それを望まなかった。
2. 武器の点で対等でなかったので、彼は策略によって戦うべきであった。
3. 女性は（芝居を）見るために、そして自分たちが見られるために芝居に出掛ける。
4. 指揮官は、戦争に向けて準備しないほど平和を信頼することはありえない。
5. もしトロイヤが（滅ぼされず）栄えていたら、一体誰がヘクトル（の名）を知っているだろうか。
6. あなたは（今の）幸福を享受するがよい、それがそこにある限りは。もしなくなれば、決して追い求めてはならない。
7. 兵士たちよ、ここで抵抗しなければならない、あたかもローマの城壁の前で戦うかのように。
8. だが、アーフリカーヌスよ、おまえは国家を守ることにいっそう熱心になるために、

次のように考えるがよい。祖国を守り、助け、豊かにしたすべての者のために、天には特定の場所が定められており、そこで彼らは幸福に永遠の生を享受できるのだ、と。

9. それゆえ、プーブリウスよ、おまえにとって、また敬虔なすべての人間にとって、魂は肉体の監獄の中に引き留められねばならないし、また、おまえたちに魂を授けた者の命令なしに人間の生から立ち去るべきではない。それは、おまえたちが、神によって割り当てられた人間の務めから逃げ出したと思われぬために、である。
10. 今や地球そのものは、私にはあまりに小さく見えたため、私は我々の領土について不満を持った。我々は、それ（＝領土）によってその（＝地球の）いわば1つの点に触れるだけであるから。

解答38
1. 指揮官は立ったまま死ぬべきである。
2. 名前によって欠点を和らげることが許される。
3. まったく私は弟のことが恥ずかしい。腹が立つ。
4. クリューシップスはいう、賢者には何一つ欠けるものはないが、彼（賢者）には多くのものが必要である、と。
5. そのことは私にとって、国家にとって、そして何より君にとって重要であると私は思う。

解答39
1. 友人を迎えて、どんちゃん騒ぎをするのが私には心地よい。
2. ここでヘレヌスは、まず儀式にのっとり若牛を屠ると、神々の加護を懇願する。
3. というのも、愛情や好意が取り去られたら、人生からすべての喜びが取り去られてしまうからだ。
4. アウグストゥスはマールクス・トゥッリウス・キケローとガーイウス・アントニウスが執政官だった年に生まれた。
5. 続いて、私は彼に彼自身の王国について、彼は私に私たちの国家について、詳しく質問した。そして、互いに多くの言葉を交わしながら、私たちはその日を過ごした。

解答40
1. 神々の胸中にこれほどの怒りが宿るものなのか？
2. 渇きが君ののどを焦がす時、果たして黄金の杯を求めるだろうか？
3. 結局いつになったら君は何もしなくなるのか？
4. ラッパが鳴る前に、どうして恐怖が体をとらえるのか？
5. 邪な愛の神よ、おまえは人間の心に何を無理強いしないことがあるか？
（別解）邪な愛の神よ、おまえは人間の心を強いて動かすことをどうしてしないだろうか？

出典一覧

Caes.B.C. = Caesar, Dē Bellō Cīvīlī　カエサル『内乱記』
Caes.B.G. = Caesar, Dē Bellō Gallicō　カエサル『ガリア戦記』
Catul. = Catullus, Carmina　カトゥッルス『カルミナ』
Cic.Acad. = Cicerō, Acadēmica　キケロー『アカデーミカ』
Cic.Amic. = Dē Amīcitiā　同『友情について』
Cic.Att. = Epistulae ad Atticum　同『アッティクス宛書簡集』
Cic.Brut. = Brūtus　同『ブルートゥス』
Cic.Cat. = In Catilīnam　同『カティリーナ弾劾』
Cic.D.O. = Dē Ōrātōre　同『弁論家について』
Cic.Div. = Dē Dīvīnātiōne　同『卜占論』
Cic.Fam. = Epistulae ad Familiārēs　同『縁者・友人宛書簡集』
Cic.Fin. = Dē Fīnibus Bonōrum et Malōrum　同『善と悪の究極について』
Cic.Leg. = Dē Lēgibus　同『法律について』
Cic.Mil. = Prō Milōne　同『ミロー弁護』
Cic.N.D. = Dē Nātūrā Deōrum　同『神々の本性について』
Cic.Off. = Dē Officiīs　同『義務について』
Cic.Or. = Ōrātor　同『弁論家』
Cic.Par. = Paradoxa Stoicōrum　同『ストア派のパラドックス』
Cic.Phil. = Philippicae　同『ピリッピカ』
Cic.Man. = Prō Lēge Mānīliā　同『マーニーリウス法案弁護』
Cic.Rep. = Dē Rē Pūblicā　同『国家について』
Cic.Rosc. = Prō Rosciō Amerīnō　同『ロスキウス・アメリーヌス弁護』
Cic.Sen. = Dē Senectūte　同『老年について』
Cic.Tusc. = Dispūtātiōnēs Tusculānae　同『トゥスクルム荘対談集』
Cic.Verr. = In Verrem　同『ウェッレース弾劾』
Col. = Columella, Dē Rē Rusticā　コルメッラ『農業論』
Curt. = Curtius Rūfus, Dē Rēbus Gestīs Alexandrī Magnī　クルティウス・ルーフス『アレクサンドロス大王伝』
Hor.A.P. = Horātius, Ars Poetica　ホラーティウス『詩論』
Hor.Carm. = Carmina　同『カルミナ』
Hor.Ep. = Epistulae　同『書簡詩』
Hor.Sat. = Saturae　同『風刺詩』
Juv. = Juvenālis, Saturae　ユウェナーリス『風刺詩』
Liv. = Līvius, Ab Urbe Conditā　リーウィウス『ローマ建国以来の歴史』
Lucan. = Lūcānus, Pharsālia　ルーカーヌス『パルサーリア』
Lucr. = Lucrētius, Dē Rērum Nātūrā　ルクレーティウス『事物の本性について』
Mart. = Martiālis, Epigrammata　マルティアーリス『エピグランマタ』
Nep.Ages. = Nepōs, Dē Virīs Illustribus, Agesilaus　ネポース『著名な人物につ

いて、アゲシラウス』
Nep.Alc. = Alcibiadēs　同『アルキビアデース』
Nep.Att. = Atticus　同『アッティクス』
Nep.Han. = Hannibal　同『ハンニバル』
Nep.Mil. = Miltiadēs　同『ミルティアデース』
Nep.Phoc. = Phōcion　同『ポーキオン』
Nep.Them. = Themistoclēs　同『テミストクレース』
Ov.A.A. = Ovidius, Ars Amatōlia　オウィディウス『恋愛術』
Ov.Am. = Amōrēs　同『恋の歌』
Ov.Her. = Hērōidēs　同『名高き女たちの手紙』
Ov.Met. = Metamorphōsēs　同『変身物語』
Ov.Pont. = Ex Pontō　同『黒海よりの手紙』
Ov.Rem. = Remedia Amōris　同『恋愛治療』
Ov.Tr. = Tristitia　同『悲しみの歌』
Pers. = Persius, Saturae　ペルシウス『風刺詩集』
Petr. = Petrōnius, Satyricon　ペトローニウス『サテュリコン』
Pl.As. = Plautus, Asinālia　プラウトゥス『ロバ物語』
Pl.Bac. = Bacchidēs　同『バッキス姉妹』
Pl.Cap. = Captīvī　同『捕虜』
Pl.Cas. = Casina　同『カシナ』
Pl.Ep. = Epidicus　同『エピディクス』
Pl.Merc. = Mercātor　同『商人』
Pl.Pers. = Persa　同『ペルシア人』
Pl.Poen. = Poenulus　同『カルタゴ人』
Pl.Rud. = Rudens　同『綱曳き』
Pl.St. = Stichus　同『スティクス』
Pl.Trin. = Trinummus　同『三文銭』
Pl.Truc. = Truculentus　同『トルクレントゥス』
Plin. = Plīnius Mājor　大プリーニウス『博物誌』
Prop. = Propertius, Elegiae　プロペルティウス『詩集』
Quint. = Quintiliānus, Institūtiō Ōrātōria　クィンティリアーヌス『弁論課の教育』
Sall.Cat. = Sallustius, Bellum Catilīnae　サッルスティウス『カティリーナ戦記』
Sall.Jug. = Bellum Jugurthīnum　同『ユグルタ戦記』
Sen.Apoc. = Seneca, Dīvī Claudiī Apocolocyntosis　セネカ『神君クラウディウスのかぼちゃ化』
Sen.Ben. = Dē Beneficiīs　同『恩恵について』
Sen.Brev. = Dē Brevitāte Vītae　同『人生の短さについて』
Sen.Const. = Dē Constantiā Sapientis　同『賢者の不動心について』
Sen.Ep. = Epistulae Morālēs　同『倫理書簡集』
Sen.Herc. = Herculēs Furens　同『狂えるヘルクレース』

Sen.Med. = Mēdēa　同『メーデーア』
Sen.Oet. = Herculēs Oetaeus　同『オエタ山上のヘルクレース』
Sen.Ph. = Phaedra　同『パエドラ』
Sen.Prov. = Dē Prōvidentiā　同『摂理について』
Sen.Vit. = Dē Vītā Beātā　同『幸福な人生について』
Suet.Aug. = Suētōnius, Dē Vītā Caesārum, Dīvus Augustus　スエートーニウス『皇帝伝、神君アウグストゥス』
Suet.Caes. = Caesar　同『皇帝伝、カエサル』
Suet.D.C. = Dīvus Claudius　同『皇帝伝、神君クラウディウス』
Suet.Nero = Nerō　同『皇帝伝、ネロー』
Syr. = Pūblilius Syrus, Sententiae　プーブリリウス・シュルス『格言集』
　（本書で典拠としたのは Loeb 版、Minor Latin Poets, Volume1）
Ter.Ad. = Terentius, Adelphoe　テレンティウス『兄弟』
Ter.And. = Andria　同『アンドロス島の女』
Ter.Eun. = Eunūchus　同『宦官』
Ter.Heaut. = Heautón Timorūmenos　同『自虐者』
Ter.Hec. = Hecyra　同『義母』
Ter.Ph. = Phormiō　同『ポルミオー』
Tib. = Tibullus, Corpus Tibulliānum　ティブッルス『ティブッルス全集』
Verg.Aen. = Vergilius, Aenēis　ウェルギリウス『アエネーイス』
Verg.Ecl. = Eclogae　同『牧歌』
Verg.Geo. = Geōrgica　同『農耕詩』

出典一覧

351

索 引

あ
i 幹形容詞の3種類	87
挨拶の命令法	67
アクセント	14-16
アルファベット	9

い
一般疑問文	310

お
音韻変化	107, 150
音節	13-16
音節の分け方	15

か
価格の奪格	336
格	17, 19
格言的完了	154
格の働き	20
格のまとめ	320
格変化	18-19
格変化の覚え方	18
過去完了	163-167, 198, 254, 257-260
過去完了の受動態	198
価値の属格	326
活用	18
関係形容詞	219
関係代名詞	214-219
関係副詞	220
関係文での接続法	278
関心の与格	328
間接疑問文	269-272
間接目的語	22
間接目的語の与格	327
間接話法における接続法	270
感嘆の対格	332
間投詞	21, 322
観念的条件文	274, 291
幹母音	151
完了幹の作り方	149
完了系時称	203
完了の受動態	198
完了の人称語尾	148
完了分詞	171-175
完了分詞の名詞的用法	171

き
起源の奪格	333
基数詞と序数詞	247
疑問代名詞	131-135
疑問副詞	311-317
疑問文	310-319
強意代名詞	130-131
共感の与格	329
曲用	18
禁止の命令文	68

け
形式受動態動詞の活用	202
形式受動態動詞の完了分詞	205
形式受動態動詞の現在分詞と未来分詞	204
形式受動態動詞の動形容詞	206
形式受動態動詞の動名詞	206
形式受動態動詞の命令法	208
形式受動態動詞の目的語	206, 208
形式受動態動詞	201-208
形容詞	38-39
形容詞の最上級	241
形容詞の述語的用法	42
形容詞の属性的用法	41
形容詞の比較級	239-240
形容詞の不規則な最上級	241
形容詞の不規則な比較級	240
形容詞の副詞的用法	43
形容詞の名詞的用法	42
形容詞の4つの用法	41
結果文	277-279, 292
牽引	193
原因の奪格	336
現在	50
現在幹	93

現在完了	154
現在分詞	168-171
現在分詞の形容詞的用法	170
現在分詞の名詞的用法	170
限定の対格	332
限定の奪格	338

こ

行為者の奪格	335-336
行為者の与格	183-184, 302, 329
合成動詞	107-109
語基	24
語尾変化	18, 23-24

さ

再帰代名詞	122-123
再帰代名詞の3人称	122-133
再帰的	46, 123
差異の奪格	334
3人称の所有形容詞	46-47
3人称の人称代名詞	119-122

し

子音幹形容詞	89
子音幹名詞とi幹名詞	70-76
子音の発音	12
仕方の奪格	339
時間文	289
指示形容詞	122
指示代名詞	119-122, 125, 127-130
時称	51
時称のルール	269
実現可能な願望	263-264
実現不可能な願望	263-264
自動詞的に使われる受動態	192-193
自動詞の受動態	192
斜格	18
主格	320-321
主語	20
主語的属格	324
手段の奪格	335
述語	20

受動態	189-199, 255-260
受動態の人称語尾	189
受動態の文	190-191
畳音（じょうおん）	151
条件文	290-292
譲歩文	289-290
所有形容詞	45-47
所有代名詞	45
所有の属格	322-323
所有の与格	327

す

随伴の奪格	335
数	17
数詞	247
スピーヌム	173
sumの現在変化	61
sumの未完了過去	95
sumの未来	101

せ

性	17
性質の奪格	337
性・数・格の一致	38
性質の属格	325
接続法	254
接続法・受動態・過去完了	257
接続法・受動態・完了	257
接続法・受動態・現在	256
接続法・受動態・未完了過去	256
接続法・能動態・過去完了	257
接続法・能動態・完了	256
接続法・能動態・現在	254
接続法・能動態・未完了過去	255
接続法の単文での用法	260
接続法の複文での用法	269, 285
絶対的奪格	305-307
説明の属格	325
前置詞	230-237

そ

属性的	41

索引

353

属格	322-326

た

態	51
第1時称	269
第1・第2変化形容詞	36
第1・第2変化形容詞の別形	44
第1変化名詞の特徴	20
第1変化動詞	50
第1変化名詞	17
第1変化名詞の特徴	20
対格	330-332
対格支配と奪格支配の前置詞	236
対格支配の前置詞	230
対格不定法（不定法句）	212
第5変化名詞	83
第3変化形容詞	87-91
第3変化動詞	55
第3変化動詞B	55
第3変化名詞	70-78
第2時称	269
第2変化動詞	55
第2変化名詞	27-34
第2変化名詞の語尾変化	28
代名詞的形容詞	136
第4変化動詞	56
第4変化名詞	79
奪格	333-339
奪格支配の前置詞	234
短母音	10-12, 15

ち

地格	339
中性名詞	28-29
長母音	10
直説法・受態態・未完了過去	193
直説法・受動態	189
直説法・受動態・過去完了	198
直説法・受動態・完了	198
直接法・受動態・現在	189
直説法・受動態・未来	194
直説法・受動態・未来完了	198
直説法・能動態・過去完了	163
直説法・能動態・完了	148
直説法・能動態・現在	50
直説法・能動態・未完了過去	93
直説法・能動態・未来	99
直説法・能動態・未来完了	158
直接目的語	22

つ

通性	17

て

程度・結果文	292

と

動形容詞	182-187
動形容詞の述語的用法	182-183
動形容詞の非人称表現	184
動詞幹	150
動詞の活用	50-51
動詞の基本形	173
動詞の辞書の見出し	54
同属目的語の対格	330
動名詞	178-180
dōとeōの未来	102
時の奪格	337

に

二重対格	331
二重母音	11
nēmōとnihil	140
人称	50
人称語尾	93, 189
人称代名詞	115

の

能動欠如動詞	201
能動態の人称語尾	93

は

場所の奪格	336
発音	9

半形式受動態動詞	203
判断者の与格	328
判断の奪格	337
半母音	9, 12

ひ

比較	239
比較級を用いた最上級	243
比較の奪格	334
比較文	286
非現実的条件文	290-292
非人称構文	297
非人称動詞	297-298
非人称的表現	300
広がりの対格	331

ふ

不完全動詞	152
不規則動詞	105
不規則動詞の完了幹	153
不規則動詞の現在分詞	169
不規則動詞の接続法・受動態・過去完了	260
不規則動詞の接続法・受動態・完了	260
不規則動詞の接続法・受動態・現在	259
不規則動詞の接続法・受動態・未完了過去	260
不規則動詞の接続法・能動態・過去完了	259
不規則動詞の接続法・能動態・完了	258
不規則動詞の接続法・能動態・現在	258
不規則動詞の接続法・能動態・未完了過去	258
不規則動詞の直説法・受動態・現在	190
不規則動詞の動名詞	180
不規則動詞の命令法	111
副詞	223
副詞の比較級と最上級	243-244
副詞の分類	223
不定関係代名詞	219
不定形容詞	144
不定法	210
不定法句	212
不定法・受動態・現在	191
不定法と動詞変化の型	54
不定法・能動態・未来	176
不定法の基本的用法	210
不定法・能動態・完了	155
不定法の6つの形	210
部分の属格	324
分詞	168
分離の奪格	333

ほ

母音の種類	10
母音の長短	11
法	51
方向の対格	331
補語	20

み

未完了過去	93
未完了過去の活用	94, 193
未来	99
未来完了の受動態	198
未来分詞	174

め

名詞の性・数・格	17
名詞の単数・属格	25
命令法・受動態	196
命令法・受動態・現在	196
命令法・受動態・未来	196
命令法・能動態	65
命令法・能動態・現在	65
命令法・能動態の種類	66
命令法・能動態・未来	67

も

目的語的属格	324
目的語の属格	326
目的語の奪格	337
目的語の与格	327, 329
目的の与格	328
目的文	276, 285
目的分詞	173-174, 210

目的分詞の対格形	173	理由文	288
目的分詞の奪格形	174		
文字	9		

れ

歴史的完了	154
歴史的不定法	212

よ

与格	327

ろ

ローマ字読み	10
論理的条件文	290

ら

ラテン語の学び方	58

り

利害関係の与格	329

あとがき

　山登りにいろいろな楽しみ方があるように、ラテン語の山登りにもいろいろあってよいと思います。本書が目指したのは本格的な登山の指南書ではなく、週末の山歩きを楽しむためのガイドブックです。そのわりに分厚い本になったのは、例文や練習問題の「解説」をできるだけ丁寧にしたためです。

　この本を終えたら、あるいは、この本と並行して取り組むには、Hans H.Ørberg, Lingua Latīna I: Familia Romana がお勧めです。全文ラテン語で書かれた異色の入門書ですが、アマゾンのレビューでも高評価の一冊。文法の復習ができることも魅力ですが、私はラテン語の読み物としてこの本は大変よくできていると思います。本書と合わせて最後まで独習すれば、必ずや語彙も増え、ラテン語の読み方も自然に会得できるでしょう。

　辞書は何がよいか？とよく尋ねられますが、個人の好みを優先して直感で選べばよいと思います。羅英や羅仏など、海外の辞書を選択肢に入れてもよいでしょう。中には高額なものもありますが、予算の許す範囲で少しずつ揃えていき、用途や気分に合わせて使い分けるうちに、メインで使う辞書は自ずと決まってきます。時には調べた結果について、英和や仏和の辞書を調べる必要も出てきますが、古典語を学ぶ場合、この手の面倒を楽しむくらいの余裕がほしいところです。なお、母音の長短の判断は辞書によって異なる場合がありますので、その点注意が必要です。本書は『羅和辞典』〈改訂版〉（水谷智洋、研究者 2009）に準拠しました。

　独学を基本としながらも、なにかペースメーカーがほしいという場合、私の主催するラテン語メーリングリスト（無料）に参加するのも一案です。初級文法の勉強会以外にも、カエサルやキケロー、オウィディウスや聖書の読書会が現在進行中です。ラテン語の読解にかけるメンバーの熱意には並々ならぬものがあり、大いに刺激を受けることでしょう。入会希望者は私のウェブサイトからフォームメールでお申し込み下さい。

一方、そこまで気合いを入れることなく、マイペースでラテン語に親しみたい人にお勧めなのが、ラテン語の名言名句の本です。気に入った言葉が見つかれば、手帳に書き写してみるなど、自分なりに工夫して楽しんで下さい。本書で学べば読み方も文法もわかるはず。後は心ゆくまで口ずさんで下さい。日本語で書かれたラテン語名言集のラインナップは次の通りです（出版年順）。
　（1）　柳沼重剛『ギリシア・ローマ名言集』（岩波文庫、2003）
　（2）　小林標『ローマが残した永遠の言葉―名言百選』（生活人新書、2005）
　（3）　野津寛『ラテン語名句小辞典』（研究社、2010）
　（4）　山下太郎『ローマ人の名言88』（牧野出版、2012）
　どれもユニークな本なので、できれば全部揃えていただきたいところです。一方、私のウェブサイトでもラテン語の名言名句を文法の解説とともに紹介しています。本書を一通り読了された方は、続きの例文に出会うつもりでぜひ一度アクセスしてみて下さい。

　大学の授業以外でラテン語を直接学びたいという場合、残念ながら選択肢は限られます。東京だとアテネフランセ、京都だと山の学校にラテン語とギリシャ語のクラスがあるくらいです（カルチャースクールにもいくつかの教室があるようです）。私は山の学校の出張講師として東京を中心にラテン語の講習会を行っていますので、ご都合があえばぜひご参加下さい（スケジュールはウェブサイトに掲載しています）。

　「社会人のための教養として、わかりやすいラテン語の入門書を書いてほしい」。昨年の夏、ベレ出版の脇山和美氏にこう依頼されたとき、まさに渡りに船だと小躍りする気持ちでした。ちょうどその頃、今触れたラテン語の講習会をスタートさせたところで、受講生のためのわかりやすい教科書を書きたいと願っていたのでした。はたして「わかりやすい」本になったかどうかは読者の皆さんのご判断にゆだねますが、自分としてはベストを尽くしたつもりです。本書ができるにあたり、お世話になったすべての人に感謝いたします。

著者略歴

山下 太郎（やました たろう）
ラテン語愛好家。1961年京都市生まれ。京都大学大学院文学研究科博士課程学修退学。専攻は西洋古典文学。京都大学助手、京都工芸繊維大学助教授を経て、現在学校法人北白川学園理事長。北白川幼稚園園長。私塾「山の学校」代表。1999年よりラテン語メーリングリスト主宰。単著『ローマ人の名言88』(牧野出版) の他、訳書に『キケロー選集〈11〉』(岩波書店)、『ローマ喜劇集〈2〉』(京都大学学術出版会) 他。ウェブサイト：山下太郎のラテン語入門(https://aeneis.jp/)、ツイッターアカウント：taroyam

しっかり学ぶ初級ラテン語

2013年 8月25日	初版発行
2024年 4月23日	第12刷発行
著者	山下 太郎
カバーデザイン	竹内 雄二
本文イラスト	末吉 陽子

©Taro Yamashita 2013. Printed in Japan

発行者	内田 真介
発行・発売	ベレ出版
	〒162-0832　東京都新宿区岩戸町12 レベッカビル TEL.03-5225-4790　FAX.03-5225-4795 ホームページ　https://www.beret.co.jp/
印刷	三松堂株式会社
製本	根本製本株式会社

落丁本・乱丁本は小社編集部あてにお送りください。送料小社負担にてお取り替えします。

本書の無断複写は著作権法上での例外を除き禁じられています。
購入者以外の第三者による本書のいかなる電子複製も一切認められておりません。

ISBN 978-4-86064-366-9 C2087　　　　　　編集担当　脇山和美

しっかり学ぶイタリア語

一ノ瀬俊和 著
A5 並製／定価 1890 円（5% 税込） 本体 1800 円
ISBN978-4-939076-44-2 C2087　■ 272 頁

諸外国シリーズ第 6 弾のイタリア語。NHK テレビイタリア語講座で、説明のわかりやすさには定評のあった著者が、文法をしっかり身につけるというベレシリーズのコンセプトに合わせて、そのノウハウを結集させた 1 冊。CD には基本例文をすべて収録。数あるイタリア語の中でも〈しっかり学びたい〉人にはぜひこの本を！

しっかり身につく イタリア語トレーニングブック

入江たまよ 著
A5 並製／定価 2520 円（5% 税込） 本体 2400 円
ISBN978-4-86064-091-0 C2087　■ 328 頁

今までにありそうでなかったイタリア語の本格的ドリル式問題集。文法項目にそった設問を数多く自分で解いてチェックしながら進めていく方式。実際に書いて覚えるようになっているので、理解のあいまいな部分・苦手なポイントを確実に自分のものにすることができます。著者は、NHK テレビ「イタリア語会話」の講師でもあります。初　中級者必携の 1 冊です。

イタリア語で手帳をつけてみる

張あさ子 著
四六並製／定価 1470 円（5% 税込） 本体 1400 円
ISBN978-4-939076-277-8 C2087　■ 240 頁

イタリア語をまだほんの少ししか知らない方から中級レベルの方まで、楽しく、自然にイタリア語の勉強がはじめられる、『英語で手帳をつけてみる』のイタリア語版です。手帳に書き込みそうな基本単語から、イタリア文化にちなんだ単語、表現、そしてほんとに短いひとこと日記として使える表現までを紹介していきます。今の手帳に少しずつイタリア語を混ぜる感覚で始められる一冊です。